PEDAGOGIA DA ESPERANÇA

NOTAS
ANA MARIA ARAÚJO FREIRE

PEDAGOGIA DA ESPERANÇA

Paulo Freire

36ª edição

Paz & Terra

Rio de Janeiro
2025

Pedagogia da esperança, Paulo Freire

Editora Paz e Terra Ltda.
Rua Argentina, 171 – São Cristovão – 20921-380 –
Rio de Janeiro, RJ
www.record.com.br

Texto revisado segundo o novo Acordo Ortográfico da Língua Portuguesa.

CIP-BRASIL. CATALOGAÇÃO NA FONTE
SINDICATO NACIONAL DOS EDITORES DE LIVROS, RJ

F74Freire, Paulo, 1921-1997
36ª ed. Pedagogia da esperança: um reencontro com a pedagogia do oprimido/Paulo Freire; prefácio de Leonardo Boff; notas de Ana Maria Araújo Freire. – 36ª ed. – Rio de Janeiro: Paz e Terra, 2025.

1. Educação 2. Pedagogia 3. Sociologia educacional I. Boff, Leonardo. II. Freire, Ana Maria Araújo. III. Título. Índices para catálogo sistemático: 1. Educação 370 – 2. Pedagogia 370

ISBN 978-85-7753-419-7

11-06681 CDU-370

Impresso no Brasil
2025

A Ana Maria, Nita, que me devolveu o gosto bom de viver, quando a vida me parecia tão longe e, quase sem esperança, a olhava!

Paulo

À memória de Armando Neves Freire, bom irmão, amigo bom.

Paulo

A
Stela,
Bruno,
Silvia,
Temístocles
e Reinilda.
Com um abraço fraterno,

Paulo

A Genove Araújo, adolescentemente esperançosa aos noventa anos, a quem jamais pago o que devo, carinhosamente,

Paulo

A Zé de Melo e Dora, por um sem-número de razões, com meu abraço amigo.

Paulo

Sumário

Prefácio
Leonardo Boff 9

Primeiras palavras 13

Pedagogia da esperança 21

Notas explicativas
Ana Maria Araújo Freire 273

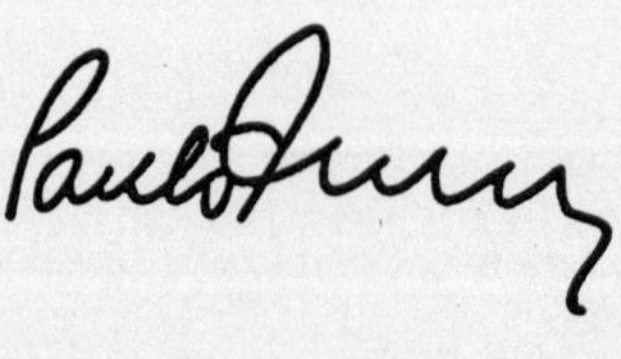

Prefácio

Toda a pedagogia de Paulo Freire é uma permanente dialogação das pessoas entre si e de todas com a realidade circundante em vista de sua transformação. Destarte se forma a comunidade na qual todos, enraizados na realidade, aprendem uns dos outros, ensinam uns aos outros e se fazem parceiros na construção coletiva da história.

Ele deixou-nos essa herança sagrada: mais importante que saber é nunca perder a capacidade de aprender.

O presente livro, *Pedagogia da esperança*, publicado em 1992, representa um reencontro, diria até uma reescritura do outro, famoso no mundo inteiro, *Pedagogia do oprimido*, cuja primeira redação data de 1967, ainda no exílio no Chile.

Pedagogia do oprimido é mais que um livro, é antes uma prática pedagógica que, num momento de seu processo de constituição, ganhou corpo numa escritura. Prática pedagógica que parte de uma clara opção ético-humanística prévia: o amor ao ser humano oprimido contra a sua opressão e em favor da vida e da liberdade. Esse ser humano oprimido constitui as grandes maiorias humilhadas, marginalizadas e excluídas do Brasil, da América Latina e do mundo. É oprimido fundamentalmente porque internalizou dentro de si o opressor que lhe tolhe a voz, a palavra, a ação autônoma e a liberdade. Esse ser oprimido tem muitos rostos: é o explorado econômico, é o condenado à ignorância, é o negro, o índio, o mestiço, a mulher, o portador de qualquer marca produtora de discriminação.

A *Pedagogia do oprimido* não é uma pedagogia para o oprimido ou um roteiro que pessoas solidárias e de boa vontade devem usar para libertar o oprimido. Ao contrário, é uma pedagogia que permite ao oprimido extrojetar de dentro de si e, por ele mesmo, o opressor, a fim de resgatar seu ser livre e plasmar uma história na qual a prática seja a liberdade e a dialogação de todos com todos, prática que torna menos difícil a solidariedade, a fraternidade e o amor.

Paulo Freire construiu esta pedagogia em contato direto com os oprimidos e as oprimidas de nossas sociedades, aprendendo deles, de suas falas e de seus jeitos de ler o mundo. Poucos na história da educação têm valorizado tanto "o saber de experiências feito" elaborado pelos pobres e oprimidos quanto Paulo Freire. Introduziu a troca fecunda de saberes, do popular com o científico. Deixou claro que somente um ignorante pode considerar o povo ignorante. Pois ele é um produtor de sentido, de visão de mundo, de valores além dos frutos de seu trabalho explorado. O trabalho artesanal de Paulo Freire incluiu também na dialogação outros atores, de qualquer classe social e nível de instrução, desde que mostrassem essa compaixão e esse cuidado para com os condenados da Terra. Por isso sua obra é universal e teve ressonância mundial.

Temos a ver com um novo paradigma em pedagogia, uma verdadeira revolução nas consciências e nos métodos. Por isso provocou as mais acirradas discussões, pedidos de esclarecimentos e solicitações de aprofundamentos.

Eis a razão do presente livro: retomar, na distância de muitos anos, todas as contribuições, as críticas e os aprendizados novos, vindos dos mais diferentes cantos do mundo onde seu livro foi aplicado, discutido e questionado. Paulo Freire não ficou ilhado em seu universo nordestino, brasileiro e latino-americano. Foi em busca dos oprimidos e oprimidas em todas as partes da Terra. O livro narra a trama de suas andanças e discussões com camponeses, indígenas, operários europeus e norte-americanos, negros de vários países da África, guerrilheiros interessados em educação, acadêmicos de todas as áreas, ministros e chefes de Estado.

O livro não possui capítulos. É uma conversa sem fim, crítica, poética, filosófica, ética e humanística a propósito das visões suscitadas pela *Pedagogia do oprimido*.

Por que o título *Pedagogia da esperança*? A esperança nasce do coração mesmo da pedagogia que tem o oprimido como sujeito. Pois ela implica uma denúncia das injustiças sociais e das opressões que se perpetuam ao longo da história. E ao mesmo tempo anuncia a capacidade humana de desfatalizar esta situação perversa e construir um futuro eticamente mais justo, politicamente mais democrático, esteticamente mais irradiante e espiritualmente mais humanizador.

Polemizando com as esquerdas latino-americanas de vertente marxista que dogmaticamente sustentavam a inexorabilidade do futuro socialista como se houvesse um determinismo histórico, Paulo Freire mostra a história e a existência humana como feixe de possibilidades e virtualidades que podem, pela prática histórica, ser levadas à concretização. Daqui nasce a esperança histórica, aquilo que ele chama de "inédito viável", vale dizer, aquilo que ainda não foi ensaiado e é inédito, mas que pode, pela ação articulada dos sujeitos históricos, vir a ser ridente realidade.

Pedagogia da esperança e *Pedagogia do oprimido* perfazem um livro só, aberto e em processo de contínua construção a partir dos próprios oprimidos e, por isso, sempre inacabado. Enquanto houver um único ser humano oprimido no mundo este livro terá validade, se enriquecerá com os aprendizados a partir da prática da libertação e cumprirá sua missão messiânica: a de permitir que os cativos se libertem e os que não são sejam como humanos sensíveis, críticos, criativos, éticos, fraternos e espirituais.

Leonardo Boff

Petrópolis, festa de São João de 2004

Primeiras palavras

Quando muita gente faz discursos pragmáticos e defende nossa adaptação aos fatos, acusando *sonho* e *utopia* não apenas de inúteis, mas também de inoportunos enquanto elementos que fazem necessariamente parte de toda prática educativa desocultadora das mentiras dominantes, pode parecer estranho que eu escreva um livro chamado *Pedagogia da esperança: um reencontro com a pedagogia do oprimido*.

Para mim, pelo contrário, a prática educativa de opção progressista jamais deixará de ser uma aventura desveladora, uma experiência de desocultação da verdade. É porque sempre pensei assim que, às vezes, se discute se sou ou não um educador. Foi isto que, recentemente, ocorreu em um encontro realizado na Unesco, em Paris, me disse um dos que dele participaram, em que representantes latino-americanos negavam a mim a condição de educador. Não a eles, é óbvio. Criticavam em mim o que lhes parecia minha politização exagerada.

Não percebiam, porém, que, ao negarem a mim a condição de educador, por ser demasiado político, eram tão políticos quanto eu. Certamente, contudo, numa posição contrária à minha. Neutros é que não eram nem poderiam ser.

Por outro lado, deve haver um sem-número de pessoas pensando como um professor universitário amigo meu que me indagou, espantado: "Mas como, Paulo, uma *Pedagogia da esperança* no bojo de uma tal sem-vergonhice como a que nos asfixia hoje, no Brasil?"

É que a "democratização" da sem-vergonhice que vem tomando conta do país, o desrespeito à coisa pública, a impunidade se aprofundaram e se generalizaram tanto que a nação começou a se pôr de pé, a protestar. Os jovens e os adolescentes também vêm às ruas, criticam, exigem seriedade e transparência. O povo grita contra os testemunhos de desfaçatez. As praças públicas de novo se enchem. Há uma esperança, não importa que nem sempre audaz, nas esquinas das ruas, no corpo de cada uma e de cada um de nós. É como se a maioria da nação fosse tomada por incontida necessidade de vomitar em face de tamanha desvergonha.

Por outro lado, sem sequer poder negar a desesperança como algo concreto e sem desconhecer as razões históricas, econômicas e sociais que a explicam, não entendo a existência humana e a necessária luta para fazê-la melhor, sem esperança e sem sonho. A esperança é necessidade ontológica; a desesperança, esperança que, perdendo o endereço, se torna distorção da necessidade ontológica.

Como programa, a desesperança nos imobiliza e nos faz sucumbir no fatalismo em que não é possível juntar as forças indispensáveis ao embate recriador do mundo.

Não sou esperançoso por pura teimosia, mas por imperativo existencial e histórico.

Não quero dizer, porém, que, porque esperançoso, atribuo à minha esperança o poder de transformar a realidade e, assim convencido, parto para o embate sem levar em consideração os dados concretos, materiais, afirmando que minha esperança basta. Minha esperança é necessária, mas não é suficiente. Ela, só, não ganha a luta, mas sem ela a luta fraqueja e titubeia. Precisamos da esperança crítica, como o peixe necessita da água despoluída.

Pensar que a esperança sozinha transforma o mundo e atuar movido por tal ingenuidade é um modo excelente de tombar na desesperança, no pessimismo, no fatalismo. Mas prescindir da esperança na luta para melhorar o mundo, como se a luta se pudesse reduzir a atos calculados apenas, à pura cientificidade, é frívola ilusão. Prescindir da esperança que se funda também na verdade como na qualidade ética da luta é negar a ela um dos seus suportes fundamentais. O essencial, como digo mais adiante no corpo desta *Pedagogia da esperança*, é que ela, enquanto necessidade ontológica, precisa de ancorar-se na prática. Enquanto necessidade ontológica, a esperança precisa da prática para tornar-se concretude histórica. É por isso que não há esperança na pura espera, nem tampouco se alcança o que se espera na espera pura, que vira, assim, espera vã.

Sem um mínimo de esperança não podemos sequer começar o embate, mas, sem o embate, a esperança, como necessidade ontológica, se desarvora, se desendereça e se torna desesperança que, às vezes, se alonga em trágico desespero. Daí a precisão de uma certa educação da esperança. É que ela tem uma tal importância em nossa existência, individual e social, que não devemos experimentá-la de forma errada, deixando que ela resvale para a desesperança e o desespero. Desesperança e desespero, consequência e razão de ser da inação ou do imobilismo.

Nas situações-limite, mais além das quais se acha o "inédito viável",[1] às vezes perceptível, às vezes não, se encontram razões de ser para ambas as posições: a esperançosa e a desesperançosa.

Uma das tarefas do educador ou educadora progressista, através da análise política, séria e correta, é desvelar as possibilidades, não importam os obstáculos, para a esperança, sem a qual pouco podemos fazer porque dificilmente lutamos, e quando lutamos, enquanto desesperançados ou desesperados, a nossa é uma luta suicida, é um corpo a corpo puramente vingativo. O que há, porém, de castigo, de pena, de correção, de punição na luta que fazemos movidos pela esperança, pelo fundamento ético-histórico de seu acerto, faz parte da natureza pedagógica do processo político de que a luta é expressão. Não será equitativo que as injustiças, os abusos, as extorsões, os ganhos ilícitos, os tráficos de influência, o uso do cargo para a satisfação de interesses pessoais, que nada disso, por causa de que, com justa ira, lutamos agora no Brasil, não seja corrigido, como não será correto que todas e todos os que forem julgados culpados não sejam severamente, mas dentro da lei, punidos.

Não basta para nós, nem é argumento válido, reconhecer que nada disso é "privilégio" do Terceiro Mundo, como às vezes se insinua. O Primeiro Mundo foi sempre exemplar em escândalos de toda espécie, sempre foi modelo de malvadez, de exploração. Pense-se apenas no colonialismo, nos massacres dos povos invadidos, subjugados, colonizados, nas guerras deste século, na discriminação racial, vergonhosa e aviltante, na rapinagem por ele perpetrada. Não, não temos o privilégio da desonestidade, mas já não podemos compactuar com os escândalos que nos ferem no mais profundo de nós.

Que cinismo — entre dezenas de outros — o de certos políticos que, pretendendo esconder a seus eleitores — que têm absoluto direito de saber o que fazem no Congresso e por que fazem —, defendem, com ares puritanos, em nome da democracia, o direito de esconder-se no "voto secreto" durante a votação do impedimento do presidente da República. Por que se esconder, se não há risco, o mais mínimo, de terem sua integridade física ofendida? Por que se esconder se proclamam a "pureza", a "honradez", a "inatacabilidade" de seu presidente? Pois que assumam, com dignidade, a sua opção. Que explicitem sua defesa do indefensável.

A *Pedagogia da esperança: um reencontro com a pedagogia do oprimido* é um livro assim, escrito com raiva, com amor, sem o que não há esperança. Uma defesa da tolerância, que não se confunde com a conivência, da radicalidade; uma crítica ao sectarismo, uma compreensão da pós-modernidade progressista e uma recusa à conservadora, neoliberal.

Num primeiro momento, procuro analisar ou falar de *tramas* da infância, da mocidade, dos começos da maturidade, em que a *Pedagogia do oprimido* com que me reencontro neste livro era anunciada e foi tomando forma, primeiro, na oralidade, depois, graficamente.

Algumas dessas tramas terminaram por me trazer ao exílio a que chego com o corpo molhado de história, de marcas culturais, de lembranças, de sentimentos, de dúvidas, de sonhos rasgados, mas não desfeitos, de saudades de meu mundo, de meu céu, das águas mornas do Atlântico, da "língua errada do povo, língua certa do povo".* Cheguei ao exílio e à memória que

* Manuel Bandeira, "Evocação do Recife", in *Poesias*, 6ª ed. Rio de Janeiro: José Olympio, 1955, p. 191.

trazia no meu corpo de tantas tramas juntei a marca de novos fatos, novos saberes, constituindo-se, então, em novas tramas.

A *Pedagogia do oprimido* emerge de tudo isso e falo dela, de como aprendi ao escrevê-la e até de como, ao primeiro falar dela, fui aprendendo a escrevê-la.

Depois, num segundo momento do livro atual, retomo a *Pedagogia do oprimido*. Discuto alguns de seus momentos, analiso algumas críticas a ela feitas nos anos 1970.

No terceiro e último momento deste livro falo amplamente das tramas que tiveram como personagem quase central a *Pedagogia do oprimido* mesma. É como se estivesse — e no fundo estou — revivendo e, ao fazê-lo, repensando momentos singulares de minha andarilhagem pelos quatro cantos do mundo a que fui levado pela *Pedagogia do oprimido*. Talvez, porém, deva deixar claro aos leitores e leitoras que, ao reportar-me à *Pedagogia do oprimido* e falar hoje de tramas vividas nos anos 1970, não estou assumindo uma posição saudosista. Na verdade, o meu reencontro com a *Pedagogia do oprimido* não tem o tom de quem fala do que já foi, mas do que está sendo.

As tramas, os fatos, os debates, discussões, projetos, experiências, diálogos de que participei nos anos 1970, tendo a *Pedagogia do oprimido* como centro, me parecem tão atuais quanto outros a que me refiro dos anos 1980 e de hoje.

Gostaria agora, nestas palavras primeiras, de agradecer a um grupo de amigos e amigas, no Brasil e fora dele, com quem, antes mesmo de começar a trabalhar nesta *Pedagogia da esperança*, conversei sobre o projeto e de quem recebi importante estímulo.

Ana Maria Freire, Madalena Freire Weffort, Maria de Fátima Freire Dowkor, Lutgardes Freire, Ladislau Dowbor, Celso

Beisiegel, Ana Maria Saul, Moacir Gadotti, Antônio Chizzotti, Adriano Nogueira, Márcio Campos, Carlos Arguelo, Eduardo Sebastiani Ferreira, Adão J. Cardoso, Henry Giroux, Donaldo Macedo, Peter Park, Peter McLaren, Ira Shor, Stanley Aronowitz, Raúl Magaña, João Batista F. Pinto, Michael Apple, Madeleine Groumet, Martin Carnoy, Carlos Torres, Eduardo Hasche, Alma Flor Ada, Joaquim Freire, Susanne Mebes, Iracy Ornellas, Cristina Freire Heiniger e Alberto Heiniger.

Gostaria ainda de expressar meus agradecimentos a Ana Maria Freire, de quem sou marido, pelas excelentes notas que aclaram e amarram aspectos importantes de meu texto.

Me sinto devedor igualmente a Suzie Hartmann Lontra, que, paciente e dedicadamente, reviu comigo a datilografia dos originais.

Não poderia, por outro lado, deixar de trazer aqui meu reconhecimento a Werner Linz pelo entusiasmo com que sempre discutiu comigo, pessoalmente ou por carta, o projeto deste livro, o mesmo entusiasmo com que, há 23 anos, recebeu, em Nova York, os manuscritos da *Pedagogia do oprimido*, que editou.

Finalmente, a Marcus Gasparian, uma das melhores presenças brasileiras, hoje, entre os bons e sensíveis editores, meu abraço fraterno de admiração e meu muito obrigado pelo gosto com que constantemente discutiu comigo sobre o que viria a ser a *Pedagogia da esperança: um reencontro com a pedagogia do oprimido.*

Paulo Freire

São Paulo, setembro de 1992

EM 1947, NO RECIFE, professor de língua portuguesa do colégio Oswaldo Cruz,[2] em que fizera, a partir do segundo ano, o curso secundário e o então chamado curso pré-jurídico,[3] por especial favor de seu diretor, dr. Aluízio Pessoa de Araújo,[4] recebi o convite para me incorporar ao recém-criado Serviço Social da Indústria, SESI, Departamento Regional de Pernambuco, instituído pela Confederação Nacional das Indústrias, cuja forma legal lhe foi dada através de decreto presidencial.[5]

O convite me chegou através de um grande amigo e colega de estudos desde os bancos do colégio Oswaldo Cruz, a quem uma grande e fraterna amizade me prende até hoje, jamais abalada por divergências de natureza política. Divergências que, necessariamente, expressavam nossas diferentes visões de mundo e nossa compreensão da vida mesma. Atravessamos alguns dos momentos mais problemáticos de nossas vidas amenizando, sem dificuldades, nossos desacordos, defendendo, assim, o nosso direito e o nosso dever de preservar o mútuo querer bem acima de nossas opções políticas e de nossas posições ideológicas. Sem o sabermos, na época, já éramos, à nossa maneira, pós-modernos... É que, na verdade, no mútuo respeito, experimentávamos o fundamento mesmo da política.

Foi Paulo Rangel Moreira, hoje famoso advogado e professor de direito[6] da Universidade Federal de Pernambuco que, numa tarde clara do Recife, risonho e otimista, veio a nossa casa, no bairro da Casa Forte, na rua Rita de Souza, 224, e nos falou, a mim e a Elza, minha primeira esposa, da existência do SESI e do que trabalhar nele poderia significar para nós. Ele já aceitara o convite que lhe fizera o então jovem presidente da organização, o engenheiro e empresário Cid Sampaio, para integrar o setor de projetos no campo da assistência social. Tudo indicava que, cedo, passaria para o setor jurídico do órgão, seu sonho, em coerência com sua formação e sua competência.

Escutei, escutamos, entre calados, curiosos, reticentes, desafiados, o discurso otimista de Paulo Rangel. Havia um pouco de medo também, em nós, em Elza e em mim. Medo do novo, talvez. Mas havia igualmente em nós uma vontade e um gosto do risco, da aventura.

A noite ia "caindo". A noite tinha "caído". No Recife, a noite "chega" de repente. O sol se "espanta" de ainda estar clareando e "some", rápido, sem mais demora.

Acendendo a luz, Elza perguntou a Rangel: "E que fará Paulo nesse órgão? Que poderá ele propor a Paulo, além do necessário salário, no sentido de que ele exercite sua curiosidade, se entregue a um trabalho criador que não o leve a morrer de tristeza, a morrer de saudade do magistério de que ele tanto gosta?"

Estávamos nos meados do nosso último ano do curso jurídico. Na altura do convite, já ocorrera alguma coisa, de fato importante na minha vida, e a que já me referi em entrevistas ou em retalhos biográficos publicados em revistas ou em livros. Um acontecimento que fizera Elza rir, de um lado, um riso de confirmação de algo que ela quase adivinhava e em que apostava desde os princípios de nossa vida em comum; de outro, um riso ameno, sem arrogância, mas transbordante de alegria.

Num fim de tarde, cheguei a casa, eu mesmo com a sensação gostosa de quem se desfazia de um equívoco, e Elza, abrindo o portão, me fez a pergunta que, em muita gente, termina por tomar ar e alma burocráticos, mas que nela era sempre pergunta, curiosidade viva, verdadeira indagação, jamais fórmula mecanicamente memorizada: "Tudo bem, hoje, no escritório?"

Lhe falei então da experiência que pusera fim à recém-iniciada carreira de advogado. Precisava realmente de falar, de dizer, palavra por palavra, as que dissera ao jovem dentista que tivera, pouco tempo antes, sentado em minha frente, no escritório, que pretendia ser de advocacia, tímido, assustado, nervoso, as mãos como se, de repente, nada mais tendo que ver com a mente, com o corpo consciente, como se tivessem virado autônomas, nada soubessem porém fazer de si mesmas, consigo mesmas e as palavras, Deus sabe como sendo ditas, daquele jovem dentista. Eu precisava falar naquele momento singular com Elza, como em outros igualmente singulares, ao longo de nossa vida, precisei de falar do falado, do dito e do não dito, do ouvido, do escutado. Falar do dito não é apenas redizer o dito, mas reviver o vivido que gerou o dizer que agora, no tempo do redizer, de novo se diz. Redizer, falar do dito, por isso envolve ouvir novamente o dito pelo outro sobre ou por causa do nosso dizer.

"Me emocionei muito esta tarde, quase agora", disse a Elza. "Já não serei advogado. Não que não veja na advocacia um encanto especial, uma necessidade fundamental, uma tarefa indispensável que, tanto quanto outra qualquer, se deve fundar na ética, na competência, na seriedade, no respeito às gentes. Mas não é a advocacia o que quero." Falei então do havido, das coisas vividas, das palavras, dos silêncios significativos, do dito, do ouvido. Do jovem dentista diante de mim a quem convidara a vir ter uma conversa comigo enquanto advogado de seu credor. O dentista instalara, senão totalmente, pelo menos em parte, seu consultório e não pagara seus débitos.

"Errei", disse ele, "ou fui demasiado otimista quando assumi o compromisso que hoje não posso honrar. Não tenho como pagar o que devo. Por outro lado", continuava o jovem dentista, em voz lenta e sincera, "segundo a lei, não posso ficar sem os instrumentos de trabalho. O senhor pode providenciar a tomada de nossos móveis — a sala de jantar, a sala de visitas...". E, rindo um riso tímido, nada desdenhoso, mais com humor do que com ironia, completou: "Só não pode tomar minha filhinha de ano e meio."

Ouvi calado, pensativo, para, em seguida, dizer: "Creio que você, sua esposa, sua filhinha, sua sala de jantar, sua sala de visitas vão viver uns dias como se estivessem entre parênteses com relação aos vexames de seu débito. Só na próxima semana poderei ver o credor a quem devolverei a causa. Mais uma semana, possivelmente, ele levará para conseguir outro necessitado como eu para ser seu advogado. Isto lhes dará um pouco de ar, mesmo entre parênteses. Gostaria de lhe dizer também que, com você, encerro minha passagem pela carreira nem sequer iniciada. Obrigado."

O jovem de minha geração deixou o escritório talvez sem ter entendido profundamente o dito e o ouvido. Apertou calorosamente minha mão com a sua mão fria. Em casa, quem sabe, repensando o dito, tenha começado a compreender algumas das razões que me levaram a dizer o que eu disse.

Naquela tarde, redizendo a Elza o dito, não poderia nunca imaginar que um dia, tantos anos depois, escreveria a *Pedagogia do oprimido*, cujo discurso, cuja proposta têm algo que ver com a experiência daquela tarde pelo que ela significou também e sobretudo na decisão de aceitar o convite de Cid Sampaio, que me trazia Paulo Rangel. É que deixar definitivamente a advocacia naquela tarde, tendo ouvido de Elza: "Eu esperava isto, você é um educador", nos fez poucos meses depois, num começo de noite que chegava apressada, dizer sim ao chamado do SESI, para a sua Divisão de Educação e Cultura, cujo campo de experiência, de estudo, de reflexão, de prática se constitui como um momento indispensável à gestação da *Pedagogia do oprimido*.

Nunca um acontecimento, um fato, um feito, um gesto de raiva ou de amor, um poema, uma tela, uma canção, um livro têm por trás de si uma única razão. Um acontecimento, um fato, um feito, uma canção, um gesto, um poema, um livro se acham sempre envolvidos em densas tramas, tocados por múltiplas razões de ser de que algumas estão mais próximas do ocorrido ou do criado, de que outras são mais visíveis enquanto razão de ser. Por isso é que a mim me interessou sempre muito mais a compreensão do processo em que e como as coisas se dão do que o produto em si.

A *Pedagogia do oprimido* não poderia ter sido gestada em mim só por causa de minha passagem pelo SESI, mas a minha passagem pelo SESI foi fundamental. Diria até que indispensável à sua elaboração. Antes mesmo da *Pedagogia do oprimido*, a passagem pelo SESI tramou algo de que a *Pedagogia* foi uma espécie de alongamento necessário. Refiro-me à tese universitária que defendi na então Universidade do Recife, depois Federal de Pernambuco: *Educação e atualidade brasileira* que, no fundo, desdobrando-se em *Educação como prática da liberdade*, anuncia a *Pedagogia do oprimido*.

Por outro lado, em entrevistas, em diálogos com intelectuais não apenas brasileiros, tenho feito referência a tramas mais remotas que me envolveram, a pedaços de tempo de minha infância e de minha adolescência que precederam o tempo do SESI, indiscutivelmente um tempo fundante.

Pedaços de tempo que, de fato, se achavam em mim, desde quando os vivi, à espera de outro tempo, que até poderia não ter vindo como veio, em que aqueles se alongassem na composição da trama maior.

Às vezes, nós é que não percebemos o "parentesco" entre os tempos vividos e perdemos assim a possibilidade de "soldar" conhecimentos desligados e, ao fazê-lo, iluminar com os segundos a precária claridade dos primeiros.

A experiência da infância e da adolescência com meninos, filhos de trabalhadores rurais e urbanos, minha convivência com suas ínfimas possibilidades de vida, a maneira como a maioria de seus pais nos tratava, a Temístocles, meu irmão imediatamente mais velho, e a mim, seu "medo à liberdade" que eu nem entendia nem dele falava assim, sua submissão ao patrão, ao chefe, ao senhor, que mais tarde, muito mais tarde, li em Sartre* como sendo uma das expressões da "conivência" dos oprimidos com os opressores. Seus corpos de oprimidos, hospedeiros, sem ter sido consultados, dos opressores.

Interessante, no contexto da infância e da adolescência, na convivência com a malvadez dos poderosos, com a fragilidade que precisa virar a força dos dominados, que o tempo fundante do SESI, cheio de "soldaduras" e "ligaduras" de velhas e puras "adivinhações" a que meu novo saber emergindo de forma crítica deu sentido, eu "li" a razão de ser ou algumas delas, as tramas de livros já escritos e que eu não lera ainda e de livros que ainda seriam escritos e que viriam a iluminar a memória viva que me marcava. Marx, Lukács, Fromm, Gramsci, Fanon, Memmi, Sartre, Kosik, Agnes Heller, M. Ponty, Simone Weill, Arendt, Marcuse...

Anos depois, a colocação em prática de algumas das "soldaduras" e "ligaduras" realizadas no tempo fundante do SESI me levaram ao exílio,[7] uma espécie de "ancoradouro" que tornou possível religar lembranças, reconhecer fatos, feitos, gestos, unir conhecimentos, soldar momentos, reconhecer para conhecer melhor.

Neste esforço de relembrar momentos de minha experiência que, necessariamente, não importa o tempo em que se deram, se constituíram como fontes de minhas reflexões teóricas, ao escrever a *Pedagogia do oprimido* e continuariam hoje ao repensá-la, me parece oportuno

* Jean-Paul Sartre, "Prefácio", in Frantz Fanon, *Os condenados da terra*. Rio de Janeiro: Civilização Brasileira, 1979.

referir-me a um caso exemplar que vivi nos anos 1950. Experiência de que resultou um aprendizado de real importância para mim, para minha compreensão teórica da prática político-educativa, que, se progressista, não pode desconhecer, como tenho afirmado sempre, a leitura do mundo que vêm fazendo os grupos populares, expressa no seu discurso, na sua sintaxe, na sua semântica, nos seus sonhos e desejos.

Trabalhava então no SESI e, preocupado com as relações entre escolas e famílias, vinha experimentando caminhos que melhor possibilitassem o seu encontro, a compreensão da prática educativa realizada nas escolas, por parte das famílias; a compreensão das dificuldades que as famílias das áreas populares, enfrentando problemas, teriam para realizar sua atividade educativa. No fundo, buscava um diálogo entre elas de que pudesse resultar a necessária ajuda mútua que, por outro lado, implicando uma intensidade maior da presença das famílias nas escolas, pudesse ir aumentando a conotação política daquela presença no sentido de abrir canais de participação democrática a pais e mães na própria política educacional vivida nas escolas.

Havia realizado na época uma pesquisa que alcançara cerca de mil famílias de alunos, distribuídas entre a área urbana do Recife, a Zona da Mata, a do agreste e a do que se poderia chamar de "porta" da zona do sertão de Pernambuco,[8] onde o SESI tinha núcleos ou centros sociais em que prestava assistência médico-dentária, escolar, esportiva, cultural etc. a seus associados e famílias.

A pesquisa, nada sofisticada, simplesmente propunha perguntas a pais e mães em torno de suas relações com filhas e filhos. A questão dos castigos, dos prêmios, as modalidades mais usadas de castigo, os seus motivos mais frequentes, a reação das crianças aos castigos, sua mudança ou não de comportamento no sentido desejado por quem castigava etc.

Me lembro de que, apurados os resultados, me tornei, ainda que já esperasse, assustado com a ênfase nos castigos físicos, realmente violentos, na área urbana do Recife, na Zona da Mata, no agreste e sertão, contrastando com a ausência quase total, não apenas dos mesmos, mas de castigos, em áreas pesqueiras. Parecia que, nestas áreas, o horizonte marítimo, as lendas sobre a liberdade individual, de que a cultura se acha "ensopada", o confronto dos pescadores em suas precárias jangadas[9] com a força do mar, empreitada para homens livres e altaneiros, as fantasias que dão cor às estórias fantásticas dos pescadores, tudo isso teria que ver com um gosto de liberdade que se opunha ao uso sobretudo dos castigos violentos.

Não sei mesmo até que ponto poderíamos considerar aquele comportamento licencioso, faltoso de limites ou se, pelo contrário, os pescadores, ao enfatizar a liberdade, condicionados por seu próprio contexto cultural, não estariam contando com a natureza mesma, com o mundo, com o mar, em que e com que as crianças se experimentavam, como sendo as fontes dos necessários limites à liberdade. Era como se, amenizando ou diminuindo o seu dever de educadores de seus filhos, pais e mães o compartissem com o mar, com o mundo mesmo, aos quais caberia através da prática de seus filhos estabelecer-lhes os limites a seu *quefazer*. Aprenderiam assim, de forma natural, o que podiam e o que não podiam fazer.

Na verdade, os pescadores viviam uma enorme contradição. De um lado, se sentiam livres e arrojados, enfrentando o mar, convivendo com os seus mistérios, fazendo o que chamavam "pescaria de ciência",[10] de que tanto me falaram em pores de sol quando, em suas "caiçaras",[11] ouvindo-os, aprendia a compreendê-los melhor; de outro, sendo malvadamente roubados, explorados, ora pelos intermediários que compravam por nada o produto de seu duro labor, ora por quem lhes financiava a aquisição dos instrumentos de trabalho.

Às vezes, enquanto os ouvia, nas conversas com eles, em que aprendi algo de sua sintaxe e de sua semântica, sem o que não poderia, com eficácia, ter trabalhado com eles, me perguntava se não se inteiravam de quão pouco livres realmente eram.

Me lembro de que, à época da pesquisa, indagamos sobre a razão por que vários alunos vinham faltando tão frequentemente às aulas. Alunos e pais, separadamente, respondiam. Os alunos, "porque somos livres". Os pais, "porque são livres. Um dia voltarão".

Os castigos nas demais áreas variavam entre pôr as crianças amarradas em um tronco de árvore, prendê-las durante horas em um quarto, dar-lhes "bolos"[12] com grossas e pesadas palmatórias, pô-las de joelhos sobre caroços de milho, surrá-las com correia de couro. Este último era o castigo preponderante em uma cidade da Zona da Mata, famosa por sua fabricação de calçados.

Por motivos triviais se aplicavam esses castigos e se dizia com frequência aos assistentes de pesquisa: "Castigo duro é que faz gente dura, capaz de enfrentar a crueza da vida. Pancada é que faz homem macho."

Uma de minhas preocupações, na época, tão válida ontem quanto hoje, era com as consequências políticas que um tal tipo de relação pais-filhos, alongando-se depois nas relações professores-alunos, teria com vistas ao processo de aprendizagem de nossa incipiente democracia. Era como se família e escola, completamente subjugadas ao contexto maior da sociedade global, nada pudessem fazer a não ser reproduzir a ideologia autoritária.

Reconheço os riscos a que nos expomos ao enfrentar problemas como este. De um lado, o do voluntarismo, no fundo uma espécie de idealismo brigão, que empresta à vontade do indivíduo uma força capaz de tudo fazer; de outro, do objetivismo mecanicista, que nega qualquer papel à subjetividade no processo histórico.

Ambas estas concepções da história e dos seres humanos nela terminam por negar definitivamente o papel da educação. A primeira, porque atribui à educação um poder que ela não tem; a segunda, porque nega qualquer poder a ela.

No que diz respeito às relações autoridade-liberdade, o tema da pesquisa referida, corremos também o risco de, negando à liberdade o direito de afirmar-se, exacerbar a autoridade ou, atrofiando esta, hipertrofiar aquela. Em outras palavras, corremos o risco de cair seduzidos ou pela tirania da liberdade ou pela tirania da autoridade, trabalhando, em qualquer das hipóteses, contra a nossa incipiente democracia.

Não era esta a minha posição ontem e não é esta a minha posição hoje. E hoje, tanto quanto ontem, contudo possivelmente mais fundamentado hoje do que ontem, estou convencido da importância, da urgência da democratização da escola pública, da formação permanente de seus educadores e educadoras entre quem incluo vigias, merendeiras, zeladores. Formação permanente, científica, a que não falte sobretudo o gosto das práticas democráticas, entre as quais a de que resulte a ingerência crescente dos educandos e de suas famílias nos destinos da escola. Esta foi uma das tarefas a que me entreguei, recentemente, tantos anos depois da constatação de tal necessidade, de que tanto falei em trabalho acadêmico de 1959, *Educação e atualidade brasileira*, enquanto secretário de Educação da cidade de São Paulo, de janeiro de 1989 a maio de 1991. A da democratização da escola pública, tão descurada pelos governos militares[13] que, em nome da salvação do país da praga comunista e da corrupção, quase a destruíram.

De posse, afinal, dos resultados da pesquisa, organizei uma espécie de giro sistemático a todos os núcleos ou centros sociais do SESI, no estado de Pernambuco, onde mantínhamos escolas primárias,[14] assim chamadas na época, para falar a pais e mães em torno dos achados da pesquisa. Para fazer algo mais: juntar à comunicação sobre os achados da pesquisa a discussão em torno do problema das relações entre autoridade e liberdade que necessariamente envolveria a questão do castigo e do prêmio em educação.

O giro para a discussão com as famílias foi precedido por um outro, o que fiz para, em seminários, tanto quanto possível rigorosos, *debater* com as professoras a mesma questão.

Redigira, em colaboração com um companheiro de trabalho, Jorge Monteiro de Melo, recentemente falecido, cuja seriedade, honradez e dedicação reverencio agora, um texto sobre disciplina escolar que, ao lado dos resultados da pesquisa, se constituiu no objeto de nosso seminário preparatório aos encontros com as famílias. Desta forma, nos preparávamos, enquanto escola, para receber as famílias dos alunos, educadoras naturais deles de quem éramos educadores profissionais.

Àquela época, eu fazia longas falas sobre os temas escolhidos. Foi repetindo o caminho tradicional do discurso *sobre*, feito aos ouvintes, que passei ao debate, à discussão, ao diálogo em torno do tema *com* os participantes. E, mesmo que preocupado com o ordenamento, com o desenvolvimento das ideias, fazia quase como se estivesse falando a alunos da universidade. Disse *quase* porque, na verdade, minha sensibilidade já me havia advertido quanto às diferenças de linguagem, as diferenças sintáticas e semânticas, entre a dos operários e operárias com quem trabalhava e a minha linguagem. Daí que minhas falas fossem sempre cortadas ou permeadas por *quer dizer, isto é*. Por outro lado, apesar de alguns anos de experiência como educador, com trabalhadores urbanos e rurais, eu ainda quase sempre partia de meu mundo, sem mais explicação, como se ele devesse ser o "sul" que os orientasse. Era como se minha palavra, meu tema, minha leitura do mundo, em si mesmas, tivessem o poder de "suleá-los".[15]

Este foi um aprendizado longo, que implicou uma caminhada, nem toda vez fácil, quase sempre sofrida, até que me convencesse de que, ainda quando minha tese e minha proposta fossem certas e em torno delas eu não tivesse dúvida, era imperioso, primeiro, saber se elas coincidiam com a leitura de mundo dos grupos ou da classe social a quem falava; segundo, se impunha a mim estar mais ou menos a par, familiarizado, com sua leitura de mundo, pois que, somente a partir do saber nela contido ou nela implícito me seria possível discutir a minha leitura de mundo, que igualmente guarda e se funda num outro tipo de saber.

Este aprendizado, de história longa, é ensaiado na minha tese universitária anteriormente citada, continua esboçado em *Educação como prática da liberdade* e se explicita definitivamente na *Pedagogia do oprimido.* Um momento, até poderia dizer, solene, entre outros, deste aprendizado, ocorreu durante a jornada, a que me referi antes, de falas em que discuti a questão da autoridade, da liberdade, do castigo e do prêmio em educação. Ocorreu exatamente no núcleo ou centro social do SESI chamado Presidente Dutra,[16] em Vasco da Gama,[17] Casa Amarela, Recife.

Baseando-me num excelente estudo de Piaget* sobre o código moral da criança, sua representação mental do castigo, a proporção entre a provável causa do castigo e este, falei longamente citando o próprio Piaget, sobre o assunto, defendendo uma relação dialógica, amorosa, entre pais,

---

* Jean Piaget, *The Moral Judgement of the Child*, trad. Marjorie Worden. Nova York: Harcourt, Brace Word, Inc., 1932.

mães, filhas, filhos, que fosse substituindo o uso dos castigos violentos.

Meu erro não estava em citar Piaget. Até que teria sido rico, falando dele, servindo-me de um mapa, partindo do Recife, Nordeste brasileiro, estender-me ao Brasil, localizar o Brasil na América do Sul, relacioná-la com o mundo restante e, nele, mostrar a Suíça, na Europa, terra do homem que eu estava citando. Não teria sido apenas *rico*, mas provocador e formador se tivesse feito isto. Meu erro estava, primeiro, no uso de minha linguagem, de minha sintaxe, sem um esforço maior de aproximação dela à dos presentes. Segundo, na quase desatenção à realidade dura da imensa audiência que tinha em frente a mim.

Ao terminar, um homem jovem ainda, de uns quarenta anos, mas já gasto, pediu a palavra e me deu talvez a mais clara e contundente lição que já recebi em minha vida de educador.

Não sei seu nome. Não sei se vivo ainda está. Possivelmente, não. A malvadez das estruturas socioeconômicas do país, que ganham cores mais fortes no Nordeste brasileiro, a dor, a fome, a indiferença dos poderosos, tudo isso deve havê-lo tragado desde há muito.

Pediu a palavra e fez um discurso que jamais pude esquecer, que me acompanha vivo na memória do meu corpo por todo este tempo e que exerceu sobre mim enorme influência. Quase sempre, nas cerimônias acadêmicas em que me torno doutor *honoris causa* de alguma universidade, reconheço quanto devo também a homens como o de quem falo agora, e não apenas a cientistas, pensadores e pensadoras que igualmente me ensinaram e continuam me ensinando e sem os quais e as quais não me teria sido possível aprender, inclusive, com o operário daquela noite. É que, sem a rigorosidade, que me leva à maior possibilidade de exatidão nos achados, não poderia perceber criticamente a importância do senso comum e o que nele há de bom-senso. Quase sempre, nas cerimônias acadêmicas, eu o vejo de pé, numa das laterais do salão grande, cabeça erguida, olhos vivos, voz forte, clara, seguro de si, falando sua fala lúcida.

"Acabamos de escutar", começou ele, "umas palavras bonitas do dr. Paulo Freire. Palavras bonitas mesmo. Bem-ditas. Umas até simples, que a gente entende fácil. Outras mais complicadas, mas deu pra entender as coisas mais importantes que elas todas juntas dizem".

"Agora, eu queria dizer umas coisas ao doutor que acho que os meus companheiros concordam." Me fitou manso, mas penetrantemente, e perguntou: "Dr. Paulo, o senhor sabe onde a gente mora? O senhor já esteve na casa de um de nós?" Começou então a descrever a geografia precária de suas casas. A escassez de cômodos, os limites ínfimos dos espaços em que os corpos se acotovelam. Falou da falta de recursos para as mais mínimas necessidades. Falou do cansaço do corpo, da impossibilidade dos sonhos com um amanhã melhor. Da proibição que lhes era imposta de ser felizes. De ter esperança.

Acompanhando seu discurso eu adivinhava os passos seguintes, sentado como se estivesse, na verdade, me afundando na cadeira, que ia virando, na necessidade de minha imaginação e do desejo de meu corpo em fuga, um buraco para me esconder. Depois, silencioso por uns segundos, passeou os olhos pelo auditório inteiro, me fitou de novo e disse:

— Doutor, nunca fui à sua casa, mas vou dizer ao senhor como ela é. Quantos filhos tem? É tudo menino?

— Cinco — disse eu, mais afundado ainda na cadeira. — Três meninas e dois meninos.

— Pois bem, doutor, sua casa deve de ser uma casa solta no terreno, que a gente chama casa de "oitão livre".[18] Deve de ter um quarto só para o senhor e sua mulher. Outro quarto grande, é pras três meninas. Tem outro tipo de doutor que tem um quarto pra cada filho e filha. Mas o senhor não é desse tipo, não. Tem outro quarto para os dois meninos. Banheiro com água quente. Cozinha com a "linha Arno".[19] Um quarto de empregada bem menor do que os dos filhos e no lado de fora da casa. Um jardinzinho com grama "ingresa" (inglesa). O senhor deve de ter ainda um quarto onde bota os livros — sua livraria de estudo. Tá se vendo, por sua fala, que o senhor é homem de muitas leituras, de boa memória.

Não havia nada a acrescentar nem a retirar. Aquela era a minha casa. Um mundo diferente, espaçoso, confortável.

— Agora, veja, doutor, a diferença. O senhor chega em casa cansado. A cabeça até que pode doer no trabalho que o senhor faz. Pensar, escrever, ler, falar esses tipos de fala que o senhor fez agora. Isso tudo cansa também. Mas — continuou — uma coisa é chegar em casa, mesmo cansado, e encontrar as crianças tomadas banho, vestidinhas, limpas, bem comidas, sem fome, e a outra é encontrar os meninos sujos, com fome, gritando, fazendo barulho. E a gente tendo que acordar às quatro da manhã do outro dia pra começar tudo de novo, na dor, na tristeza, na falta de esperança. Se a gente bate nos filhos e até sai dos limites não é porque a gente não ame eles não. É porque a dureza da vida não deixa muito pra escolher.

Isto é saber de classe, digo eu agora.

Este discurso foi feito há cerca de 32 anos. Jamais o esqueci. Ele disse a mim, não importa que na hora em que foi feito eu não tenha percebido, muito mais do que imediatamente comunicava.

Nas idas e vindas da fala, na sintaxe operária, na prosódia, nos movimentos do corpo, nas mãos do orador, nas metáforas tão comuns ao discurso popular, ele chamava a atenção do educador ali em frente, sentado, calado, se afundando em sua cadeira, para a necessidade de que, ao fazer o seu discurso ao povo, o educador esteja a par da compreensão do mundo que o povo esteja tendo. Compreensão do mundo que, condicionada pela realidade concreta que em parte a explica, pode começar a mudar através da mudança do concreto. Mais ainda, compreensão do mundo que pode começar a mudar no momento mesmo em que o desvelamento da realidade concreta vai deixando expostas as razões de ser da própria compreensão tida até então.

A mudança da compreensão, de importância fundamental, não significa, porém, ainda, a mudança do concreto.

O fato de jamais haver esquecido a trama em que se deu aquele discurso é significativo. O discurso daquela noite longínqua se vem pondo diante de mim como se fosse um texto escrito, um ensaio que eu devesse constantemente revisitar. Na verdade, ele foi o ponto culminante no aprendizado há muito iniciado — o de que o educador ou a educadora progressista, ainda quando, às vezes, tenha de falar ao povo, deve ir transformando o *ao* em *com* o povo. E isso implica o respeito ao "saber de experiência feito" de que sempre falo, somente a partir do qual é possível superá-lo.

Naquela noite, já dentro do carro que nos conduziria de volta à casa, falei, um pouco amargo, a Elza que, só raramente não me acompanhando às reuniões, fazia excelentes observações que me ajudavam sempre.

— Pensei que havia sido tão claro — disse eu. — Parece que não me entenderam.

— Não terá sido você, Paulo, quem não os entendeu? — perguntou Elza, e continuou: — Creio que entenderam o fundamental de sua fala. O discurso do operário foi claro sobre isto. Eles entenderam você, mas precisavam de que você os entendesse. Esta é a questão.

Anos depois, a *Pedagogia do oprimido* falava da teoria embutida na prática daquela noite, cuja memória eu trouxera para o exílio, ao lado da lembrança de outras tantas tramas vividas.

Os momentos que vivemos ou são instantes de um processo anteriormente iniciado ou inauguram um novo processo de qualquer forma referido a algo passado. Daí que eu tenha falado antes no "parentesco" entre os tempos vividos que nem sempre percebemos, deixando assim de desvelar a razão de ser fundamental do modo como nos experimentamos em cada momento.

Gostaria de referir-me, agora, a outro deles, a outra trama que marcou com força minha experiência existencial e teve sensível influência no desenvolvimento de meu pensamento pedagógico e de minha prática educativa.

Ao tomar distância daquele momento que vivi entre os 22 e os 29 anos, parte do qual, portanto, enquanto atuava no SESI, eu o revejo como um processo cujo ponto de partida se acha nos fins de minha infância e começos de minha adolescência, em Jaboatão.[20]

Durante todo o período referido, dos 22 aos 29 anos, eu costumava, de vez em quando, ser tomado por uma sensação de desesperança, de tristeza, de acabrunhamento, que me fazia sofrer enormemente. Quase sempre passava dois, três ou mais dias assim. Às vezes, o estado de ânimo me assaltava inesperadamente, na rua, no escritório, em casa. Às vezes, vinha aos poucos tomando conta de mim. Em qualquer dos casos me sentia de tal maneira ferido e desinteressado do mundo, como que mergulhado em mim mesmo, na dor cuja razão de ser desconhecia, que tudo em volta de mim era estranheza. Razão de desesperança.

Certa vez, um companheiro dos tempos de estudos ginasiais me procurou magoado e ofendido para dizer-me que não podia entender o meu comportamento de dois ou três dias passados. "Você se negou a falar comigo na rua da Imperatriz.[21] Eu vinha na direção da rua do Hospício e, vendo-o de longe, atravessei para o lado em que você caminhava no sentido contrário ao meu. Ri, dei com a mão num aceno. Esperei você parar. Você seguiu fingindo não ver."

Outros casos menos fortes do que este se deram. Minha explicação era sempre a mesma: "Não vi você. Que é isto? Sou seu amigo. Não faria tal coisa."

Elza teve sempre uma profunda compreensão e me ajudava no que podia. E a melhor ajuda que tinha a me dar e dava era não insinuar sequer, a mim, que eu estava mudando com relação a ela.

Depois de certo tempo de viver a experiência, sobretudo na medida em que se amiudou, comecei a procurar situá-la no quadro em que se dava. Que elementos cercavam ou faziam parte do momento mesmo em que me sentia mal.

Quando o mal-estar era pressentido, eu procurava ver o que havia em torno de mim, procurava rever e relembrar o que ocorrera no dia anterior. Reescutar o que dissera e a quem dissera, o que ouvira e de quem ouvira. Em última análise, comecei a tomar meu mal-estar como objeto de minha curiosidade. "Tomava distância" dele para apreender sua razão de ser. Eu precisava, no fundo, de iluminar a trama em que ele se gerava.

Comecei a perceber que ele se repetia quase igualmente — acabrunhamento, desinteresse pelo mundo, pessimismo —, que havia uma incidência maior de vezes no período das chuvas, que o mal-estar se dava preponderantemente no ou em torno do tempo das viagens que eu fazia à Zona da Mata, a fim de falar nas escolas do SESI, às professoras e às famílias dos alunos sobre problemas educativos. Esta constatação me fez pôr minha atenção nas viagens com o mesmo objetivo que eu fazia para a zona do agreste do estado. Nas e depois das viagens ao agreste, constatei que não vinha sendo objeto do mal-estar.

É interessante observar como em poucas páginas estou podendo condensar três ou quatro anos de busca nos sete em que aquele momento se repetiu.

Minha primeira visita à cidade de São Paulo se verificou quando me achava em pleno processo de procura.

No dia seguinte ao em que cheguei, estava à tarde no hotel quando uma forte chuva começa a cair. Cheguei à janela e olhei o mundo lá fora. O céu escuro, a chuva pesada caindo. Faltavam, no mundo que estava observando, o verde e a lama, a terra preta empapando-se de água ou o barro vermelho virando uma massa escorregadia ou às vezes viscosa, que "se agarra aos homens com modos de garonhona", como disse Gilberto Freyre* do massapê[22] do Nordeste.

O céu escuro de São Paulo e a chuva que caía não me afetaram em nada.

Ao voltar ao Recife, trazia comigo um quadro que a visita a São Paulo me ajudara a compor. Minhas depressões estavam associadas, sem dúvida, à chuva, à lama, ao barro massapê, ao verde dos canaviais e ao céu escuro. Não a nenhum desses elementos sozinho, mas à relação entre eles. Me faltava agora, para ganhar a claridade necessária sobre a experiência de minha dor, descobrir a trama remota em que esses elementos adquiriram ou foram adquirido o poder de deflagrar o meu mal-estar. No fundo, eu vinha educando a minha esperança enquanto procurava a razão de ser mais profunda de minha dor. Para isso, jamais esperei que as coisas simplesmente se dessem. Trabalhei as coisas, os fatos, a vontade. Inventei a esperança concreta em que um dia me veria livre de meu mal-estar.

---

* Gilberto Freyre, *Nordeste*. Rio de Janeiro, Recife: José Olympio, em convênio com a Fundarp, 1985, p. 6.

Foi assim que, numa tarde chuvosa no Recife, céu escuro, cor de chumbo, fui a Jaboatão, à procura de minha infância. Se, no Recife, chovia, em Jaboatão, conhecida como "pinico do céu",[23] nem se fala. Foi sob a chuva forte que visitei o morro da Saúde, onde, menino, vivi. Parei em frente à casa em que morei. A casa em que meu pai morreu no fim da tarde do dia 21 de outubro de 1934. "Revi" o gramado extenso que havia na época em frente à casa, onde jogávamos futebol. "Revi" as mangueiras, suas frondes verdes. Revi os pés, meus pés enlameados, subindo o morro correndo, o corpo ensopado. Tive diante de mim, como numa tela, meu pai morrendo, minha mãe estupefata, a família perdendo-se em dor.

Depois, desci o morro e fui rever algumas áreas onde, mais por necessidade do que por esporte, caçara passarinhos inocentes, com o badoque[24] que eu mesmo fabricava e em cujo uso me tornei exímio atirador.

Naquela tarde chuvosa, de verdura intensa, de céu chumbo, de chão molhado, eu descobri a trama de minha dor. Percebi sua razão de ser. Me conscientizei das várias relações entre os sinais e o núcleo central, mais fundo, escondido dentro de mim. Desvelei o problema pela apreensão clara e lúcida de sua razão de ser. Fiz a "arqueologia"[25] de minha dor.

Desde então, nunca mais, a relação chuva, verde, lama ou barro pegajoso deflagrou em mim o mal-estar que me afligiu durante anos. Sepultei-o na tarde chuvosa em que revisitei Jaboatão. Ao mesmo tempo que lidava com meu próprio problema, me entregava no SESI, com grupos de trabalhadores rurais e urbanos, a como passar de meu discurso sobre minha leitura do mundo a eles, a desafiá-los no sentido de que falassem sobre sua própria leitura.

Muitos deles terão experimentado, possivelmente, o mesmo processo que eu vivi, o de desnudar as tramas em que os fatos se dão, descobrindo sua razão de ser.

Muitos terão, possivelmente, sofrido, e não pouco, ao refazer sua leitura do mundo sob a força de nova percepção: a de que, na verdade, não era o destino, nem o fado nem a irremediável sina que explicavam sua impotência, como operário, em face do corpo vencido, esquálido, de sua companheira, à morte por falta de recursos.

É preciso, por isso, deixar claro que, no domínio das estruturas socioeconômicas, o conhecimento mais crítico da realidade, que adquirimos através de seu desvelamento, não opera, por si só, a mudança da realidade.

No meu caso, que acabo de relatar, desvelar a razão de ser de minha experiência de sofrimento foi o suficiente para superá-lo. Neste sentido, indubitavelmente, me libertei de uma limitação que, inclusive, prejudicava minha atuação profissional e meu convívio com os demais. Terminava também por me limitar politicamente.

É por isso que alcançar a compreensão mais crítica da situação de opressão não liberta ainda os oprimidos. Ao desvelá-la, contudo, dão um passo para superá-la desde que se engajem na luta política pela transformação das condições concretas em que se dá a opressão. O que quero dizer é o seguinte: enquanto no meu caso, foi suficiente conhecer a trama em que meu sofrimento se gestava para sepultá-lo, no domínio das estruturas socioeconômicas, a percepção crítica da trama, apesar de indispensável, não basta para mudar os dados do problema. Como não basta ao operário ter na cabeça a ideia do objeto que quer produzir. É preciso fazê-lo.

A esperança de produzir o objeto é tão fundamental ao operário quão indispensável é a esperança de refazer o mundo na luta dos oprimidos e das oprimidas. Enquanto prática desveladora, gnosiológica, a educação sozinha, porém, não faz a transformação do mundo, mas esta a implica.

Ninguém chega a parte alguma só, muito menos ao exílio. Nem mesmo os que chegam desacompanhados de sua família, de sua mulher, de seus filhos, de seus pais, de seus irmãos. Ninguém deixa seu mundo, adentrado por suas raízes, com o corpo vazio ou seco. Carregamos conosco a memória de muitas tramas, o corpo molhado de nossa história, de nossa cultura; a memória, às vezes difusa, às vezes nítida, clara, de ruas da infância, da adolescência; a lembrança de algo distante que, de repente, se destaca límpido diante de nós, em nós, um gesto tímido, a mão que se apertou, o sorriso que se perdeu num tempo de incompreensões, uma frase, uma pura frase possivelmente já olvidada por quem a disse. Uma palavra por tanto tempo ensaiada e jamais dita, afogada sempre na inibição, no medo de ser recusado que, implicando a falta de confiança em nós mesmos, significa também a negação do risco.

Experimentamos, é certo, na travessia que fazemos, um alvoroço na alma, síntese de sentimentos contraditórios — a esperança da liberdade imediata das ameaças, a leveza da ausência do inquiridor, do perguntador brutal e ofensivo, ou do arguidor taticamente cortês, a cuja lábia mais facilmente, pensam, o "subversivo malvado e perigoso" se entrega e a que se junta, para ampliar o alvoroço da alma e nela, a "culpa" de estar deixando seu mundo, seu chão, o cheiro de seu chão,[26] sua gente. Do alvoroço da alma faz parte também a dor da ruptura do sonho, da utopia. A ameaça da perda da esperança. Moram igualmente no alvoroço da alma a frustração da perda, os *slogans* medíocres dos assaltantes do poder, o desejo de um retorno imediato que leva um sem-número de exilados à recusa de qualquer gesto que sugira uma fixação na realidade de empréstimo, a do exílio. Conheci exilados que só a partir do quarto e do quinto anos de exílio começaram a comprar um ou outro móvel para suas casas. Era como se suas casas semivazias falassem com eloquência de sua lealdade à terra distante. Mais ainda, era como se suas salas semivazias não apenas quisessem dizer de seu anseio de voltar, mas já fossem o começo da volta mesma. A casa semivazia diminuía o sentimento de culpa de ter deixado o chão primeiro. Talvez resida nisto a necessidade que em vários exilados percebi: de se sentirem perseguidos, acompanhados sempre de longe por algum agente secreto que não lhes largava os passos, e que só eles viam. Saberem-se assim perigosos lhes dava, de um lado, a sensação de continuar politicamente vivos; de outro, justificando o direito de sobreviver, através de medidas cautelosas, diminuía sua culpa.

Na verdade, um dos sérios problemas do exilado ou exilada está em como lidar, de corpo inteiro, com sentimentos, desejos, razão, recordação, conhecimentos acumulados, visões do mundo, com a tensão entre o hoje sendo vivido na realidade de empréstimo e o ontem, no seu contexto de origem, de que chegou carregado de marcas fundamentais.

No fundo, como preservar sua identidade na relação entre a *ocupação* indispensável no novo contexto e a *pré-ocupação* em que o de origem deve constituir-se. Como lidar com a saudade sem permitir que ela vire nostalgia. Como inventar novas formas de viver e de conviver numa cotidianidade estranha, superando assim ou reorientando uma compreensível tendência do exilado ou da exilada de, não podendo deixar de tomar, pelo menos por largo tempo, seu contexto de origem como referência, considerá-lo sempre melhor do que o de empréstimo. Às vezes, é melhor mesmo, mas nem sempre o é.

No fundo, é muito difícil viver o exílio, conviver com todas as saudades diferentes — a da cidade, a do país, a das gentes, a de uma certa esquina, a da comida —, conviver com a saudade e educá-la também. A educação da saudade tem que ver com a superação de otimismos ingenuamente excessivos, do tipo, por exemplo, com que alguns companheiros me receberam em outubro de 1964 em La Paz: "Você está chegando na hora de voltar. Passaremos o Natal em casa."

Estava chegando depois de haver passado um mês ou pouco mais de um mês na embaixada da Bolívia, esperando que o governo brasileiro se dignasse a expedir o meu salvo-conduto, sem o qual não poderia deixar o país. Pouco tempo antes, estivera preso, respondendo a longos interrogatórios feitos por militares que me davam a impressão de que, ao fazê-lo, pensavam salvar não só o Brasil, mas o mundo todo.

— Passaremos o Natal em casa.

— Que Natal? — perguntei curioso, sobretudo surpreso.

— Este Natal, o que vem aí — responderam com inabalável certeza.

Na minha primeira noite em La Paz, ainda sem sofrer o mal da altitude que me atacou no dia seguinte, refleti um pouco sobre a educação da saudade, que tem que ver com a *Pedagogia da esperança*. Não é possível, pensava, permitir que o desejo de voltar mate em nós a visão crítica, fazendo-nos ver, de forma sempre favorável, o que ocorre no país, criando na cabeça uma realidade que não é real.

É difícil viver o exílio. Esperar a carta que se extraviou, a notícia do fato que não se deu. Esperar às vezes gente certa que chega, às vezes ir ao aeroporto simplesmente esperar, como se o verbo fosse intransitivo.

É muito mais difícil viver o exílio se não nos esforçarmos por assumir criticamente seu espaço-tempo como a possibilidade de que dispomos. É esta capacidade crítica de mergulhar na nova cotidianidade, despreconceituosamente, que leva o exilado ou a exilada a uma compreensão mais histórica de sua própria situação. É por isso que uma coisa é viver a cotidianidade no contexto de origem, imerso nas tramas habituais de que facilmente podemos emergir para indagar, e outra é viver a cotidianidade no contexto de empréstimo que exige de nós não só fazermos possível que a ele nos afeiçoemos, mas também que o tomemos como objeto de nossa reflexão crítica, muito mais do que o fazemos no nosso.

Cheguei a La Paz, Bolívia, em outubro de 1964, onde outro golpe de Estado me surpreendeu. Em novembro do mesmo ano aterrissei em Arica, Chile, onde, para espanto dos passageiros, enquanto nos dirigíamos ao aeroporto, gritei feliz, com força, convicto: "Viva o oxigênio!" Deixara os 4 mil metros acima do nível do mar e voltava à planície. Meu corpo se viabilizava de novo como antes. Movia-se com facilidade, rápido, sem cansaço. Em La Paz, carregar um pacote, mesmo pequeno, significava um esforço extraordinário para mim. Aos 43 anos me sentia velho e alquebrado. Em Arica e, no dia seguinte, em Santiago, recobrei as forças e tudo se deu quase de repente, num passe de mágica. Viva o oxigênio!

Cheguei ao Chile de corpo inteiro. Paixão, saudade, tristeza, esperança, desejo, sonhos rasgados, mas não desfeitos, ofensas, saberes acumulados, nas tramas inúmeras vividas, disponibilidade à vida, temores, receios, dúvidas, vontade de viver e de amar. Esperança, sobretudo.

Cheguei ao Chile e dias depois comecei a trabalhar como assessor do famoso economista Jacques Chonchol, presidente do Instituto de Desarrollo Agropecuario — INDAP — e que veio a ser depois ministro da Agricultura do governo Allende.

Somente nos meados de janeiro de 1965 nos encontramos todos de novo. Elza, as três filhas e os dois filhos, trazendo consigo também seus espantos, suas dúvidas, suas esperanças, seus medos, seus saberes feitos e fazendo-se, recomeçaram comigo vida nova em terra estranha. Terra estranha a que fomos nos dando de tal forma e que ia nos recebendo de tal maneira que a estranheza foi virando camaradagem, amizade, fraternidade. De repente, mesmo saudosos do Brasil, queríamos um bem especial ao Chile que nos ensinou América Latina de modo jamais por nós imaginado.

Cheguei ao Chile dias depois da posse do governo democrata cristão de Eduardo Frei. Havia um clima de euforia nas ruas de Santiago. Era como se tivesse ocorrido uma profunda, radical, substantiva transformação na sociedade. Somente as forças retrógradas, de um lado, e as de esquerda marxista-leninistas, de outro, por motivos obviamente diferentes, não participavam da euforia. Ela era tão grande e havia uma certeza de tal maneira arraigada nos militantes da democracia cristã que sua *revolución* estava fincada em terra firme, que nenhuma ameaça poderia sequer rondá-la. Um de seus argumentos favoritos, muito mais metafísico do que histórico, era o que chamavam a "tradição democrática e constitucionalista das Forças Armadas chilenas".

"Jamais se levantarão contra a ordem estabelecida", diziam, cheios de certeza, em conversas conosco.

Tenho na memória uma reunião que não marchou bem na casa de um daqueles militantes, com uns trinta deles e de que participamos Plínio Sampaio, Paulo de Tarso,[27] Almino Affonso e eu.

A nossos argumentos de que a chamada "tradição de fidelidade à ordem estabelecida, democrática, das Forças Armadas" não era uma qualidade imutável, que fazia parte do ser delas, mas algo que se dava na história como possibilidade e que, por isso mesmo, a "tradição" poderia historicamente ser rompida, instaurando-se um novo processo, respondiam que os brasileiros no exílio lhes "davam a impressão de crianças que choravam por não terem aprendido a defender seu brinquedo", "crianças frustradas, incapazes". Não dava para conversar.

Poucos anos depois, as Forças Armadas chilenas resolveram mudar de posição. Espero que sem a contribuição de nenhum daqueles com quem estivemos naquela noite, assim como espero também que nenhum deles tenha pago tão caro quanto milhares de chilenos — a quem se juntaram outros latino-americanos — pagaram pela perversidade e pela crueldade que se abateram sobre o Chile, em setembro de 1973. Não era por acaso, pois, que as elites mais atrasadas, para quem até tímidas posições liberais causavam ameaça e medo, assustadas com a política reformista da democracia cristã, vista então como uma espécie de terceira via, sonhassem com a necessidade de se pôr um ponto final naquela ousadia demasiado arriscada. Imagine-se então o que não significou não apenas para as elites chilenas, mas também para as externas do Norte, a vitória de Allende.

Visitei o Chile duas vezes durante o governo da Unidade Popular e costumava dizer, na Europa e nos Estados Unidos, que quem quisesse ter uma ideia concreta da luta de classes, expressando-se das mais diferentes formas, teria de visitar o Chile. Sobretudo quem quisesse ver, quase pegar, as táticas com que as classes dominantes lutavam, a riqueza de sua imaginação para tornar a luta mais eficaz no sentido de resolver a contradição entre poder e governo. É que o poder, como trama de relações, de decisões, de força, continuava preponderantemente com elas, enquanto o governo, gestor de políticas, se achava com as forças antagônicas a elas, as forças progressistas. Era preciso então superar a contradição de modo que poder e governo voltassem a elas. O golpe foi a solução. Por isso é que, no corpo mesmo da democracia cristã, a sua direita tendia a obstaculizar a política democrática das alas mais avançadas, sobretudo da juventude. No desenvolvimento do processo ia ficando cada vez mais clara a tendência para a radicalização e para a ruptura entre as opções antagônicas que não podiam conviver em paz no partido e na própria sociedade.

De fora, a esquerda marxista-leninista, o Partido Comunista e o Partido Socialista, tinham suas razões ideológicas, políticas, históricas e culturais para não participarem da euforia, por ela, a esquerda, considerada, na melhor das hipóteses, ingênua.

Na medida em que os níveis de luta ou dos conflitos de classe cresciam e se aprofundavam, se aprofundava igualmente a ruptura entre as forças de direita e de esquerda no seio da democracia cristã e no da sociedade civil. Criam-se assim diferentes tendências de esquerda que vão arregimentando os militantes que, em contato direto com as bases populares ou procurando entendê-las através da leitura dos clássicos marxistas, começam a pôr em juízo o reformismo que terminou por se fazer hegemônico nos planos estratégicos da política da democracia cristã.

O Movimento Independente Revolucionário, MIR, nasce em Concepción, constituído por jovens revolucionários que discordavam do que lhes parecia um desvio do Partido Comunista, o de "conviver" com dimensões da "democracia burguesa".

É interessante, porém, observar como o MIR, que continuamente esteve à esquerda do Partido Comunista, e, depois, do próprio governo da Unidade Popular, revelou sempre uma simpatia pela educação popular que aos partidos da esquerda tradicional lhes faltava, de modo geral.

Quando o Partido Comunista e o Partido Socialista, dogmaticamente, recusavam trabalhar com certas *poblaciones* porque, diziam, sem "consciência de classe", se mobilizariam apenas durante o processo de reivindicação de algo após cuja obtenção se seguiria necessariamente a desmobilização, o MIR acreditava que era preciso, primeiro, provar esta afirmação em torno do "lúmpen", segundo, que, admitindo a hipótese de ter ocorrido em algumas situações o que se afirmava, seria oportuno observar se, em momento histórico diferente, se repetiria. No fundo, havendo algo de verdade na afirmação, não podia ser tomada como um postulado metafísico.

Foi assim que, já ao tempo do governo da Unidade Popular, o MIR desenvolveu um intenso trabalho de mobilização e organização, já em si pedagógico-político, a que se juntou uma série de projetos educativos nas áreas populares. Tive oportunidade, em 1973, de passar uma noite com a liderança da *población* de Nueba Habana, que, ao contrário do que se esperava, ao obter o que reivindicava, sua moradia, continuava ativa e criadora, com um sem-número de projetos no campo da educação, da saúde, da justiça, da segurança, dos esportes. Visitei uma série de velhos ônibus oferecidos pelo governo, cujas carrocerias, transformadas e adaptadas, viraram bonitas e arrumadas escolas que atendiam às crianças da *población*. À noite, os ônibus-escolas se enchiam de alfabetizandos que aprendiam a ler a palavra através da leitura do mundo. Apesar de incerto, Nueba Habana tinha futuro, por isso o clima que a envolvia e a pedagogia que nela se experimentava eram da esperança.

Ao lado do MIR, surgem o Movimento de Ação Popular Unitária, MAPU, e a esquerda cristã, como expressões significativas da "rachadura" que sofre a democracia cristã.

Um bom contingente de jovens mais avançados da democracia cristã se incorpora ao MAPU, outro à esquerda cristã, além de certa migração também ao MIR, ao Partido Comunista e ao Socialista.

Hoje, passados quase trinta anos, se percebe facilmente o que só alguns percebiam e já defendiam na época e eram às vezes considerados sonhadores, utópicos, idealistas, quando não "vendidos aos gringos". Que só uma política radical, jamais, porém, sectária, buscando a unidade na diversidade das forças progressistas, poderia lutar por uma democracia capaz de fazer frente ao poder e à virulência da direita. Vivia-se, porém, a intolerância, a negação das diferenças. A tolerância não era o que deve ser: a virtude revolucionária que consiste na convivência com os diferentes para que se possa melhor lutar contra os antagônicos.

A intensidade com que se viviam as contradições, o desnudamento da razão de ser das mesmas, a velocidade com que se davam os fatos, o clima histórico da década, não apenas no Chile, nem tampouco apenas na América Latina, tudo isso ia tornando possível que a necessária radicalidade, com que apaixonadamente se lutava, se distorcesse em posições sectárias que, restringindo e estreitando a leitura do mundo e a compreensão dos fatos, tornasse a maioria das forças de esquerda rígida e autoritária.

O caminho para as forças progressistas mais à esquerda da Democracia Cristã estaria em aproximar-se dela — política é concessão com limites éticos — cada vez mais, não para dominá-la, evitando que dela se aproximasse para esmagá-la a direita, nem tampouco para a ela se converter. Por sua vez, a Democracia Cristã, intolerantemente, se negava ao diálogo. Não havia credibilidade, nem de um lado nem do outro.

Foi precisamente pela incapacidade de todas as forças se tolerarem que a Unidade Popular chegou ao governo sem o poder...

De novembro de 1964 a abril de 1969, acompanhei de perto a luta ideológica. Assisti, às vezes surpreso, aos recuos político-ideológicos de quem, tendo proclamado sua opção pela transformação da sociedade, assustado, arrependido, voltava medroso do meio do caminho e se tornava ferrenhamente reacionário. Mas vi também o avanço de quem, confirmando seu discurso progressista, marchava coerente, sem fugir da história. Vi igualmente a caminhada de quem, de uma posição inicial mais do que tímida, buscou, se firmou e se afirmou numa radicalidade que jamais se alongou em sectarismo.

Teria sido, na verdade, impossível viver um processo politicamente tão rico, tão problematizador, ter sido tocado tão profundamente pelo clima de aceleradas mudanças, ter participado de discussões animadas e vivas em "círculos de cultura" em que os educadores não raro tiveram de quase implorar aos camponeses que parassem, pois que já se achavam extenuados, sem que isto tudo viesse depois a explicitar-se nessa ou naquela posição teórica defendida no livro que, na época, ainda não era sequer projeto.

Me impressionava, ora quando era informado nas reuniões de avaliação, ora quando presenciava como os camponeses se davam à análise de sua realidade local e nacional. O tempo sem limite de que pareciam precisar para amainar a necessidade de dizer sua palavra. Era como se, de repente, rompendo a "cultura do silêncio", descobrissem que não apenas podiam falar, mas, também, que seu discurso crítico sobre o mundo, seu mundo, era uma forma de refazê-lo. Era como se começassem a perceber que o desenvolvimento de sua linguagem, dando-se em torno da análise de sua realidade, terminasse por mostrar-lhes que o mundo mais bonito a que aspiravam estava sendo anunciado, de certa forma antecipado, na sua imaginação. E não vai nisto nenhum idealismo. A imaginação e a conjectura em torno do mundo diferente do da opressão são tão necessárias aos sujeitos históricos e transformadores da realidade para sua práxis quanto necessariamente fazem parte do trabalho humano que o operário tenha antes na cabeça o desenho, a "conjectura" do que vai fazer. Aí está uma das tarefas da educação democrática e popular, da *Pedagogia da esperança* — a de possibilitar nas classes populares o desenvolvimento de sua linguagem, jamais pelo bla-bla-blá autoritário e sectário dos "educadores", de sua linguagem, que, emergindo da e voltando-se sobre sua realidade, perfile as conjecturas, os desenhos, as antecipações do mundo novo. Está aqui uma das questões centrais da educação popular — a da linguagem como caminho de invenção da cidadania.

Como assessor de Jacques Chonchol no Instituto de Desarrollo Agropecuario no campo do que se chamava então no Chile Promoción Humana, foi possível estender minha colaboração ao Ministerio de Educación, junto aos trabalhadores de alfabetização de adultos e também à Corporación de la Reforma Agraria.

Bem mais tarde, quase dois anos antes de deixarmos o Chile, é que passei a assessorar estes mesmos organismos a partir de um outro, o Instituto de Capacitación e Investigación en Reforma Agraria, ICIRA, um órgão misto, das Nações Unidas e do governo do Chile. Trabalhei aí pela Unesco, contra a vontade e sob o protesto coerentemente mesquinho do governo militar brasileiro da época.

E foi enquanto assessor do Instituto de Desarrollo Agropecuario, do Ministerio de Educación, da Corporación de la Reforma Agraria que, viajando quase todo o país, acompanhado sempre por jovens chilenos, na sua maioria progressistas, ouvi camponeses e discuti com eles sobre aspectos de sua realidade; debati com agrônomos e técnicos agrícolas uma compreensão político-pedagógico-democrática de sua prática; debati problemas gerais de política educacional com os educadores das cidades que visitei.

Tenho ainda hoje, na memória, bem vivos, retalhos de discursos de camponeses, de afirmações, de expressões de legítimos desejos de melhora, de um mundo mais bonito ou menos feio, menos arestoso, em que se pudesse amar — sonho também de Guevara.

Nunca me esqueço do que me disse um sociólogo da ONU, um excelente intelectual e não menos excelente gente, holandês, com uma barba ruiva à Van Gogh, depois de assistirmos, entusiasmados e plenos de confiança na classe trabalhadora, a duas horas de debates na sede de um assentamento da reforma agrária no governo ainda da Democracia Cristã, num recanto longínquo do Chile. Os camponeses discutiam o seu direito à terra, à liberdade de produzir, de criar, de viver decentemente, de ser. Defendiam o direito de ser respeitados como gente e como trabalhadores, criadores de riqueza, e exigiam o seu direito ao acesso à cultura e ao saber. É neste sentido que se entrecruzam as condições histórico-sociais em que se pode gestar a pedagogia do oprimido, e não me refiro agora ao livro que escrevi e que, por sua vez, se desdobra ou se alonga numa necessária pedagogia da esperança.

Terminada a reunião, quando deixávamos o galpão onde se realizara, com a mão em meu ombro, meu amigo holandês, o de barba ruiva, me disse pausada e convictamente: "Valeu a pena nossa andarilhagem de quatro dias por estes recantos do Chile para ouvir o que ouvimos esta noite." E, com humor: "Estes camponeses sabem mais do que nós."

Creio importante chamar a atenção nesta altura para algo que se acha enfatizado na *Pedagogia do oprimido* — a relação entre a clareza política na leitura do mundo e os níveis de engajamento no processo de mobilização e de organização para a luta, para a defesa dos direitos, para a reivindicação da justiça.

Educadoras e educadores progressistas têm de estar alerta com relação a este dado no seu trabalho de educação popular, uma vez que, não apenas os conteúdos, mas as formas como abordá-los estão em relação direta com os níveis de luta acima referidos.

Uma coisa é trabalhar com grupos populares experimentando-se da maneira como aqueles camponeses o faziam naquela noite, outra é trabalhar com grupos populares que ainda não conseguiram "ver" o opressor "fora" de si.

Este é um dado que continua de pé hoje. Os discursos neoliberais, cheios de "modernidade", não têm força suficiente para acabar com as classes sociais e decretar a inexistência de interesses diferentes entre elas, bem como não têm força para acabar com os conflitos e a luta entre elas.

O que acontece é que a luta é uma categoria histórica e social. Tem, portanto, historicidade. Muda de tempo-espaço a tempo-espaço. A luta não nega a possibilidade de acordos, de acertos entre as partes antagônicas. Em outras palavras, os acertos e os acordos fazem parte da luta, como categoria histórica e não metafísica.

Há momentos históricos em que a sobrevivência do todo social, que interessa às classes sociais, lhes coloca a necessidade de se entenderem, o que não significa estarmos vivendo um novo tempo, vazio de classes sociais e de conflitos.

Os quatro anos e meio que vivi no Chile foram assim anos de um profundo aprendizado. Era a primeira vez, com exceção da rápida passagem pela Bolívia, que eu vivia a experiência de "tomar distância" geograficamente, com consequências epistemológicas, do Brasil. Daí a importância daqueles quatro anos e meio.

Às vezes, nas longas viagens de automóvel, com algumas paradas em cidades intermediárias, Santiago — Puerto Mont — Santiago — Arica, eu me entregava à busca de mim mesmo, no refrescamento da memória, enquanto no Brasil, do que fizera aqui, com outras pessoas, dos equívocos cometidos, da incontenção verbal de que poucos intelectuais de esquerda escaparam e a que muitos ainda hoje se entregam, e com o que revelam uma terrível ignorância do papel da linguagem na história.

"A reforma agrária por bem ou na marra." "Ou esse Congresso vota as leis de interesse do povo ou vamos fechá-lo."

Na verdade, toda essa incontenção verbal, este desmando de palavreado não têm nada que ver, mas nada mesmo, com uma correta, uma verdadeira posição progressista. Não têm nada que ver com uma exata compreensão da luta enquanto práxis política e histórica. É bem verdade, também, que essa discurseira toda, precisamente porque não se faz no vazio, termina por gerar consequências que retardam ainda mais as mudanças necessárias. Às vezes, porém, as consequências do palavreado irresponsável geram também a descoberta de que a contenção verbal é uma virtude indispensável aos que se entregam ao sonho por um mundo melhor. Um mundo em que mulheres e homens se encontrem em processo de permanente libertação.

No fundo, eu procurava reentender as tramas, os fatos, os feitos em que me envolvera. A realidade chilena me ajudava, na sua diferença com a nossa, a compreender melhor as minhas experiências e estas, revistas, me ajudavam a compreender o que ocorria e poderia ocorrer no Chile.

Percorri grande parte do país em viagens em que aprendi realmente muito. Aprendi fazendo parte, ao lado de educadores e educadoras chilenos, de cursos de formação para quem, nas bases, nos assentamentos da reforma agrária, trabalharia, com camponeses e camponesas, a questão fundamental da leitura da palavra, sempre precedida pela leitura do mundo. A leitura e a escrita da palavra implicando uma releitura mais crítica do mundo como "caminho" para "reescrevê-lo", quer dizer, para transformá-lo. Daí a necessária esperança embutida na *Pedagogia do oprimido*. Daí, também, a necessidade, nos trabalhos de alfabetização numa perspectiva progressista, de uma compreensão da linguagem e de seu papel antes referido na conquista da cidadania.

Foi ensinando o máximo de respeito às diferenças culturais com que tinha de lidar, entre elas a língua, em que me esforcei tanto quanto pude para expressar-me com clareza, que aprendi muito da realidade e com os nacionais.

O respeito às diferenças culturais, o respeito ao contexto a que se chega, a crítica à "invasão cultural", à sectarização e a defesa da radicalidade de que falo na *Pedagogia do oprimido*, tudo isso é algo que, tendo começado a ser experimentado anos antes no Brasil e cujo saber trouxera comigo para o exílio, na memória de meu próprio corpo, foi intensamente, rigorosamente vivido por mim nos meus anos de Chile.

Estes saberes que se foram criticamente constituindo desde o tempo fundante do SESI se consolidaram na prática chilena e na reflexão teórica que sobre ela fiz. Em leituras iluminantes que me faziam rir de alegria, quase adolescentemente, ao encontrar nelas a explicação teórica de minha prática ou a confirmação da compreensão teórica que estava tendo de minha prática. Santiago nos oferecia, só para falar na equipe de brasileiros vivendo lá, ora de direito, exilados, ora de fato, uma oportunidade incontestável de riqueza. A Democracia Cristã, falando de si mesma como *revolución en libertad*, atraía um sem-número de intelectuais, de líderes estudantis, sindicais, de lideranças políticas de esquerda de toda a América Latina. Santiago, particularmente, se transforma num espaço ou num grande contexto prático-teórico em que os que chegavam de outros recantos da América Latina discutiam com os nacionais e com os estrangeiros lá vivendo o que se passava no Chile e também o que se passava em seus países.

A efervescência latino-americana, a presença cubana, hoje, tanto quanto antes, ameaçada pelas forças reacionárias que, cheias de si, falam da morte do socialismo, seu testemunho de que era possível mudar, as teorias guerrilheiras, a "teoria do foco", a personalidade carismática extraordinária de Camilo Torres, em quem não havia dicotomia entre transcendentalidade e mundanidade, história e meta-história; a teologia da libertação, tão cedo provocando temores, tremores e raivas, a capacidade de amar de Guevara, sua afirmação tão sincera quanto marcante: *Déjeme decirle*, escreveu ele a Carlos Guijano, *a riesgo de parecer ridículo, que el verdadero revolucionario es animado por fuertes sentimientos de amor. Es imposible pensar un revolucionario auténtico sin esta calidad.**

Maio de 1968, os movimentos estudantis mundo afora, rebeldes, libertários; Marcuse, sua influência sobre a juventude. A China, Mao Tsé-tung, a Revolução Cultural.

Santiago virou quase uma espécie de "cidade-dormitório"[28] para intelectuais, políticos de opções as mais variadas. Neste sentido talvez tenha sido Santiago, em si mesma, naquela época, o melhor centro de "ensino" e de conhecimento de América Latina. Aprendíamos das análises, das reações, das críticas feitas por colombianos, venezuelanos, cubanos, mexicanos, bolivianos, argentinos, paraguaios, brasileiros, chilenos, europeus. Análises que iam da aceitação quase sem restrições à Democracia Cristã à sua total rejeição. Críticas sectárias, intolerantes, mas também críticas abertas, radicais, no sentido que defendo.

---

* Ernesto Guevara, *Obra revolucionaria*. México: Ediciones Era, 1967.

Eu e alguns outros companheiros de exílio aprendíamos, de um lado, dos encontros com muitos dos já referidos latino-americanos e latino-americanas que cruzavam Santiago, mas também da emoção do "saber de experiência feito", dos sonhos, da clareza, das dúvidas, da ingenuidade, das "manhas"[29] dos trabalhadores chilenos, mais rurais do que urbanos, no meu caso.

Me lembro agora de uma visita que fiz, com um companheiro chileno, a um assentamento da reforma agrária, algumas horas distante de Santiago. Funcionavam à tardinha vários "círculos de cultura" e fomos para acompanhar o processo de leitura da palavra e de releitura do mundo. No segundo ou terceiro círculo a que chegamos, senti um forte desejo de tentar um diálogo com o grupo de camponeses. De modo geral evitava fazê-lo por causa da língua. Temia que meu "castanhês" prejudicasse o bom andamento dos trabalhos. Naquela tarde, resolvi deixar de lado a preocupação e, pedindo licença ao educador que coordenava a discussão do grupo, perguntei a este se aceitava uma conversa comigo.

Depois da aceitação, começamos um diálogo vivo, com perguntas e respostas de mim e deles a que, porém, se seguiu, rápido, um silêncio desconcertante.

Eu também fiquei silencioso. Dentro do silêncio, recordava experiências anteriores no Nordeste brasileiro e adivinhava o que aconteceria. Eu sabia e esperava que, de repente, um deles, rompendo o silêncio, falaria em seu nome e no de seus companheiros. Eu sabia até o teor de seu discurso. Por isso, a minha espera no meu silêncio deve ter sido menos sofrida do que para eles estava sendo ouvir o silêncio mesmo.

"Desculpe, senhor", disse um deles, "que estivéssemos falando. O senhor é que podia falar porque o senhor é o que sabe. Nós, não".

Quantas vezes escutara esse discurso em Pernambuco, e não só nas zonas rurais, mas no Recife também. E foi à custa de ouvir discursos assim que aprendi que, para o(a) educador(a) progressista não há outro caminho senão assumir o "momento" do educando, partir de seu "aqui" e de seu "agora", somente como ultrapassa, em termos críticos, com ele, sua "ingenuidade". Não faz mal repetir que respeitar sua ingenuidade, sem sorrisos irônicos ou perguntas maldosas, não significa dever o educador se acomodar a seu nível de leitura do mundo.

O que não teria sentido é que eu "enchesse" o silêncio do grupo de camponeses com minha palavra, reforçando assim a ideologia que já haviam explicitado. O que eu teria de fazer era partir da aceitação de alguma coisa dita no discurso do camponês e, problematizando-os, trazê-los ao diálogo de novo.

Não teria sentido, por outro lado, após ter ouvido o que disse o camponês, desculpando-se porque haviam falado quando eu é que poderia fazê-lo, porque sabia, se eu lhes tivesse feito uma preleção, com ares doutorais, sobre a "ideologia do poder e o poder da ideologia".

Num puro parêntese, não posso deixar de, no momento em que revivo a *Pedagogia do oprimido* e falo de casos como este que vivi, e cuja experiência foi me dando fundamentos teóricos para não só defender, mas viver o respeito dos grupos populares em meu trabalho de educador, lamentar um certo tipo de crítica em que sou apontado como elitista. Ou, no lado oposto, em que sou perfilado como populista.

Os anos distantes de minhas experiências no SESI, de meu aprendizado intenso com pescadores, com camponeses e trabalhadores urbanos, nos morros e nos córregos do Recife, me haviam vacinado contra a arrogância elitista. Minha experiência vinha me ensinando que o educando precisa de se assumir como tal, mas assumir-se como educando significa reconhecer-se como sujeito que é capaz de conhecer e que quer conhecer em relação com outro sujeito igualmente capaz de conhecer, o educador e, entre os dois, possibilitando a tarefa de ambos, o objeto de conhecimento. Ensinar e aprender são assim momentos de um processo maior — o de conhecer, que implica reconhecer. No fundo, o que eu quero dizer é que o educando se torna realmente educando quando e na medida em que *conhece*, ou vai conhecendo os conteúdos, os objetos cognoscíveis, e não na medida em que o educador *vai depositando* nele a descrição dos objetos, ou dos conteúdos.

O educando se reconhece conhecendo os objetos, descobrindo que é capaz de conhecer, assistindo à imersão dos significados em cujo processo se vai tornando também significador crítico. Mais do que ser educando por causa de uma razão qualquer, o educando precisa tornar-se educando assumindo-se como sujeito cognoscente e não como incidência do discurso do educador. Nisto é que reside, em última análise, a grande importância política do ato de ensinar. Entre outros ângulos, este é um que distingue uma educadora ou educador progressista de seu colega reacionário.

"Muito bem", disse em resposta à intervenção do camponês. "Aceito que eu sei e vocês não sabem. De qualquer forma, gostaria de lhes propor um jogo que, para funcionar bem, exige de nós absoluta lealdade. Vou dividir o quadro-negro em dois pedaços, em que irei registrando, do meu lado e do lado de vocês, os gols que faremos eu em vocês; vocês em mim. O jogo consiste em cada um perguntar algo ao outro. Se o perguntado não sabe responder, é gol do perguntador. Começarei o jogo fazendo uma primeira pergunta a vocês."

A essa altura, precisamente porque assumira o "momento" do grupo, o clima era mais vivo do que quando começáramos, antes do silêncio.

Primeira pergunta:

— Que significa a maiêutica socrática?

Gargalhada geral e eu registrei o meu primeiro gol.

— Agora cabe a vocês fazer a pergunta a mim — disse.

Houve uns cochichos e um deles lançou a questão:

— Que é curva de nível?

Não soube responder. Registrei um a um.

— Qual a importância de Hegel no pensamento de Marx?

Dois a um.

— Para que serve a calagem do solo?

Dois a dois.

— Que é um verbo intransitivo?

Três a dois.

— Que relação há entre curva de nível e erosão?

Três a três.

— Que significa epistemologia?

Quatro a três.

— O que é adubação verde?

Quatro a quatro.

Assim, sucessivamente, até chegarmos a dez a dez.

Ao me despedir deles lhes fiz uma sugestão: "Pensem no que houve esta tarde aqui. Vocês começaram discutindo muito bem comigo. Em certo momento ficaram silenciosos e disseram que só eu poderia falar porque só eu sabia e vocês não. Fizemos um jogo sobre saberes e empatamos dez a dez. Eu sabia dez coisas que vocês não sabiam e vocês sabiam dez coisas que eu não sabia. Pensem sobre isto."

De volta para casa recordava a primeira experiência que tivera muito tempo atrás na Zona da Mata de Pernambuco, tal qual a que acabara de viver.

Depois de alguns momentos de bom debate com um grupo de camponeses o silêncio caiu sobre nós e nos envolveu a todos. O discurso de um deles foi o mesmo. A tradução exata do discurso do camponês chileno que ouvira naquele fim de tarde.

— Muito bem — disse eu a eles. — Eu sei. Vocês não sabem. Mas por que eu sei e vocês não sabem?

Aceitando o seu discurso, preparei o terreno para minha intervenção. A vivacidade brilhava em todos. De repente a curiosidade se acendeu. A resposta não tardou.

— O senhor sabe porque é doutor. Nós, não.

— Exato, eu sou doutor. Vocês, não. Mas, por que eu sou doutor e vocês não?

— Porque foi à escola, tem leitura, tem estudo, e nós, não.

— E por que fui à escola?

— Porque seu pai pôde mandar o senhor à escola. O nosso, não.

— E por que os pais de vocês não puderam mandar vocês à escola?

— Porque eram camponeses como nós.

— E o que é ser camponês?

— É não ter educação, posses, trabalhar de sol a sol sem direitos, sem esperança de um dia melhor.

— E por que ao camponês falta tudo isso?

— Porque Deus quer.

— E quem é Deus?

— É o Pai de nós todos.

— E quem é pai aqui nesta reunião?

Quase todos de mão para cima, disseram que o eram.

Olhando o grupo todo em silêncio, me fixei num deles e lhe perguntei: — Quantos filhos você tem?

— Três.

— Você seria capaz de sacrificar dois deles, submetendo-os a sofrimentos para que o terceiro estudasse, com vida boa, no Recife? Você seria capaz de amar assim?

— Não!

— Se você — disse eu —, homem de carne e osso, não é capaz de fazer uma injustiça dessa, como é possível entender que Deus o faça? Será mesmo que Deus é o fazedor dessas coisas?

Um silêncio diferente, completamente diferente do anterior, um silêncio no qual algo começava a ser partejado. Em seguida:

— Não. Não é Deus o fazedor disso tudo. É o patrão!

Possivelmente aqueles camponeses estavam, pela primeira vez, tentando o esforço de superar a relação que chamei na *Pedagogia do oprimido* de "aderência" do oprimido ao opressor para, "tomando distância dele", localizá-lo "fora" de si, como diria Fanon.

A partir daí, teria sido possível também ir compreendendo o papel do patrão, inserido num certo sistema socioeconômico e político, ir compreendendo as relações sociais de produção, os interesses de classe etc. etc.

A falta total de sentido estaria se, após o silêncio que bruscamente interrompeu o nosso diálogo, eu tivesse feito um discurso tradicional, "sloganizador", vazio, intolerante.

Hoje, distante em mais de 25 anos daquelas manhãs, daquelas tardes, daquelas noites, vendo, ouvindo, quase pegando com as mãos certezas sectárias, excludentes da possibilidade de outras certezas, negadoras de dúvidas, afirmadoras da verdade possuída por certos grupos que se chamavam a si mesmos de revolucionários, reafirmo, como se impõe a uma *Pedagogia da esperança*, a posição assumida e defendida na *Pedagogia do oprimido* contra os sectarismos, castradores sempre, e em defesa do radicalismo crítico.

Na verdade, o clima preponderante entre as esquerdas era o do sectarismo que, ao mesmo tempo que nega a história como possibilidade, gera e proclama uma espécie de "fatalismo libertador". O socialismo chega necessariamente... por isso é que, se levarmos às últimas consequências a compreensão da história enquanto "fatalismo libertador", prescindiremos da luta, do empenho para a criação do socialismo democrático, enquanto empreitada histórica. Somem, assim, a ética da luta e a boniteza da briga. Creio, mais do que creio, estou convencido de que nunca necessitamos tanto de posições radicais, no sentido em que entendo radicalidade na *Pedagogia do oprimido*, quanto hoje. Para superarmos, de um lado, os sectarismos fundados nas verdades universais e únicas; do outro, as acomodações "pragmáticas" aos fatos, como se eles tivessem virado imutáveis, tão ao gosto de posições modernas, os primeiros, e modernistas, as segundas, temos de ser pós-modernamente radicais e utópicos. Progressistas.

O meu último período no Chile, exatamente o que corresponde à minha presença no Instituto de Capacitación e Investigación en Reforma Agraria, a que cheguei no começo do meu terceiro ano no país, foi um dos mais produtivos momentos de minha experiência de exílio. Em primeiro lugar, cheguei a este instituto quando já tinha uma certa convivência com a cultura do país, com hábitos de seu povo, quando as rupturas político-ideológicas dentro da Democracia Cristã já eram claras. Por outro lado, correspondeu, também, minha atividade no ICIRA, às primeiras denúncias veiculadas nos e pelos setores mais radicalmente direitistas da Democracia Cristã contra mim. Disseram ter eu feito coisas que jamais fiz ou faria. Sempre achei que um dos deveres éticos e políticos do exilado reside no respeito devido ao país que o acolhe.

Mesmo que a condição de exilado não me transformasse num intelectual neutro, não me assistia jamais o direito de me imiscuir na vida político-partidária do país. Não gostaria, sequer, de me alongar considerando os fatos que envolveram as acusações a mim, facilmente postas por terra por sua absoluta inconsistência. De qualquer modo, porém, ao ser informado da existência do primeiro rumor, tomei a decisão de escrever os textos sobre os temas em torno de que devesse falar nos encontros de capacitação. Ao hábito de escrever os textos juntei o de discuti-los, toda vez que possível, com dois grandes amigos com quem trabalhava, no ICIRA, Marcela Gajardo, chilena, hoje pesquisadora e professora da Faculdade Latino-Americana de Ciências

Sociais, e José Luis Fiori, brasileiro, sociólogo, hoje professor da Universidade do Rio de Janeiro.

As horas que passávamos juntos, discutindo achados e não apenas meus textos, debatendo dúvidas, interrogando-nos, desafiando-nos, sugerindo-nos leituras, surpreendendo-nos, espantando-nos, exerciam em nós um tal encanto que, quase sempre, nossa fala, a partir de certa hora, era a única a ser ouvida no prédio. Já todos haviam deixado o escritório e lá estávamos nós procurando compreender melhor o que havia por trás da resposta de um camponês a um desafio que lhe fora feito num círculo de cultura.

Com eles debati vários momentos da *Pedagogia do oprimido* ainda em processo de redação. Não tenho por que negar o bem que a amizade de ambos me fez e a contribuição que a inteligência arguta deles me trouxe.

No fundo, em última análise, minha passagem pelo Instituto de Desarrollo Agropecuario, pelo Ministerio de Educación, pela Corporación de la Reforma Agraria, meu convívio com suas equipes técnicas, através de quem me foi possível ter rica experiência em quase todo o país, com um sem-número de comunidades camponesas, de entrevistar seus líderes, a própria oportunidade de ter vivido a atmosfera histórica da época, tudo isso me explicava dúvidas que trouxera para o exílio, aprofundava hipóteses, me assegurava posições.

Foi vivendo a intensidade da experiência da sociedade chilena, da minha experiência naquela experiência, que me fazia repensar sempre a experiência brasileira, cuja memória viva trouxera comigo para o exílio, que escrevi a *Pedagogia do oprimido* entre 1967 e 1968. Texto que retomo agora, na sua "maioridade", para rever, repensar, para redizer. Para dizer também, pois que o retomo noutro texto que tem igualmente seu discurso que, do mesmo modo, fala por si, falando da esperança.

Num tom quase de conversa, não apenas com o leitor ou a leitora que agora busca sua convivência com ele pela primeira vez, mas também com aqueles e aquelas que o leram há quinze, há vinte anos e que, neste momento, lendo este repensar, se preparam para relê-lo, gostaria de pinçar alguns pontos através de que pudesse melhor redizer o dito.

Creio que um ponto interessante sobre o qual começo a falar é o da gestação mesma do livro, que, envolvendo a gestação das ideias, envolve também o momento ou os momentos da ação em que se foram gerando e os de pô-las no papel. Na verdade, as ideias que precisam de ser defendidas, que implicam outras ideias, que são reditas em "esquinas" várias dos textos a que os autores e autoras se sentem obrigados a voltar de vez em quando vão se gestando ao longo de sua prática na prática social maior de que fazem parte. Neste sentido é que falei das memórias que trouxe para o exílio, de que algumas se conformaram na infância longínqua, mas de real importância ainda hoje, na compreensão de minha compreensão ou de minha leitura do mundo. É por isso também que falei do exercício a que sempre me entreguei no exílio, onde quer que estivesse o "contexto de empréstimo", o de, experimentando-me nele, pensar e repensar minhas relações com e no contexto original. Mas se as ideias, as posições a explicitar, a explicar, a defender no texto, vieram sendo partejadas na ação-reflexão-ação em que nos envolvemos, tocados por lembranças de ocorridos em velhas tramas, o momento de escrever se constitui como um tempo de criação e de recriação, também, das ideias com que chegamos à nossa mesa de trabalho. O tempo de escrever, diga-se ainda, é sempre precedido pelo de falar das ideias que serão fixadas no papel. Pelo menos foi assim que se deu comigo. Falar delas antes de sobre elas escrever, em conversas de amigos, em seminários, em conferências, foi também uma forma de não só testá-las, mas de recriá-las, de repartejá-las, cujas arestas poderiam ser melhor aparadas quando o pensamento ganhasse forma escrita com outra disciplina, com outra sistemática. Neste sentido, escrever é tão refazer o que esteve sendo pensado nos diferentes momentos de nossa prática, de nossas relações com, é tão recriar, tão redizer o antes dizendo-se no tempo de nossa ação quanto ler seriamente exige de quem o faz, repensar o pensado, reescrever o escrito e ler também o que antes de ter virado o escrito do autor ou da autora foi uma certa leitura sua.

Levei um ou mais de um ano falando de aspectos da *Pedagogia do oprimido.* Falei a amigos que me visitavam, discuti-os em seminários, em cursos. Um dia, minha filha Madalena chegou a chamar, delicadamente, minha atenção para o fato. Sugeriu maior contenção de minha parte na ânsia de falar sobre a *Pedagogia do oprimido* ainda não escrita. Não tive forças para viver a sugestão. Continuei apaixonadamente falando do livro como se estivesse, e na verdade estava, aprendendo a escrevê-lo.

Nunca poderia esquecer, neste tempo de oralidade da *Pedagogia do oprimido*, de uma conferência inteira, a primeira, que fiz sobre o livro em Nova York, em 1967.

Era a minha primeira visita aos Estados Unidos, aonde fora levado pelo padre Joseph Fitzpatrick e o monsenhor Robert Fox, já falecido.

Foi uma visita demasiado importante para mim, sobretudo pelo que pude observar em reuniões em áreas discriminadas, de gente negra e porto-riquenha, a que fui por convite de educadoras que trabalhavam com Robert Fox. Havia muito de parecido entre o que elas faziam em Nova York e o que eu fizera no Brasil. Quem primeiro percebeu essas parecenças foi Ivan Illich, que propôs então a Fitzpatrick e a Fox que me levassem a Nova York.

Em minhas andanças e visitas aos diferentes centros que mantinham em áreas de Nova York, pude comprovar, revendo, comportamentos que expressavam as "manhas" necessárias dos oprimidos. Vi e ouvi coisas em Nova York que eram "traduções" não apenas linguísticas, naturalmente, mas sobretudo emocionais de muito do que ouvira no Brasil e mais recentemente estava ouvindo no Chile. A razão de ser do comportamento era a mesma, mas a forma, o que chamo de "roupagem", e o conteúdo eram outros.

A um desses casos faço referência na *Pedagogia do oprimido*, mas não faz mal revê-lo agora, de forma mais ampla.

Numa sala, participantes do grupo, negros e porto-riquenhos. A educadora fez repousar nos braços de uma cadeira a artística foto de uma rua, a mesma em que, dentro de uma de suas casas estávamos e em cuja esquina havia uma quase montanha de lixo.

— O que vemos nesta foto? — perguntou a educadora.

Houve um silêncio como sempre há, não importa onde e a quem façamos a pergunta. Depois, enfático, um deles disse com falsa segurança:

— Vemos aí uma rua da América Latina.

— Mas — disse a educadora — há anúncios em inglês...

Outro silêncio cortado por outra tentativa de ocultar a verdade que doía, que feria, que magoava.

— Ou é uma rua da América Latina e nós fomos lá e ensinamos inglês ou pode ser uma rua da África.

— Por que não de Nova York? — perguntou a educadora.

— Porque somos os Estados Unidos e não podemos ter isso aí. — E, com o dedo indicador, apontava a foto.

Depois de um silêncio maior, um outro falou e disse, com dificuldade e dor, mas como se tirasse de si um grande peso:

— É preciso reconhecer que esta é a nossa rua. Moramos aqui.

Ao recordar agora aquela sessão, tão parecida com tantas outras de que participei, ao relembrar como os educandos se defendiam na análise ou na "leitura" da codificação (foto), procurando ocultar a verdade, reescuto o que, meses antes, ouvira de Erich Fromm, em Cuernavaca, México. "Uma prática educativa assim", disse ele no primeiro encontro que tivemos pela mediação de Ivan Illich e em que lhe falei de como pensava e fazia a educação, "é uma espécie de psicanálise histórico-sociocultural e política".

Suas palavras tinham que ver, eram confirmadas pela afirmação de um dos educandos, com que anuíam os demais: "Esta é uma rua da América Latina, fomos lá e ensinamos inglês", ou "é uma rua da África", "somos os Estados Unidos, não podemos ter isso". Duas noites antes assistira a outra reunião, com outro grupo igualmente de porto-riquenhos e negros cuja discussão girou em torno de outra excelente foto. Era uma montagem que representava Nova York em cortes. Havia seis ou mais planos ligados às condições econômico-sociais das diferentes áreas da cidade.

Depois de entendida a foto, a educadora perguntou ao grupo em que plano ele se situava. Numa análise realista, possivelmente o grupo ocuparia a penúltima posição indicada na foto.

Houve silêncios, sussurros, trocas de opinião. Finalmente veio a manifestação do grupo. Seu lugar era o terceiro nível antes do máximo...

Na volta para o hotel, silencioso, ao lado da educadora que dirigia seu carro, continuava pensando nas reuniões, na necessidade fundamental que indivíduos expostos a situações semelhantes têm enquanto não se assumem a si mesmos, como indivíduos e como classe, enquanto não se comprometem, enquanto não lutam, de negar a verdade que os humilha. Que os humilha precisamente porque introjetam a ideologia dominante que os perfila como incompetentes e culpados, autores de seus fracassos cuja *raison d'être* se acha porém na perversidade do sistema.

Pensava também em algumas noites antes, quando, traduzido por Carmen Hunter, uma das mais competentes educadoras norte-americanas já naquela época, falei pela primeira vez longamente sobre a *Pedagogia do oprimido* que só no ano seguinte estaria definitivamente pronta. E comparava as reações dos educandos naquelas duas noites com as de alguns dos presentes à minha fala, educadores e organizadores de comunidade.

O "medo da liberdade" marcava as reações nas três reuniões. A fuga do real, a tentativa de domesticá-lo pela ocultação da verdade.

Agora mesmo, relembrando fatos e reações há tanto tempo ocorridos, me vem à memória algo tão parecido com eles e de que igualmente participei. Uma vez mais a expressão da ideologia dominante, até diria, repetindo o que disse na *Pedagogia*, a expressão do opressor "habitando" e dominando o corpo semivencido do oprimido.

Estávamos em pleno processo eleitoral para as eleições de governador do estado de São Paulo, em 1982. Luiz Inácio Lula da Silva, Lula, era o candidato do Partido dos Trabalhadores e eu participei, como militante do partido, de algumas reuniões, em áreas periféricas da cidade, não em comícios, para os quais me sinto demasiado incompetente. Reuniões em salões de clubes recreativos ou de associações de bairro. Numa daquelas reuniões, um operário, de uns quarenta anos, falou para criticar e contrapor-se à candidatura de Lula. Seu argumento central era que não lhe seria possível votar num igual a ele. "Lula", dizia o operário convencido, "como eu, não sabe falar. Não tem o português precisado para ser governo. Lula não tem estudo. Não tem leitura. Tem mais", continuou, "se Lula ganhar, que vai ser de nós, do vexame da gente, se a rainha da Inglaterra vier aqui de novo. A mulher de Lula não tem cancha pra receber rainha. Não pode ser primeira-dama".

Em Nova York, o discurso ocultador, procurando outra geografia para pôr o lixo que sublinhava a discriminação sofrida pelos discriminados, era um discurso de autonegação, como de autonegação de sua classe era o discurso do operário que se recusava a ver e a ter em Lula, porque operário também, uma contestação ao mundo que o negava.

Na mais recente campanha eleitoral para presidente, a nordestina que trabalhava conosco em nossa casa votou, no primeiro e no segundo turnos, em Collor, e nos disse, com absoluta segurança: "Não tinha em quem votar."

No fundo, ela devia concordar com muita gente elitista deste país para quem não se pode ser presidente se se diz *menas gente*. Dizer *menas gente*, em última análise, revela que você é *menos gente*.

Voltei ao Chile. Em pouco tempo, me achava numa nova fase do processo de gestação da *Pedagogia do oprimido*.

Comecei a escrever fichas a que ia dando, em função do conteúdo de cada uma, um certo título ao mesmo tempo que as numerava. Andava sempre com pedaços de papel nos bolsos, quando não com um pequeno bloco de notas. Se uma ideia me ocorria, não importava onde eu estivesse, no ônibus, na rua, num restaurante, sozinho, acompanhado, registrava a ideia. Às vezes, era uma pura frase.

À noite, em casa, depois do jantar, trabalhava a ou as ideias que havia registrado, escrevendo duas, três ou mais páginas. Em seguida, dava o título para a ficha e o número em ordem crescente.

Passei a trabalhar ideias desgarrando-as também das leituras que fazia. Havia ocasiões em que uma afirmação do(a) autor(a) que estava lendo gerava em mim um quase alvoroço intelectual. Provocava em mim uma série de reflexões que jamais possivelmente tinham sido objeto da preocupação do autor ou da autora do livro que estava lendo.

Em outros momentos a afirmação deste ou daquele autor me levava a reflexões dentro do campo mesmo em que o(a) autor(a) se situava, mas reforçava alguma posição minha, que passava a ver mais clara.

Em muitos casos, o registro que me desafiava e sobre que escrevia em fichas eram afirmações ou dúvidas, ora dos camponeses que entrevistava e a quem ouvia debatendo codificações nos círculos de cultura, ora de técnicos agrícolas, agrônomos ou outros educadores com quem me encontrava assiduamente em seminários de formação. Possivelmente foi a convivência sempre respeitosa que tive com o "senso comum", desde os idos de minha experiência no Nordeste brasileiro, a que se junta a certeza que em mim nunca fraquejou de que sua superação passa por ele, que me fez jamais desdenhá-lo ou simplesmente minimizá-lo. Se não é possível defender uma prática educativa que se contente em girar em torno do "senso comum", também não é possível aceitar a prática educativa que, zerando o "saber de experiência feito", parta do conhecimento sistemático do(a) educador(a).

É preciso que o(a) educador(a) saiba que o seu "aqui" e o seu "agora" são quase sempre o "lá" do educando. Mesmo que o sonho do(a) educador(a) seja não somente tornar o seu "aqui agora", o seu saber, acessível ao educando, mas ir mais além de seu "aqui agora" com ele ou compreender, feliz, que o educando ultrapasse o seu "aqui", para que este sonho se realize tem que partir do "aqui" do educando e não do seu. No mínimo, tem de levar em consideração a existência do "aqui" do educando e respeitá-lo. No fundo, ninguém chega *lá*, partindo de *lá*, mas de um certo *aqui*. Isto significa, em última análise, que não é possível ao(a) educador(a) desconhecer, subestimar ou negar os "saberes de experiência feitos" com que os educandos chegam à escola.

Voltarei ainda a este tema que me parece central na discussão da *Pedagogia do oprimido* não só como livro, mas também como prática pedagógica.

A partir de certo momento passei, de tempo em tempo, a quase jogar com as fichas. Lia calmamente um grupo, por exemplo, de dez delas e procurava descobrir, primeiro, se havia na sua sequência temática alguma lacuna que devesse ser preenchida; segundo, se a sua leitura acurada provocava em mim ou desencadeava a emergência de novos temas. No fundo, as "fichas de ideias" terminavam por tornar-se fichas geradoras de outras ideias, de outros temas.

Às vezes, suponhamos, entre a ficha de número oito e a de número nove, sentia um vazio sobre o qual começava a trabalhar. Em seguida renumerava as fichas de acordo com a quantidade das novas que havia escrito.

Ao recordar agora todo este trabalho tão artesanal, até com saudade, reconheço o que teria poupado de tempo e de energia e crescido em eficácia se tivesse contado, na oportunidade, com um computador, mesmo humilde como o de que dispomos hoje minha mulher e eu.

Mas foi por causa de todo aquele esforço artesanal que, ao decidir começar a redigir o texto, em julho de 1967, aproveitando um período de férias, em quinze dias de trabalho em que atravessava não raro as noites, escrevi os três primeiros capítulos da *Pedagogia*. Datilografado o texto, que pensava já concluído com três capítulos, os primeiros, entreguei-o a meu grande amigo, jamais esquecido, e com quem sempre muito aprendi, Ernani Maria Fiori, para seu prefácio. Quando Fiori me entregou seu excelente estudo em dezembro de 1967, tomei algumas horas em casa à noite, lendo desde o seu prefácio até a última palavra do terceiro capítulo, para mim, então, o último.

No ano anterior, 1966, Josué de Castro,[30] dono de uma vaidade tão frondosa quanto a de Gilberto Freyre, mas, como a deste, uma vaidade que não incomodava ninguém, passara uns dias em Santiago.

Numa de suas tardes sem tarefas oficiais, passamos juntos, conversando livremente, num dos bonitos parques de Santiago, Josué, Almino Affonso e eu. Falando sobre o que estava escrevendo, nos disse de repente: "Sugiro a vocês um bom hábito para quem escreve. Terminado o livro, o ensaio, metê-lo em 'quarentena' por três, quatro meses, numa gaveta. Numa certa noite, retirá-lo e relê-lo, então. A gente sempre muda 'algo'", concluiu Josué, com a mão no ombro de um de nós.

Segui à risca a sugestão de Josué. Na noite mesma do dia em que Fiori me entregou seu texto, após lê-lo e aos três capítulos da *Pedagogia*, os tranquei a todos por dois meses em meu "cantinho" de estudo.

Não posso negar a curiosidade e até, mais do que ela, uma certa saudade que o texto lá, trancado, "sozinho", me provocava. Às vezes, tinha desejos fortes de relê-lo, mas me parecia interessante também tomar uma certa distância dele. Então me continha.

Lá uma noite dois meses e pouco depois, me entreguei por horas ao reencontro com os originais. Era quase como se estivesse reencontrando um velho amigo. Foi mesmo com emoção grande que li, lentamente, sem querer mesmo que a leitura terminasse logo, página por página, o texto todo. (Naquele momento, mal poderia imaginar que 24 anos depois teria vários reencontros não mais com os originais, mas com o livro mesmo, para repensá-lo, para redizê-lo.)

Não realizei mudanças importantes nele, mas fiz a fundamental descoberta de que o texto estava inacabado. Precisava de um capítulo a mais. Foi assim, então, que escrevi o quarto e último capítulo, aproveitando, ora parte do tempo do almoço nos seminários de formação realizados fora, mas perto de Santiago, ora em hotéis de cidades longe de Santiago, a que ia para o mesmo fim. Terminado o jantar, ia quase correndo para o quarto e me internava nas noites para no dia seguinte, cedo, retomar a jornada de trabalho. Me lembro agora de que o único texto que foi capaz de me afastar de meu trabalho de escrever foi *Quarup*, o excelente livro de Antônio Callado.

Naquela época ainda me era possível ler enquanto o automóvel devorava as distâncias. Foi assim que, numa de minhas viagens ao Sul do Chile, aproveitando o tempo na estrada que me possibilitou horas de convivência com o livro, completei, no hotel, emocionado, a leitura de *Quarup*, num começo de madrugada. Escrevi, em seguida, uma carta que terminei, por timidez, sem jamais enviar a Callado. Lamentavelmente, essa carta se perdeu, juntamente com outras escritas a mim, quando de nossa mudança para os Estados Unidos, em 1969.

O gosto com que me entregava àquele exercício, à tarefa de ir como que me gastando no escrever e no pensar, inseparáveis na criação ou na produção do texto, me compensava o déficit de sono com que voltava das viagens. Já não tenho na memória os nomes dos hotéis onde escrevi pedaços do quarto capítulo da *Pedagogia*, mas guardo em mim a sensação de prazer com que relia, antes de dormir, as últimas páginas escritas.

Em casa, em Santiago, não foram raras as vezes em que, de tal forma envolvido pelo trabalho, gratificado por ele, eu me surpreendia com o sol iluminando o pequeno quarto que transformara em biblioteca, na rua Alcides de Gasperi, 500, Apoquindo, Santiago. Com o sol e com os pássaros, com a manhã, com o novo dia. Olhava então pela janela o pequeno jardim que Elza fizera, as roseiras que ela plantara.

Não sei se a casa estará lá ainda, pintada de azul como era à época.

Não poderia repensar a *Pedagogia do oprimido* sem pensar, sem lembrar alguns dos lugares onde a escrevi, mas sobretudo um deles, a casa onde vivi tempo feliz, e de onde parti do Chile, carregando saudades, sofrido por partir, mas esperançoso de poder responder aos desafios que esperavam por mim.

Terminada finalmente a redação do quarto capítulo, revistos e retocados os três primeiros, entreguei o texto todo a uma datilógrafa para que o batesse à máquina. Em seguida fiz várias cópias, que distribuí entre amigos chilenos e entre alguns companheiros de exílio e amigos brasileiros.

No agradecimento, quando da primeira impressão brasileira, que só pôde aparecer na altura em que o livro já havia sido traduzido ao inglês, ao espanhol, ao italiano, ao francês e ao alemão, omiti, pelo clima de repressão em que vivíamos, os nomes de alguns amigos e também de companheiros de exílio.

Nenhum deixou de se manifestar, trazendo a mim seu estímulo a que juntavam sugestões concretas. Aclarar um ponto aqui, melhorar a redação ali etc.

Agora, tantos anos depois e cada vez mais convencido do quanto devemos lutar para que nunca mais, em nome da liberdade, da democracia, da ética, do respeito à coisa pública, vivamos de novo a negação da liberdade, o ultraje à democracia, a enganação e a desconsideração da coisa pública, como nos impôs o golpe de Estado de 1º de abril de 1964, que a si mesmo pitorescamente chamou de Revolução, gostaria de referir os nomes de todos quantos me animaram com sua palavra, expressando-lhes o meu muito obrigado: Marcela Gajardo, Jacques Chonchol, Jorge Mellado, Juan Carlos Poblete, Raul Velozo, Pelli, chilenos. Paulo de Tarso, Plínio Sampaio, Almino Affonso, Maria Edy, Flávio Toledo, Wilson Cantoni, Ernani Fiori, João Zacariotti, José Luis Fiori, Antônio Romanelli, brasileiros.

Há mais um aspecto ligado à *Pedagogia do oprimido* e ao clima perverso, antidemocrático do regime militar que se abateu sobre nós de forma singularmente raivosa, mais ainda, odienta, que gostaria de salientar.

Mesmo sabendo que o livro não poderia ser editado aqui, ter sua primeira edição em português, língua em que foi originalmente escrito, seria interessante que o texto datilografado chegasse às mãos de Fernando Gasparian, diretor da Paz e Terra, que o publicaria. A questão que se colocava era como remetê-lo com segurança não só para os originais, mas também, e sobretudo, para o portador. Àquela altura, começos dos anos 1970, já morávamos em Genebra.

Comentando o fato com intelectuais suíços, professores da Universidade de Genebra, um deles, além de professor, *conseilleur national* professor Jean Ziegler, me fez o oferecimento para trazer pessoalmente os originais. Ele viria ao Rio de Janeiro com tarefas acadêmicas. Aceitei seu oferecimento fundado em que, com seu passaporte diplomático, além de ser suíço, nada lhe ocorreria. Passaria pelo controle de passaporte e pela alfândega sem perguntas e revisões.

Dias depois, Gasparian, discretamente, acusava o recebimento do material pedindo que esperasse por tempos mais favoráveis para a sua publicação. Remeti o texto nos fins de 1970, quando o livro já tinha sua primeira edição em inglês, ou nos começos de 1971. Sua publicação aqui, sua primeira impressão, só foi possível em 1975. Enquanto isso um sem-número de brasileiras e brasileiros o liam em edições estrangeiras que chegavam aqui por golpes de astúcia e de coragem. Conheci, nessa época, uma jovem freira norte-americana que trabalhava no Nordeste e que me disse ter entrado algumas vezes no Brasil, no regresso de suas viagens aos Estados Unidos, com alguns exemplares da *Pedagogia*, sobre cuja capa original ela punha capas de livros religiosos. Desta forma, amigos seus, que trabalhavam em periferias de cidades nordestinas, puderam ler o livro e discuti-lo antes mesmo de sua publicação em português.

Foi daquela época também uma carta que me chegou a Genebra, por mão própria, excelente carta de um grupo de operários de São Paulo que, lamentavelmente, perdi de vista. Estudaram juntos uma cópia do original batido à máquina no Chile. É uma pena que dos arquivos meus de Genebra poucas coisas tenham restado. Entre muita coisa boa perdida, aquela carta igualmente. Me lembro, porém, de como a encerravam: "Paulo", diziam eles, mais ou menos, "você deve continuar escrevendo, mas, na próxima vez, carregue mais as tintas nas críticas a esses intelectuais que nos visitam com ares de donos da verdade revolucionária. Que nos procuram para nos ensinar que somos oprimidos e explorados e para nos dizer o que devemos fazer".

Algum tempo depois que Ziegler, intelectual sempre exemplar, fizera chegar às mãos de Gasparian o original da *Pedagogia*, publicou um livro que se tornou best-seller ao sair — *La Suisse au-dessus de tout soupçon* —, em que desnudava segredos suíços demasiado melindrosos no campo sobretudo das contas escondidas de certo tipo de gente do Terceiro Mundo. Com aquele livro Ziegler feriu um sem-número de interesses e sofreu represálias nada fáceis de ser enfrentadas. Recentemente, Jean Ziegler vem sendo submetido a pressões e a restrições maiores devido à publicação de outro best-seller, em que discute a "lavagem" do dinheiro do narcotráfico. Como *conseilleur national* ou deputado federal pelo cantão de Genebra, Jean Ziegler teve recentemente suas imunidades parlamentares restringidas por seus pares sob a alegação de que ele escreve sua obra como professor, como cientista, como acadêmico, e suas imunidades parlamentares têm que ver com a sua atividade no Parlamento. Desta forma, pode ser processado pelo que escreveu como cientista.

É por tudo isso, relembrando o seu gesto desprendido de ter sido o portador para brasileiros e brasileiras dos originais do livro proibido, que gostaria de tornar pública aqui a minha solidariedade ao grande intelectual em quem não separo o professor, o cientista sério e competente, do vigilante representante do povo suíço, do *conseilleur national*.

Uma última palavra, finalmente, de reconhecimento e de agradecimento póstumo, devo a Elza, na feitura da *Pedagogia*.

Acho que uma das melhores coisas que podemos experimentar na vida, homem ou mulher, é a boniteza em nossas relações, mesmo que, de vez em quando, salpicadas de descompassos que simplesmente comprovam a nossa "gentetude".

Foi esta a experiência que com Elza vivi e por causa da qual, no fundo, me foi possível predispor-me à recriação de mim mesmo sob os cuidados igualmente generosos, desprendidos e amorosos de outra mulher que, falando a mim e de nós escreveu, em excelente livro seu, ter chegado a mim para "reinventar das perdas — a dela, com a morte de Raúl, seu primeiro marido, e a minha, com a de Elza — a vida, com amor".*

Durante todo o tempo em que falei da *Pedagogia do oprimido* a outras pessoas e a Elza, ela sempre foi uma ouvinte atenciosa e crítica, e se tornou minha primeira leitora, igualmente crítica, quando comecei a fase de redação do texto.

---

* Ana Maria Araújo Freire, *Analfabetismo no Brasil. Da ideologia da interdição do corpo à ideologia nacionalista, ou de como deixar sem ler e escrever desde as Catarinas (Paraguaçu), Filipas, Anas, Genebras, Apolônias e Gracias até os Severinos.* São Paulo: Cortez Editora, 1989.

De manhã, muito cedo, lia as páginas que eu escrevera até a madrugada e deixara arrumadas sobre a mesa.

Às vezes, não se continha. Me acordava e, com humor, me dizia: "Espero que este livro não nos torne mais vulneráveis a novos exílios."

Sinto-me contente por fazer o registro deste agradecimento pela liberdade com que o faço, sem temer que me acusem de sentimental.

Minha preocupação, neste trabalho esperançoso, como tenho demonstrado até agora, vem sendo mostrar, excitando, desafiando a memória, como se estivesse escavando o tempo, o processo mesmo como minha reflexão, meu pensamento pedagógico, sua elaboração, de que o livro é um momento, vem se constituindo. Como vem se constituindo meu pensamento pedagógico, inclusive nesta *Pedagogia da esperança*, em que discuto a esperança com que escrevi a *Pedagogia do oprimido*.

Daí tentar encontrar em velhas tramas, fatos, feitos da infância, da mocidade, da maturidade, na minha experiência com outros, dentro dos acontecimentos, instantes do processo geral, dinâmico, não apenas a *Pedagogia do oprimido* gestando-se, mas minha vida mesma. Na verdade, é no jogo das tramas de que a vida faz parte que ela — a vida — ganha sentido. E a *Pedagogia do oprimido* é um momento importante de minha vida de que ela, *Pedagogia*, expressa um certo instante, exigindo, ao mesmo tempo, de mim, a coerência necessária com o nela dito.

Entre as responsabilidades que, para mim, o escrever me propõe, para não dizer impõe, há uma que sempre assumo. A de, já vivendo enquanto escrevo a coerência entre o escrevendo-se e o dito, o feito, o fazendo-se, intensificar a necessidade desta coerência ao longo da existência. A coerência não é, porém, imobilizante. Posso, no processo de agir-pensar, falar, escrever, mudar de posição. Minha coerência assim, tão necessária quanto antes, se faz com novos parâmetros. O impossível para mim é a falta de coerência, mesmo reconhecendo a impossibilidade de uma coerência absoluta. No fundo, esta qualidade ou esta virtude, a coerência, demanda de nós a inserção num permanente processo de busca, exige de nós paciência e humildade, virtudes também, no trato com os outros. E às vezes nos achamos, por *n* razões, carentes dessas virtudes, fundamentais ao exercício da outra, a coerência.

Nesta fase da retomada da *Pedagogia*, irei apanhando aspectos do livro que tenham ou não provocado críticas ao longo desses anos, no sentido de explicar-me melhor, de clarear ângulos, de afirmar e de reafirmar posições.

Falar um pouco da linguagem, do gosto das metáforas, da marca machista com que escrevi a *Pedagogia do oprimido* e, antes dela, *Educação como prática da liberdade*, me parece não só importante, mas necessário.

Começarei exatamente pela linguagem machista que marca todo o livro e de minha dívida a um sem-número de mulheres norte-americanas que, de diferentes partes dos Estados Unidos, me escreveu, entre fins de 1970 e começos de 1971, alguns meses depois que saiu a primeira edição do livro em Nova York. Era como se elas tivessem combinado a remessa de suas cartas críticas que me foram chegando às mãos em Genebra durante dois a três meses, quase sem interrupção.

De modo geral, comentando o livro, o que lhes parecia positivo nele e a contribuição que lhes trazia à sua luta, falavam, invariavelmente, do que consideravam em mim uma grande contradição. É que, diziam elas, com suas palavras, discutindo a opressão, a libertação, criticando, com justa indignação, as estruturas opressoras, eu usava, porém, uma linguagem machista, portanto discriminatória, em que não havia lugar para as mulheres. Quase todas as que me escreveram citavam um trecho ou outro do livro, como o que agora, como exemplo, escolho eu mesmo: "Desta forma, aprofundando a tomada de consciência da situação, os homens se 'apropriam' dela como realidade histórica, por isso mesmo, capaz de ser transformada por *eles*."* E me perguntavam: "Por que não, também, as mulheres?"

Me lembro como se fosse agora que estivesse lendo as duas ou três primeiras cartas que recebi, de como, condicionado pela ideologia autoritária, machista, reagi. E é importante salientar que, estando nos fins de 1970 e começos de 1971, eu já havia vivido intensamente a experiência da luta política, já tinha cinco a seis anos de exílio, já havia lido um mundo de obras sérias, mas, ao ler as primeiras críticas que me chegavam, ainda me disse ou me repeti o ensinado na minha meninice: "Ora, quando falo homem, a mulher necessariamente está incluída." Em certo momento de minhas tentativas, puramente ideológicas, de justificar a mim mesmo, a linguagem machista que usava, percebi a mentira ou a ocultação da verdade que havia na afirmação: "Quando falo homem, a mulher está incluída."

* Paulo Freire, *Pedagogia do oprimido*. São Paulo: Paz e Terra, 2011.

E por que os homens não se acham incluídos quando dizemos: "As mulheres estão decididas a mudar o mundo."? Nenhum homem se acharia incluído no discurso de nenhum orador ou no texto de nenhum autor que escrevesse: "As mulheres estão decididas a mudar o mundo." Da mesma forma como se espantam (os homens) quando a um auditório quase totalmente feminino, com dois ou três homens apenas, digo: "Todas vocês deveriam" etc. Para os homens presentes ou eu não conheço a sintaxe da língua portuguesa ou estou procurando "brincar" com eles. O impossível é que se pensem incluídos no meu discurso. Como explicar, a não ser ideologicamente, a regra segundo a qual se há duzentas mulheres numa sala e só um homem devo dizer: "*Eles todos são trabalhadores e dedicados?*" Isto não é, na verdade, um problema gramatical, mas ideológico.

Neste sentido é que explicitei no começo destes comentários o meu débito àquelas mulheres, cujas cartas infelizmente perdi também, por me terem feito ver o quanto a linguagem tem de ideologia.

Escrevi então a todas, uma a uma, acusando suas cartas e agradecendo a excelente ajuda que me haviam dado.

Daquela data até hoje me refiro sempre a *mulher e homem* ou seres humanos. Prefiro, às vezes, enfear a frase explicitando, contudo, minha recusa à linguagem machista.

Agora, ao escrever esta *Pedagogia da esperança*, em que repenso a alma e o corpo da *Pedagogia do oprimido*, solicitarei das casas editoras que superem a sua linguagem machista. E não se diga que este é um problema menor porque, na verdade, é um problema maior. Não se diga que, sendo o fundamental a mudança do mundo malvado, sua recriação, no sentido de fazê-lo menos perverso, a discussão em torno da superação da fala machista é de menor importância, sobretudo porque mulher não é classe social.

A discriminação da mulher, expressada e feita pelo discurso machista e encarnada em práticas concretas, é uma forma colonial de tratá-la, incompatível, portanto, com qualquer posição progressista, de mulher ou de homem, pouco importa.

A recusa à ideologia machista, que implica necessariamente a recriação da linguagem, faz parte do sonho possível em favor da mudança do mundo. Por isso mesmo, ao escrever ou falar uma linguagem não mais colonial, eu o faço não para agradar a mulheres ou desagradar a homens, mas para ser coerente com minha opção por aquele mundo menos malvado de que falei antes. Da mesma forma como não escrevi o livro que ora revivo, para ser simpático aos oprimidos como indivíduos e como classe e simplesmente fustigar os opressores como indivíduos e como classe também. Escrevi o livro como tarefa política, que entendi dever cumprir.

Não é puro idealismo, acrescente-se, não esperar que o mundo mude radicalmente para que se vá mudando a linguagem. Mudar a linguagem faz parte do processo de mudar o mundo. A relação linguagem-pensamento-mundo é uma relação dialética, processual, contraditória. É claro que a superação do discurso machista, como a superação de qualquer discurso autoritário, exige ou nos coloca a necessidade de, concomitantemente com o novo discurso, democrático, antidiscriminatório, nos engajarmos em práticas também democráticas.

O que não é possível é simplesmente fazer o discurso democrático, antidiscriminatório e ter uma prática colonial.

Um aspecto importante, no capítulo da linguagem, que gostaria de sublinhar é o quanto sempre me impressionou, em minhas experiências com trabalhadores e trabalhadoras urbanos e rurais, sua linguagem metafórica. A riqueza simbólica de sua fala. Num quase parêntese chamaria a atenção para a rica bibliografia que há no momento em torno de trabalhos realizados por linguistas e filósofos da linguagem sobre a metáfora e seu uso na literatura e na ciência. O que aqui, porém, me preocupa é acentuar o quanto a fala popular e a escassez nela de *esquinas* arestosas que nos firam (e vai aqui uma metáfora) sempre me envolveram e apaixonaram. Desde a adolescência, em Jaboatão, meus ouvidos começaram a se tornar disponíveis à sonoridade da fala popular a que se juntaria mais tarde, já no SESI, a compreensão crescente da semântica e necessariamente da sintaxe populares.

Minhas longas conversas com pescadores em suas caiçaras na praia de Pontas de Pedra, em Pernambuco, como meus diálogos com camponeses e trabalhadores urbanos, nos córregos e morros do Recife, não apenas me familiarizaram com sua linguagem, mas também me aguçaram a sensibilidade à boniteza com que sempre falam de si, até de suas dores, e do mundo. Boniteza e segurança também.

Um dos melhores exemplos desta boniteza e desta segurança se encontra no discurso de um camponês de Minas Gerais,[31] em diálogo com o professor e antropólogo Carlos Brandão, numa de suas muitas andanças pelos campos como pesquisador. Brandão gravou uma longa conversa com Antônio Cícero de Souza, o Ciço, de que aproveitou uma parte como prefácio ao livro que organizou.*

> Agora o senhor chega e pergunta: Ciço, o que que é educação? Tá certo. Tá bom, o que que eu penso, eu digo. Então, veja, o senhor fala: "educação"; daí eu falo: "educação". A palavra é a mesma, não é? A pronúncia, eu quero dizer. É uma só: "educação". Mas então eu pergunto pro senhor: É a mesma coisa? É do mesmo que a gente fala quando diz essa palavra? Aí eu digo: Não. Eu digo pro senhor desse jeito: Não, não é. Eu penso que não.
>
> Educação... Quando o senhor chega e diz "educação", vem do seu mundo. O mesmo, um outro. Quando eu sou quem fala vem dum outro lugar, de um outro mundo. Vem dum fundo de oco que é o lugar da vida dum pobre, como tem gente que diz. Comparação, no seu, essa palavra vem junto com quê? Com escola, não vem? Com aquele professor fino, de roupa boa, estudado, livro novo, bom, caderno, caneta, tudo muito separado, cada coisa do seu jeito, como deve ser... Do seu mundo vem estudo de escola que muda gente em doutor. É fato? Penso que é, mas eu penso de longe, porque eu nunca vi isso aqui.

* Carlos Brandão et alii, *A questão política da educação popular*. São Paulo: Brasiliense, 1980.

Certa vez propus a um grupo de estudantes de um curso de pós-graduação na PUC-SP[32] a leitura em conjunto do texto de Ciço. A análise do texto. Sua leitura crítica.

Passamos quatro sessões de três horas para ler as quatro páginas do Ciço.

A temática, que foi sendo levantada na medida em que nos fomos adentrando no texto, desvelando-o, rica e plural, fazia com que o tempo passasse sem que percebêssemos. Não houve intervalo durante os encontros em que discutimos Ciço, tal a paixão com que nos entregamos ao trabalho.

Algo que gostaria muito de ter podido fazer e que, não tendo feito, não me fez ter perdido a esperança de um dia ainda realizar é ter discutido ou vir a discutir com trabalhadoras e trabalhadores rurais e/ou urbanos este texto de Ciço. Uma experiência em que, partindo da leitura que fizessem do discurso de Ciço, fosse juntando a ela a minha também. No momento em que tomássemos o texto de Ciço e dele falássemos, me caberia ensinar *n* conteúdos em torno dos quais, tal qual Ciço, possivelmente com menor poder de análise que ele, eles e elas têm um "saber de experiência feito". O fundamental, porém, seria que os desafiasse para que, apreendendo a significação mais profunda dos temas ou dos conteúdos, pudessem aprendê-los.

Não há como não repetir que ensinar não é a pura transferência mecânica do perfil do conteúdo que o professor faz ao aluno, passivo e dócil. Como não há também como não repetir que partir do saber que os educandos tenham não significa ficar girando em torno deste saber. Partir significa pôr-se a caminho, ir-se, deslocar-se de um ponto a outro e não *ficar, permanecer.* Jamais disse, como às vezes sugerem ou dizem que eu disse, que deveríamos girar embevecidos, em torno do saber dos educandos, como a mariposa em volta da luz.

Partir do "saber de experiência feito" para superá-lo não é *ficar* nele.

Há alguns anos estive numa capital nordestina a convite de educadores que atuavam em áreas rurais do estado. Gostariam de me ter com eles e elas nos três dias que dedicariam à avaliação de seu trabalho com diferentes grupos de camponeses. Em certo momento de uma das sessões, veio à baila a questão da linguagem, do contorno sonoro da fala dos camponeses, do seu simbolismo. Um dos presentes então contou o seguinte fato.

Fazia já quase dois meses que gostaria, disse ele, de tomar parte das reuniões dominicais que uma equipe de camponeses realizava em seguida à missa das nove horas da manhã. Já havia insinuado ao líder seu desejo sem ter recebido a necessária anuência.

Um dia, finalmente, foi convidado e ouviu, na abertura da reunião, ao apresentá-lo ao grupo, o seguinte discurso do líder: "Temos hoje um companheiro novo que não é camponês. É um homem de leitura. Discuti com vocês na última reunião sobre a presença dele aqui com nós." Depois de falar um pouco sobre o visitante, olhou-o atentamente e disse: "Precisamos dizer a você, companheiro, uma coisa importante. Se você veio aqui pensando em ensinar nós que nós somos explorados, não tem precisão não, porque nós já sabe muito bem. Agora o que nós quer saber de você é se você vai estar com nós, na hora do tombo do pau."

Quer dizer, digo eu agora, se sua solidariedade ultrapassa os limites de sua curiosidade intelectual, se vai mais além das notas que você tomará nas reuniões conosco, se estará conosco, a nosso lado, na hora em que a repressão tombar sobre nós.

Um outro educador, possivelmente estimulado pela estória que ouvira, deu seu testemunho, contando o seguinte. Que estava participando com outros educadores e educadoras de um dia de estudos com lideranças camponesas. De repente, um dos camponeses falou e disse: "Do jeito que vai essa conversa não dá pra gente se entender, não. Porque, enquanto vocês aí", e apontou o grupo de educadores, "fala só do *sal*, a gente aqui", referindo-se a eles, camponeses, "se interessa pelo *tempero*, e o *sal* é só uma *parte* do tempero", concluiu.

Para os camponeses, os educadores estavam perdendo-se na visão que costumo chamar *focalista* da realidade, enquanto eles o que queriam era a compreensão das relações entre as parcialidades componentes da totalidade. Não negavam o *sal*, mas queriam entendê-lo em suas relações com os demais ingredientes que constituíam o *tempero* como totalidade.

Com relação a essa riqueza popular e de que tanto podemos aprender, me lembro de sugestões que andei fazendo a vários educadores e educadoras em contato amiudado com trabalhadores urbanos e rurais, no sentido de irem registrando estórias, retalhos de conversas, frases, expressões, que pudessem proporcionar análises semânticas, sintáticas, prosódicas do seu discurso. Em certo momento de um esforço como este, seria possível propor a diferentes grupos de trabalhadores, como se fossem codificações, as estórias ou as frases, ou os retalhos de discursos, já estudados com, sobretudo, a colaboração de sociolinguistas, e testar a compreensão que das frases, das estórias, tinham tido os educadores, submetendo-a aos trabalhadores. Seria um exercício de aproximação das duas sintaxes — a dominante e a popular.

Na verdade, em matéria de linguagem há algo mais a que gostaria de referir-me. Algo que jamais aceitei, pelo contrário, que sempre recusei — a afirmação ou a pura insinuação de que escrever bonito, com elegância, não é coisa de cientista. Cientista escreve difícil, não bonito. O momento estético da linguagem, me pareceu sempre, deve ser perseguido por todos nós não importa se cientistas rigorosos ou não. Não há incompatibilidade nenhuma entre a rigorosidade na busca da compreensão e do conhecimento do mundo e a beleza da forma na expressão dos achados.

Seria um absurdo que a compatibilidade se desse ou devesse se dar entre a feiura e a rigorosidade.

Não é por acaso que as minhas primeiras leituras da obra de Gilberto Freyre, nos anos 1940, me impressionaram tanto; como hoje, relê-la se constitui também num momento de prazer estético.

A mim, desde muito jovem, sempre me agradou um discurso sem arestas, não importa se feito por um camponês ingênuo diante do mundo ou por um sociólogo do porte de Gilberto Freyre. Pouca gente neste país, segundo penso, lidou com a linguagem com o bom gosto com que ele o fez.

Nunca me esqueço do impacto que causava em adolescentes de quem eu era professor de língua portuguesa, nos anos 1940, a leitura que fazia com eles de trechos da obra de Gilberto. Tomava-o, quase sempre, como exemplo para falar do problema da colocação dos pronomes objetivos nas sentenças, sublinhando a boniteza de seu estilo. Dificilmente, de acordo ou não com a gramática, Gilberto Freyre escrevia uma feiura.

Foi ele que, sem nenhuma dificuldade, numa primeira experiência estética, me fez, entre um "ela vinha-se aproximando" e um "ela vinha se aproximando", optar pela segunda hipótese, devido à sonoridade que resulta do desligamento do *se* do verbo auxiliar *vinha* que lhe "dá" a liberdade de se deixar atrair pelo *a* do verbo principal *aproximando*. O *se* de vinha-se passa a ser *s'a* quando se liberta daquele verbo e quase se aconchega ao *a* de *aproximando*.

Não comete pecado contra a seriedade científica quem, recusando-se à estreiteza e ao sem sabor das gramatiquices, jamais, porém, diz ou escreve um "tinha acabado-se" ou um "se você *ver* Pedro" ou um "*houveram* muitas pessoas na audiência" ou um "*fazem* muitos anos que voltei".

Não comete pecado contra a seriedade científica quem trata bem a palavra para não ferir o ouvido e o bom gosto de quem lê ou ouve o seu discurso e que, nem por isso, pode simplistamente ser acusado de "retórico" ou de ter caído na "fascinação de uma elegância linguística como um fim em si mesma". Quando não, acusado de ter sido vencido pela força do desgosto de um bla-bla-blá inconsequente. Ou apontado como "pretencioso", "esnobe" e visto como ridiculamente pomposo na sua forma de escrever ou de falar.

Se Gilberto Freyre, para falar só nele, entre nós, tivesse acreditado nisto, quer dizer, na relação entre rigorosidade científica e desprezo ao tratamento estético da linguagem, não teríamos, hoje, páginas como a que se segue:

> A palavra "Nordeste" é hoje uma palavra desfigurada pela expressão "obras do Nordeste", quer dizer, "obras contra as secas". Os sertões de areia seca rangendo debaixo dos pés. Os sertões de paisagens duras doendo nos olhos. Os mandacarus. Os bois e os cavalos angulosos. As sombras leves como umas almas do outro mundo com medo do sol.
>
> Mas esse Nordeste de figuras de homens e de bichos se alongando quase em figuras de El Greco é apenas um lado do Nordeste. O outro Nordeste. Mais velho do que ele é o Nordeste de árvores gordas, de sombras profundas, de bois pachorrentos, de gente vigorosa e às vezes arredondada quase em sanchos panças pelo mel de engenho, pelo peixe cozido com pirão, pelo trabalho parado e sempre o mesmo, pela opilação, pela aguardente, pela garapa de cana, pelo feijão de coco, pelos vermes, pela erisipela, pelo ócio, pelas doenças que fazem a pessoa inchar, pelo próprio mal de comer terra.

E mais adiante: "Um nordeste oleoso onde noite de lua parece escorrer um óleo gordo das coisas e das pessoas."*

---

* Gilberto Freyre, *Nordeste*. Rio de Janeiro, Recife: José Olympio em convênio com a Fundarp, 1985.

Com relação à *Pedagogia do oprimido*, houve críticas como as anteriormente referidas e também ao que se considerou ininteligibilidade do texto. Críticas à linguagem tida como quase impossível de ser entendida e, de tal maneira rebuscada e elitista, que não podia esconder nela a minha "falta de respeito ao povo".

Ao rememorar umas e ao rever outras dessas críticas, hoje, me recordo de um encontro que tive em Washington, em 1972, com um grupo de jovens interessados na discussão de certos tópicos do livro.

Havia entre eles um homem negro, de uns cinquenta anos, envolvido com problemas de organização comunitária. Durante os debates, de vez em quando, após uma visível dificuldade de compreensão de um dos jovens, ele falava tentando esclarecer o ponto e o fazia sempre muito bem.

No fim da reunião se aproximou de mim e, de maneira simpática, me disse: "Se algum desses jovens lhe disser que não entende você por causa do inglês que você fala, não é verdade. A questão é de linguagem-pensamento. A dificuldade deles está em que não pensam dialeticamente. E lhes falta ainda convivência com a dureza da experiência dos setores discriminados da sociedade."

É interessante também observar que algumas críticas, em inglês, à linguagem "difícil e esnobe" da *Pedagogia* atribuíam um pouco de responsabilidade a Myra Ramas, minha amiga e tradutora, competente e séria, do livro. Myra trabalhou com um máximo de correção profissional, com absoluta seriedade. Costumava, durante o processo de tradução do texto, consultar um grupo de amigos a quem telefonava e dizia: "Faz sentido pra você esta frase?" E citava o trecho que acabara de traduzir em torno do qual tinha dúvidas. Por outro lado, terminada parte de um capítulo, ela encaminhava cópia da tradução e dos originais a outros amigos, norte-americanos que dominavam bem o português, como o teólogo Richard Shault, que prefaciou a edição norte-americana, solicitando-lhes opinião e sugestões.

Eu mesmo, na época morando em Cambridge, enquanto era professor visitante de Harvard, fui várias vezes consultado por ela. Me lembro da pesquisa paciente das diferentes hipóteses que ela admitiu para traduzir "inédito viável", uma de minhas metáforas, optando, finalmente, por *untested feasibility*.

Nos limites de minha falta de autoridade com relação à língua inglesa, devo dizer que me sinto muito bem na tradução de Myra. Daí que, em face dos leitores e leitoras de língua inglesa, em seminários, em debates, tenha sempre assumido a responsabilidade pela razão de ser das críticas feitas à linguagem do livro.

Me lembro também da opinião de um jovem de dezesseis anos, filho de excelente aluna negra que tive em Harvard, a quem solicitei que lesse a tradução do primeiro capítulo da *Pedagogia*, que acabara de chegar de Nova York. Na semana seguinte, me trouxe a dela e a do jovem filho a quem pedira que lesse o texto. "Este texto", disse ele, "foi escrito sobre mim. Ele trata de mim". Admitamos, inclusive, que tenha tropeçado numa ou noutra palavra alheia à sua experiência intelectual, de jovem, o que, porém, não o fez perder a compreensão da totalidade. Sua experiência existencial, no contexto discriminatório, o punha, desde o início da leitura, *simpático* ao texto.

Hoje, depois de tantos anos, com a *Pedagogia* traduzida para um sem-número de línguas, através das quais vem cobrindo praticamente o mundo, esse tipo de crítica diminuiu bastante. Mas ainda há.

Daí que me alongue um pouco mais sobre a questão.

Não vejo como seja legítimo a um estudante, a um(a) professor(a) fechar qualquer livro, e não apenas a *Pedagogia do oprimido*, dizendo simplesmente que sua leitura é inviável porque não entendeu claramente a significação de um período. E fazê-lo sem ter, sobretudo, dispendido nenhum esforço, sem ter se comportado com a seriedade necessária a quem estuda. Há muita gente para quem parar a leitura do texto no momento em que há dificuldades para sua compreensão, no sentido de recorrer a usuais instrumentos de trabalho — dicionários, incluindo os de filosofia, os de ciências sociais, os etimológicos, os de sinônimos, enciclopédias etc. —, é uma perda de tempo. Não. Pelo contrário, o tempo dedicado à consulta de dicionários, de enciclopédias, para a elucidação do que estamos lendo é tempo de estudo e não perda de tempo. Às vezes, as pessoas prosseguem a leitura esperando, magicamente, na próxima página, captar o significado da palavra caso ela apareça de novo.

Ler um texto é algo mais sério, mais demandante. Ler um texto não é "passear" licenciosamente, pachorrentamente, sobre as palavras. É apreender como se dão as relações entre as palavras na composição do discurso. É tarefa de sujeito crítico, humilde, determinado.

Ler, enquanto estudo, é um processo difícil, até penoso, às vezes, mas sempre prazeroso também. Implica que o(a) leitor(a) se adentre na intimidade do texto para apreender sua mais profunda significação. Quanto mais fazemos este exercício disciplinadamente, vencendo todo desejo de fuga da leitura, tanto mais nos preparamos para tornar futuras leituras menos difíceis.

Ler um texto, sobretudo, exige de quem o faz estar convencido de que as ideologias não morreram. Por isso mesmo, a de que o texto se acha empapado, ou às vezes nele se acha escondida, não é necessariamente a de quem vai lê-lo. Daí a necessidade que tem o leitor ou a leitora de uma postura aberta e crítica, radical e não sectária, sem a qual se fecha ao texto e se proíbe de com ele aprender algo porque o texto talvez defenda posições antagônicas às do(a) leitor(a). Às vezes, o que é irônico, as posições são apenas diferentes.

Em muitos casos nem sequer temos lido a autora ou o autor. Temos lido sobre ela ou ele e, sem a ela ou a ele ir, aceitamos as críticas que lhe são feitas. Assumimo-las como nossas.

O professor Celso Beisiegel, pró-reitor de graduação da Universidade de São Paulo e um dos intelectuais sérios deste país, me disse que, certa vez, participando de um grupo de discussão em torno de educação brasileira, ouviu de um dos presentes, referindo-se a mim, que meus trabalhos já não tinham importância no debate nacional sobre educação. Curioso, Beisiegel indagou: "Que livros de Paulo Freire você já estudou?"

Sem quase silêncio após sua pergunta, o jovem crítico respondeu: "Nenhum. Mas li sobre ele."

O fundamental, porém, é que não se critica um autor ou autora pelo que dele ou dela se diz, mas pela leitura séria, dedicada, competente que fazemos dela ou dele. Sem que isso signifique que não devemos ler o que dele ou dela se disse ou se diz também.

Finalmente, a prática de ler seriamente textos termina nos ajudando a aprender como a leitura, enquanto estudo, é um processo amplo, exigente de tempo, de paciência, de sensibilidade, de método, de rigor, de decisão e de paixão de conhecer.

Sem necessariamente referir-me aos autores ou às autoras de críticas, nem tampouco aos capítulos da *Pedagogia* a que as restrições se referem, darei continuidade ao exercício de ir pinçando um ou outro julgamento, frente ao qual devo pronunciar ou refazer pronunciamento antes feito.

Um desses julgamentos, que vem dos anos 1970, é o que me toma precisamente pelo que critico e combato, isto é, me toma como arrogante, elitista, "invasor cultural", portanto desrespeitador da identidade cultural, de classe, das classes populares — trabalhadores rurais e urbanos. No fundo, esse tipo de crítica, a mim feito, fundando-se em uma compreensão distorcida da conscientização e em uma visão profundamente ingênua da prática educativa, vista como prática neutra, a serviço do bem-estar da humanidade, não é capaz de perceber que uma das bonitezas desta prática está exatamente em que não é possível vivê-la sem correr risco. O risco de não sermos coerentes, de falar uma coisa e fazer outra, por exemplo. E é exatamente a sua politicidade, a sua impossibilidade de ser neutra, que demanda da educadora ou do educador sua eticidade. A tarefa da educadora ou do educador seria demasiado fácil se se reduzisse ao ensino de conteúdos que nem sequer precisariam de ser tratados assepticamente e assepticamente "transmitidos" aos educandos, porque, enquanto conteúdos de uma ciência neutra, já eram em si assépticos. O educador neste caso não tinha por que, ao menos, se preocupar ou se esforçar por ser decente, ético, a não ser quanto à sua capacitação. Sujeito de uma prática neutra, não tinha outra coisa a fazer senão "transferir conhecimento" também neutro.

Na verdade, não é isso o que se dá. Não há nem jamais houve prática educativa em espaço-tempo nenhum de tal maneira neutra, comprometida apenas com ideias preponderantemente abstratas e intocáveis. Insistir nisso e convencer ou tentar convencer os incautos de que essa é a verdade é uma prática política indiscutível com que se pretende amaciar a possível rebeldia dos injustiçados. Tão política quanto a outra, a que não esconde, pelo contrário, proclama, sua politicidade.

O que sobretudo me move a ser ético é saber que, sendo a educação, por sua própria natureza, diretiva e política, eu devo, sem jamais negar meu sonho ou minha utopia aos educandos, respeitá-los. Defender com seriedade, rigorosamente, mas também apaixonadamente, uma tese, uma posição, uma preferência, estimulando e respeitando, ao mesmo tempo, o direito ao discurso contrário, é a melhor forma de ensinar, de um lado, o direito de termos o dever de "brigar" por nossas ideias, por nossos sonhos e não apenas de aprender a sintaxe do verbo haver, de outro, o respeito mútuo.

Respeitar os educandos, porém, não significa mentir a eles sobre meus sonhos, dizer-lhes com palavras ou gestos ou práticas que o espaço da escola é um lugar "sagrado" onde apenas se estuda e estudar não tem nada que ver com o que se passa no mundo lá fora; esconder deles minhas opções, como se fosse "pecado" preferir, optar, romper, decidir, sonhar. Respeitá-los significa, de um lado, testemunhar a eles a minha escolha, defendendo-a; de outro, mostrar-lhes outras possibilidades de opção, enquanto ensino, não importa o quê...

E não se diga que, se sou professor de biologia, não posso me alongar em considerações outras, que devo *apenas* ensinar biologia, como se o fenômeno vital pudesse ser compreendido fora da trama histórico-social, cultural e política. Como se a vida, a pura vida, pudesse ser vivida de maneira igual em todas as suas dimensões na favela,[33] no cortiço[34] ou numa zona feliz dos "Jardins"[35] de São Paulo. Se sou professor de biologia, obviamente, devo ensinar biologia, mas, ao fazê-lo, não posso secioná-la daquela trama.

É a mesma reflexão que nos impomos com relação à alfabetização. Quem procura cursos de alfabetização de adultos quer aprender a escrever e a ler sentenças, frases, palavras, quer alfabetizar-se. A leitura e a escrita das palavras, contudo, passa pela leitura do mundo. Ler o mundo é um ato anterior à leitura da palavra. O ensino da leitura e da escrita da palavra a que falte o exercício crítico da leitura e da releitura do mundo é, científica, política e pedagogicamente, capenga.

Há risco de influenciar os alunos? Não é possível viver, muito menos existir, sem riscos. O fundamental é nos prepararmos para saber corrê-los bem.

Qualquer que seja a qualidade da prática educativa, autoritária ou democrática, ela é sempre diretiva.

No momento, porém, em que a diretividade do educador ou da educadora interfere na capacidade criadora, formuladora, indagadora do educando, de forma restritiva, então a diretividade necessária se converte em manipulação, em autoritarismo. Manipulação e autoritarismo praticados por muitos educadores que, dizendo-se de si mesmos progressistas, passam muito bem.

Minha questão não é negar a politicidade e a diretividade da educação, tarefa de resto impossível de ser convertida em ato, mas, assumindo-as, viver plenamente a coerência entre minha opção democrática e a minha prática educativa, igualmente democrática.

Meu dever ético, enquanto um dos sujeitos de uma prática impossivelmente neutra — a educativa —, é exprimir o meu respeito às diferenças de ideias e de posições. Meu respeito até mesmo às posições antagônicas às minhas, que combato com seriedade e paixão.

Dizer, porém, cavilosamente, que elas não existem não é científico nem ético.

Criticar a arrogância, o autoritarismo de intelectuais de esquerda ou de direita, no fundo, da mesma forma reacionarios, que se julgam proprietários, os primeiros, do saber revolucionário, os segundos, do saber conservador; criticar o comportamento de universitários que pretendem conscientizar trabalhadores rurais e urbanos sem com eles se conscientizar também; criticar um indisfarçável ar de messianismo, no fundo ingênuo, de intelectuais que, em nome da libertação das classes trabalhadoras, impõem ou buscam impor a "superioridade" de seu saber acadêmico às "incultas massas", isto sempre fiz. E disto falei quase exaustivamente na *Pedagogia do oprimido*. E disto falo agora, com a mesma força, na *Pedagogia da esperança*.

Uma das diferenças substantivas, porém, entre mim e os autores dessas críticas a mim feitas é que, para mim, o caminho da superação daquelas práticas está na superação da ideologia autoritariamente elitista; está no exercício difícil da virtude da humildade, da coerência, da tolerância, por parte do ou da intelectual progressista. Da coerência que vá diminuindo a distância entre o que dizemos e o que fazemos.

Para eles e elas, críticos e críticas, o caminho está na negação impossível da politicidade da educação, da ciência, da tecnologia.

"A teoria da aprendizagem de Freire", se disse mais ou menos nos anos 1970, "está subordinada a propósitos sociais e políticos, e uma teoria assim se expõe aos riscos da manipulação", como se houvesse a possibilidade de uma prática educativa em que professoras, professores, alunos e alunas pudessem estar absolutamente isentos do risco da manipulação e de suas consequências. Como se fosse ou tivesse sido possível, em algum tempo-espaço, a existência de uma prática educativa distante, fria, indiferente, com relação a "propósitos sociais e políticos".

O que se exige eticamente de educadoras e educadores progressistas é que, coerentes com seu sonho democrático, respeitem os educandos e jamais, por isso mesmo, os manipulem.

Daí a vigilância com que devem atuar, com que devem viver intensamente sua prática educativa; daí seus olhos devendo estar sempre abertos, seus ouvidos também, seu corpo inteiro aberto às armadilhas de que o chamado "currículo oculto" anda cheio. Daí a exigência que se devem impor de ir tornando-se cada vez mais tolerantes, de ir pondo-se cada vez mais transparentes, de ir virando cada vez mais críticos, de ir fazendo-se cada vez mais curiosos.

Quanto mais tolerantes, quanto mais transparentes, quanto mais críticos, quanto mais curiosos e humildes, tanto mais assumem autenticamente a prática docente. Numa tal perspectiva, indiscutivelmente progressista, muito mais pós-moderna, como entendo a pós-modernidade, que moderna, e nada "modernizante", ensinar não é a simples transmissão do conhecimento em torno do objeto ou do conteúdo. Transmissão que se faz muito mais através da pura descrição do conceito do objeto a ser mecanicamente memorizado pelos alunos. Ensinar, ainda do ponto de vista pós-modernamente progressista de que falo aqui, não pode reduzir-se a um mero ensinar os alunos a aprender através de uma operação em que o objeto do conhecimento fosse o ato mesmo de aprender. Ensinar a aprender só é válido, desse ponto de vista, repita-se, quando os educandos aprendem a aprender ao aprender a razão de ser do objeto ou do conteúdo. É ensinando biologia ou outra disciplina qualquer que o professor ensina os alunos a aprender.

Na linha progressista, ensinar implica, pois, que os educandos, em certo sentido, "penetrando" o discurso do professor, se apropriem da significação profunda do conteúdo sendo ensinado. O ato de ensinar, vivido pelo professor ou professora, vai desdobrando-se, da parte dos educandos, no ato de estes conhecerem o ensinado.

Por sua vez, o(a) professor(a) só ensina em termos verdadeiros na medida em que conhece o conteúdo que ensina, quer dizer, na medida em que se apropria dele, em que o apreende. Neste caso, ao ensinar, o professor ou a professora re-conhece o objeto já conhecido. Em outras palavras, refaz a sua cognoscitividade na cognoscitividade dos educandos.

Ensinar é assim a forma que toma o ato de conhecimento que o(a) professor(a) necessariamente faz na busca de saber o que ensina para provocar nos alunos seu ato de conhecimento também. Por isso, ensinar é um ato criador, um ato crítico e não mecânico. A curiosidade do(a) professor(a) e dos alunos, em ação, se encontra na base do ensinar-aprender.

Ensinar um conteúdo pela apropriação ou a apreensão deste por parte dos educandos demanda a criação e o exercício de uma séria disciplina intelectual a vir sendo forjada desde a pré-escola. Pretender a inserção crítica dos educandos na situação educativa, enquanto situação de conhecimento, sem essa disciplina, é espera vã. Mas, assim como não é possível ensinar a aprender, sem ensinar um certo conteúdo através de cujo conhecimento se aprende a aprender, não se ensina igualmente a disciplina de que estou falando a não ser na e pela prática cognoscente de que os educandos vão se tornando sujeitos cada vez mais críticos.

NA CONSTITUIÇÃO DESSA NECESSÁRIA disciplina não há lugar para a identificação do ato de estudar, de aprender, de conhecer, de ensinar, com um puro entretenimento, uma espécie de brinquedo com regras frouxas ou sem elas, nem tampouco com um *quefazer* insosso, desgostoso, enfadonho. O ato de estudar, de ensinar, de aprender, de conhecer, é difícil, sobretudo exigente, mas prazeroso, como sempre nos adverte Georges Snyders.* É preciso, pois, que os educandos descubram e sintam a alegria nele embutida, que dele faz parte e que está sempre disposta a tomar todos quantos a ele se entreguem.

O papel testemunhal do professor na gestação desta disciplina é enorme. Mais uma vez aí, a sua autoridade, de que sua competência faz parte, joga importante função. Um professor que não leva a sério sua prática docente, que, por isso mesmo, não estuda e ensina mal o que mal sabe, que não luta para que disponha de condições materiais indispensáveis à sua prática docente, se proíbe de concorrer para a formação da imprescindível disciplina intelectual dos estudantes. Se anula, pois, como professor.

Mas, por outro lado, essa disciplina não pode resultar de um trabalho feito nos alunos pelo professor. Requerendo, embora, a presença marcante do professor ou da professora, sua orientação, seu estímulo, sua autoridade, essa disciplina tem de ser *construída* e *assumida* pelos alunos.

---

* Georges Snyders, *La Joie à d'école*. Paris: PUF, 1986.

Me sinto levado a repetir, enfatizando minha posição, que a prática democrática em coerência com o meu discurso democrático, que fala de minha opção democrática, não me obriga ao silêncio em torno de meus sonhos nem tampouco a crítica necessária ao que Amílcar Cabral* chama "negatividades da cultura" me torna um "invasor elitista" da cultura popular. A crítica e o esforço para superar essas "negatividades" não são apenas indicáveis mas indispensáveis. No fundo, isso tem que ver com a passagem do conhecimento ao nível do "saber de experiência feito", do senso comum, para o conhecimento resultante de procedimentos mais rigorosos de aproximação aos objetos cognoscíveis. E fazer essa superação é um direito que as classes populares têm. Daí que, em nome do respeito à cultura dos camponeses, por exemplo, não lhes possibilitar que vão mais além de suas crenças em torno de si no mundo e de si com o mundo revele uma ideologia profundamente elitista. É como se desvelar a razão de ser das coisas e ter delas um conhecimento cabal fosse ou devesse ser privilégio das elites. Às classes populares lhes bastaria o "penso que é" em torno do mundo.

O que não é possível — repito-me agora — é o desrespeito ao saber de senso comum; o que não é possível é tentar superá-lo sem, partindo dele, passar por ele.

Desafiar os educandos com relação ao que lhe parece o seu acerto é um dever da educadora ou do educador progressista. Que educador seria eu se não me sentisse movido por forte impulso que me faz buscar, sem mentir, argumentos

---

* Amílcar Cabral, *Obras escolhidas. Vol. I: A arma da teoria — unidade e luta.* Lisboa: Seara Nova, 1976, p. 141.

convincentes na defesa dos sonhos por que luto? Na defesa da razão de ser da esperança com que atuo como educador.

O que não é lícito fazer é esconder verdades, negar informações, impor princípios, castrar a liberdade do educando ou puni-lo, não importa como, porque não aceite, por várias razões, o meu discurso. Porque recuse a minha utopia. Isto sim me faria tombar incoerentemente, no sectarismo destrutor que critiquei duramente ontem, na *Pedagogia do oprimido*, e critico hoje ao revisitá-la, na *Pedagogia da esperança*.

Estas considerações me trazem a outro ponto, a elas diretamente ligado, em torno do qual tenho sofrido igualmente reparos que me parecem dever ser reparados também. Refiro-me à insistência com que, desde longo tempo, defendo a necessidade que temos, educadoras e educadores progressistas, de jamais subestimar ou negar os saberes de experiência feitos, com que os educandos chegam à escola ou aos centros de educação informal. Evidentemente que há diferenças na forma como lidar com esses saberes, se se trata de um ou do outro caso citados acima. Em qualquer deles, porém, subestimar a sabedoria que resulta necessariamente da experiência sociocultural é, ao mesmo tempo, um erro científico e a expressão inequívoca da presença de uma ideologia elitista. Talvez seja mesmo o fundo ideológico escondido, oculto, opacizando a realidade objetiva, de um lado, e fazendo, do outro, míopes os negadores do saber popular, que os induz ao erro científico. Em última análise, é essa "miopia" que, constituindo-se em obstáculo ideológico, provoca o erro epistemológico.

Tem havido maneiras diferentes de compreensão negativa e, portanto, de crítica, a esta defesa do saber popular, em que faz tanto me empenho. Negação do saber popular tão contestável quanto sua mitificação, quanto sua exaltação, de natureza "basista". Basismo e elitismo, de tal maneira sectários que presos *a* e *em* sua verdade se tornam incapazes de ir mais além de si mesmos.

Uma dessas maneiras de fazer a crítica à defesa que venho fazendo dos saberes de experiência feitos que, não raro ainda se repete hoje, para legítimo espanto meu, é a que sugere ou afirma que, no fundo, proponho dever ficar o educador girando, com os educandos, em torno de seu saber de senso comum, cuja superação não seria tentada. E conclui vitoriosa a crítica deste teor sublinhando o óbvio fracasso desta ingênua compreensão. Atribuída a mim — a da defesa do giro incansável em torno do saber do senso comum.

Na verdade, contudo, jamais afirmei ou sequer insinuei tamanha "inocência".

O que tenho dito sem cansar, e redito, é que não podemos deixar de lado, desprezado como algo imprestável, o que educandos, sejam crianças chegando à escola ou jovens e adultos a centros de educação popular, trazem consigo de compreensão do mundo, nas mais variadas dimensões de sua prática na prática social de que fazem parte. Sua fala, sua forma de contar, de calcular, seus saberes em torno do chamado outro mundo, sua religiosidade, seus saberes em torno da saúde, do corpo, da sexualidade, da vida, da morte, da força dos santos, dos conjuros.

Esse é, aliás, um dos temas fundamentais da etnociência,[36] hoje, o de como evitar a dicotomia entre esses saberes, o popular e o erudito ou o de como compreender e experimentar a dialética entre o que Snyders* chama "cultura primeira" e "cultura elaborada".

Respeitar esses saberes, de que falo tanto, para ir mais além deles, jamais poderia significar — numa leitura séria, radical, por isso crítica, sectária nunca, rigorosa, bem-feita, competente, de meus textos — dever ficar o educador ou a educadora aderida a eles, os saberes de experiência feitos.

O respeito a esses saberes se insere no horizonte maior em que eles se geram — o horizonte do contexto cultural, que não pode ser entendido fora de seu corte de classe, até mesmo em sociedades de tal forma complexas em que a caracterização daquele corte é menos facilmente apreensível.

O respeito, então, ao saber popular implica necessariamente o respeito ao contexto cultural. A localidade dos educandos é o ponto de partida para o conhecimento que eles vão criando do mundo. "Seu" mundo, em última análise, é a primeira e inevitável face do mundo mesmo.

Minhas preocupações com o respeito devido ao mundo local dos educandos, para espanto meu, de novo, continuam a gerar, de vez em quando, críticas que me veem sem rumo, perdido e sem saída, nos horizontes estreitos da localidade. Mais uma vez, essas críticas resultam de leituras malfeitas de mim ou de leituras de textos sobre meu trabalho, escritos por quem igualmente me leu mal, incompetentemente, ou não me leu.

Eu mereceria não só essas, mas outras críticas contundentes até, se, em lugar de defender o contexto local dos

* Georges Snyders, op. cit.

educandos como ponto de partida para o alongamento de sua compreensão do mundo, viesse defendendo uma posição "focalista". Uma posição em que, perdendo-se a inteligência dialética da realidade, não se fosse capaz de perceber as relações contraditórias entre as parcialidades e a totalidade. Teria, assim, incorrido naquele erro criticado em um certo momento deste texto por camponeses através da relação que faziam entre o *sal*, como parte, como um dos ingredientes do *tempero*, e este como *totalidade*.

Não foi isto jamais o que fiz ou o que propus ao longo de minha prática de educador, que vem me proporcionando a prática de sobre ela pensar e de que resultou até hoje tudo o que escrevi.

Para mim vem sendo difícil, impossível mesmo, entender a interpretação de meu respeito ao *local*, como negação do *universal*. Do local ou do regional. Não entendo, por exemplo, como, criticando-se com acerto, as posições que "afogam" ou "suprimem" a totalidade na localidade — focalismo para mim — se dá como exemplo o "universo vocabular mínimo", categoria que uso na minha compreensão geral da alfabetização.

O "universo vocabular mínimo" naturalmente emerge da pesquisa necessária que se faz e é fundando-nos nele que organizamos o programa de alfabetização. Nunca, porém, eu disse que o programa a ser elaborado à base deste universo vocabular deveria ficar absolutamente adstrito à realidade local. Se o tivesse dito não teria da linguagem a compreensão que tenho, revelada não apenas em trabalhos anteriores, mas neste ensaio também. Mais ainda, careceria de uma forma dialética de pensar.

Sem muitos comentários, remeto o leitor ou a leitora à *Educação como prática da liberdade*, não importa qual impressão. Trata-se da última parte do livro, em que faço uma análise das dezessete palavras geradoras escolhidas do "universo vocabular" pesquisado no estado do Rio de Janeiro e que se aplicariam também na Guanabara, como se chamava, na época, o Rio.[37] A simples leitura das páginas, me parece, esclarece o equívoco de tal crítica.

Creio que o fundamental é deixar claro ou ir deixando claro aos educandos esta coisa óbvia: o regional emerge do local tal qual o nacional surge do regional e o continental do nacional como o mundial emerge do continental.

Assim como é errado ficar aderido ao local, perdendo-se a visão do todo, errado é também pairar sobre o todo sem referência ao local de onde se veio.

Ao voltar, em visita ao Brasil, em 1979, declarei numa entrevista que minha recifecidade explicava minha pernambucanidade, que esta esclarecia minha nordestinidade que, por sua vez, clareava minha brasilidade, minha brasilidade elucidava minha latino-americanidade e esta me fazia um homem do mundo.

Ariano Suassuna se tornou um escritor universal não a partir do universo, mas a partir de Taperuá.[38]

"A análise crítica por parte de grupos populares de sua forma de estar sendo no mundo da cotidianidade mais imediata, a de sua tabanca", digo eu em *Cartas à Guiné-Bissau*, página 59, publicada em 1977, "e a percepção da razão de ser dos fatos que se dão nela os levam a *sobrepassar os horizontes estreitos da tabanca* ou *mesmo da zona*, para ganhar a visão *global*, da realidade indispensável à compreensão da própria tarefa de reconstrução nacional".

Mas, voltemos à parte mais remota, o meu primeiro livro, *Educação como prática da liberdade*, concluído em 1965 e publicado em 1967. Na página 114, comentando o processo de criação das codificações, digo:

> Estas situações funcionam como desafios aos grupos. São situações-problemas codificadas, guardando em si elementos que serão descodificados pelos grupos com a colaboração do coordenador. O debate em torno delas irá, como o que se faz com as que nos dão o conceito antropológico de cultura, levando os grupos a se conscientizarem para que concomitantemente se alfabetizem.

> São *situações locais* [o grifo é atual] que abrem perspectivas, porém, para a análise *de problemas nacionais* e regionais.

"A palavra escrita", disse Platão, "não pode defender-se quando é mal-entendida".*

Não posso ser responsabilizado, devo dizer, pelo que se diga ou se faça em meu nome, contrariamente ao que faço e ao que digo; não vale afirmar, como certa vez alguém, com raiva, o fez: "Você pode não ter dito isto, mas pessoas que se dizem discípulas suas disseram." Sem pretender, sequer de longe, me assemelhar a Marx, não porque agora, de vez

* Paul Shorey, *What Plato Said: A Resume and Analysis of Plato's Writings with Synopses and Critical Comment*. Phoenix Books: The University of Chicago Press, 1965, ed. resumida, p. 158.

em quando, se diga que ele "já era", mas pelo contrário, precisamente porque, para mim, continua sendo, precisando apenas de ser revisto, me vejo inclinado a citar uma de suas cartas, em que, irritado com inconsequentes "marxistas" franceses, disse: "A única coisa que sei é que não sou marxista."*

E já que citei Marx aproveito para comentar críticas que se diziam marxistas a mim feitas nos anos 1970. Algumas delas, como lamentavelmente não raro ocorre, não levavam em consideração dois pontos fundamentais: 1) Que eu não havia morrido; 2) Que não tinha escrito apenas a *Pedagogia do oprimido*, menos ainda, só a *Educação como prática da liberdade*. Daí a impossibilidade de generalizar-se a todo um pensamento a crítica feita a um momento dele. Algumas delas válidas se centradas no texto *a* ou *b*, mas incorretas se estendidas à totalidade de minha obra.

Uma dessas críticas, aparentemente, pelo menos, mais formal, mecanicista, do que dialética, estranhava que eu não fizesse referência às classes sociais, que eu não tivesse afirmado, sobretudo, que a "luta de classes é o motor da história". Estranhava que, em lugar de classes sociais, eu trabalhasse com o conceito vago de oprimido.

Em primeiro lugar, me parece impossível que, após a leitura da *Pedagogia do oprimido*, empresários e trabalhadores, rurais ou urbanos, chegassem à conclusão, os primeiros, de que eram operários, os segundos, empresários. E isto porque a vaguidade do conceito de oprimido os tivesse

---

* Carta de Engels a Schmidt — Londres, 5/8/1888, in *Obras escogidas*. Vol. II. Moscou: Editorial Progresso, p. 491.

deixado de tal maneira confusos e indecisos que os empresários hesitassem em torno de se deveriam ou não continuar a usufruir a "mais-valia" e os trabalhadores em torno de seu direito à greve, como instrumento fundamental à defesa de seus interesses.

Me lembro agora de um texto que li, em 1981, recém-chegado do exílio, de uma jovem operária paulista em que perguntava e, em seguida, respondia: "Quem é o povo?" "É quem não pergunta quem é povo."

Na primeira vez, porém, em que li uma dessas críticas, me impus algumas horas de releitura do livro, contando as vezes em que, no texto todo, falava em classes sociais. Ultrapassei duas dezenas. Não raro, numa só página, falo duas, três vezes de classes sociais. Só que falei de classes sociais não como quem usava um clichê ou como quem se punha temeroso de um possível inspetor ou censor ideológico que me espreitasse e a quem devesse prestar contas. Os autores ou autoras de tais críticas, de modo geral, mesmo que nem sempre explicitassem, se incomodavam centralmente com alguns pontos. A já referida vaguidade do conceito de oprimido como do de povo, a afirmação que faço no livro de que o oprimido, libertando-se, liberta ao opressor, o não haver, como antes sublinhei, declarado que a luta de classes é o motor da história, o tratamento que eu dava ao indivíduo, sem aceitar reduzi-lo a puro reflexo das estruturas socioeconômicas, o tratamento que dava à consciência, à importância da subjetividade, o papel da conscientização que, na *Pedagogia do oprimido*, supera, em termos de criticidade, o a ela atribuído em *Educação como prática da liberdade*, a asserção de que "a aderência" à realidade em que se encontram as grandes massas camponesas da América Latina está a exigir que a *consciência de classe oprimida* passe, senão antes, pelo menos concomitantemente pela consciência de *homem oprimido.*

Nunca esses pontos foram ao mesmo tempo abordados, sublinhando-se um ou outro em críticas ora escritas, ora faladas, em seminários e debates, na Europa, nos Estados Unidos, na Austrália, na América Latina.

Falei ontem de classes sociais com a mesma independência e consciência do acerto com que delas falo hoje. É possível, porém, que muitas ou muitos dos que me cobravam nos anos 1970 a explicitação constante do conceito me cobrem hoje o contrário: que retire as duas dezenas de vezes em que o empreguei, porque "já não há classes sociais, cujos conflitos com elas sumiram também". Daí que, à linguagem da possibilidade, que comporta a utopia como sonho possível, prefiram o discurso neoliberal, "pragmático", segundo o qual devemos nos adequar aos fatos como estão se dando, como se não pudessem dar-se de outra forma, como se não devêssemos lutar, precisamente porque mulheres e homens, para que se dessem de outra maneira.

Nunca entendi que as classes sociais, a luta entre elas, pudessem explicar tudo, até a cor das nuvens numa terça-feira à tardinha, daí que jamais tenha dito que a luta de classes, no mundo moderno, era ou é o motor da história. Mas, por outro lado, hoje ainda e possivelmente por muito tempo, não é possível entender a história sem as classes sociais, sem seus interesses em choque.

A luta de classes não é o motor da história, mas certamente é *um* deles.

Como um insatisfeito com o mundo de injustiças que está aí, ao qual o discurso "pragmático" sugere que eu simplesmente me adapte, devo, é óbvio, hoje, tanto quanto devi ontem, estar desperto para as relações entre tática e estratégia. Uma coisa é chamar a atenção dos militantes que continuam brigando por um mundo menos feio da necessidade de que suas táticas, primeiro, não contradigam sua estratégia, seus objetivos, seu sonho; segundo, de que suas táticas, enquanto caminhos de realização do sonho estratégico, se dão, se fazem, se realizam na história, por isso, mudam, e outra é simplesmente dizer que não há mais por que sonhar. Sonhar não é apenas um ato político necessário, mas também uma conotação da forma histórico-social de estar sendo de mulheres e homens. Faz parte da natureza humana que, dentro da história, se acha em permanente processo de tornar-se.

Fazendo-se e refazendo-se no processo de fazer a história, como sujeitos e objetos, mulheres e homens, virando seres da inserção no mundo e não da pura adaptação ao mundo, terminaram por ter no *sonho* também um motor da história. Não há mudança sem sonho, como não há sonho sem esperança.

Por isso, venho insistindo, desde a *Pedagogia do oprimido*, que não há utopia verdadeira fora da tensão entre a denúncia de um presente tornando-se cada vez mais intolerável e o anúncio de um futuro a ser criado, construído, política, estética e eticamente, por nós, mulheres e homens. A utopia implica essa denúncia e esse anúncio, mas não deixa esgotar-se a tensão entre ambos quando da produção do futuro antes anunciado e agora um novo presente. A nova experiência de sonho se instaura, na medida mesma em que a história não se imobiliza, não *morre*. Pelo contrário, continua.

A compreensão da história como *possibilidade* e não *determinismo*, a que fiz referência neste ensaio, seria ininteligível sem o *sonho*, assim como a concepção *determinista* se sente incompatível com ele e, por isso, o nega.

Assim é que, no primeiro caso, o papel histórico da subjetividade é relevante, tornando-se, no segundo, minimizado ou negado. Daí que, no primeiro, a importância da educação, que, não podendo tudo, pode alguma coisa, seja reconhecida, ao passo que, no segundo, subestimada.

Na verdade, toda vez que o futuro seja considerado como um pré-dado, ora porque seja a pura repetição mecânica do presente, só adverbialmente mudado, ora porque seja o que teria de ser, não há lugar para a utopia, portanto para o sonho, para a opção, para a decisão, para a espera na luta, somente como existe esperança. Não há lugar para a educação. Só para o adestramento.

Enquanto projeto, enquanto desenho do "mundo" diferente, menos feio, o sonho é tão necessário aos sujeitos políticos, transformadores do mundo e não adaptáveis a ele, quanto, permita-se-me a repetição, fundamental é, para o trabalhador, que projete em seu cérebro o que vai executar antes mesmo da execução.

É por isso que, do ponto de vista dos interesses das classes dominantes, quanto menos as dominadas sonharem o *sonho* de que falo e da forma confiante como falo, quanto menos exercitarem a aprendizagem política de comprometer-se com uma utopia, quanto mais se tornarem abertas aos discursos "pragmáticos", tanto melhor dormirão as classes dominantes.

A modernidade de alguns setores das classes dominantes, em cuja posição superam de longe a postura das velhas e retrógradas lideranças dos chamados "capitães de indústria" de outrora, não poderia, porém, mudar a sua natureza de classe.

Isso não significa, todavia, que as classes trabalhadoras, a meu ver, devam fechar-se sectariamente à ampliação de espaços democráticos que podem resultar de um novo tipo de relações entre elas e as classes dominantes. O importante, porém, é que as classes trabalhadoras continuem aprendendo na própria prática de sua luta a estabelecer os limites para as suas concessões, o que vale dizer que ensinem às dominantes os limites em que elas se podem mover.

Afinal, as relações entre as classes são um fato político que gera um saber de classe, que demanda uma lucidez indispensável no momento da escolha das melhores táticas a serem usadas e que, variando historicamente, devem estar em consonância com os objetivos estratégicos.

Isso, na verdade, não se aprende em cursos de especialização. Isso se aprende e se ensina no momento histórico mesmo em que a necessidade impõe às classes sociais a busca necessária de uma relação melhor no tratamento de seus interesses antagônicos. Em tais momentos históricos, como o que vivemos hoje no país e fora dele, é a realidade mesma que grita, advertindo as classes sociais da urgência de novas formas de encontro para a procura de soluções inadiáveis. A prática da procura desses novos encontros ou a história dessa prática, dessa tentativa, pode tornar-se objeto ou conteúdo de estudo para lideranças operárias, não apenas em cursos de história das lutas dos trabalhadores, mas também em cursos teórico-práticos, posteriormente, de formação de lideranças operárias. É o que estamos vivendo hoje, no bojo da assustadora crise com que nos debatemos e em que tem havido momentos de alto nível nas discussões entre classes dominantes e classes trabalhadoras. Daí, porém, dizer-se que estamos vivendo outra história, em que as classes sociais estão desaparecendo e, com elas, os seus conflitos; que o socialismo se pulverizou nos escombros do muro de Berlim é algo em que eu, pelo menos, não acredito.

Os discursos neoliberais, cheios de "modernidade", não têm a força suficiente para acabar com as classes sociais e decretar a inexistência de interesses antagônicos entre elas, como não têm forças para acabar com os conflitos e a luta entre elas. O que acontece é que a luta é uma categoria histórica. Tem, por isso, historicidade. Muda de espaço-tempo a espaço-tempo. A luta não nega a possibilidade de acordos, de acertos entre as partes antagônicas. Os acordos fazem parte igualmente da luta.

Há momentos históricos em que a sobrevivência do todo social coloca às classes a necessidade de se entenderem, o que não significa, repitamos, estar se vivendo um novo tempo histórico vazio de classes sociais e de seus conflitos. Um novo tempo histórico sim, mas em que as classes sociais continuam existindo e lutando por interesses próprios.

Em lugar da simples acomodação "pragmática" se impõe às lideranças trabalhadoras a criação de certas qualidades ou virtudes sem as quais, cada vez mais, se torna difícil a elas a briga por seus direitos.

A afirmação de que o "discurso ideológico" é uma espécie de incompetência natural das esquerdas, que insistem em fazê-lo quando já não há ideologias e quando também, dizem, já ninguém quer ouvi-lo é um discurso ideológico e manhoso das classes dominantes. O que está superado não é o discurso ideológico, mas o "fanático", o discurso inconsequente, repetidor de clichês que jamais deveria ter sido pronunciado. O que está ficando cada vez mais inviável, felizmente, é a incontinência verbal, o discurso que se perde numa retórica cansativa que sequer possui sonoridade e ritmo.

Qualquer progressista que, inflamado ou inflamada, insista, às vezes de voz trêmula, nessa prática em pouco ou nada estará contribuindo para o avanço político de que precisamos. Mas, daí, proclamar-se a era do discurso neutro, não!

Me sinto absolutamente em paz ao entender que o esfacelamento do chamado "socialismo realista" não significa, de um lado, que foi o socialismo mesmo que se revelou inviável; de outro, que o capitalismo se afirmou definitivamente na sua excelência.

Que excelência é essa que consegue "conviver com mais de um bilhão de habitantes do mundo em desenvolvimento que vivem na pobreza",* para não falar em miséria. Para não falar também na quase indiferença com que convive com bolsões de pobreza e "bolsos" de miséria no seu próprio corpo, o desenvolvido. Que excelência é essa, que dorme em paz com a presença de um sem-número de homens e de mulheres cujo lar é a rua, e deles e delas ainda se diz que é a culpa de na rua estarem. Que excelência é essa que pouco ou quase nada luta contra as discriminações de sexo,

* Cf. *Relatório sobre o desenvolvimento mundial*, 1990, publicado para o Banco Mundial pela Fundação Getúlio Vargas.

de classe, de raça, como se negar o diferente, humilhá-lo, ofendê-lo, menosprezá-lo, explorá-lo fosse um direito dos indivíduos ou das classes, ou das raças ou de um sexo em posição de poder sobre o outro. Que excelência é essa que registra nas estatísticas, mornamente, os milhões de crianças que chegam ao mundo e não ficam e, quando ficam, partem cedo, ainda crianças e, se mais resistentes, conseguem permanecer, logo do mundo se despedem.

> Cerca de 30 milhões de crianças de menos de cinco anos morrem anualmente de causas que normalmente não seriam fatais em países desenvolvidos. Cerca de 110 milhões de crianças no mundo todo (quase 20% do grupo de idade) deixaram de receber educação primária. Mais de 90% dessas crianças vivem em países de renda baixa e baixa-média.*

Por outro lado, afirma o Unicef que,

> mantidas as atuais tendências, mais de 100 milhões de crianças morrerão de doenças e desnutrição na década de 1990. As causas dessas mortes podem ser contadas nos dedos. Quase todas morrerão de doenças que foram em outros tempos bastante conhecidas nas nações industrializadas. Morrerão ressequidas pela desidratação, sufocadas pela pneumonia, infectadas pelo tétano ou pelo sarampo ou asfixiadas pela coqueluche. Estas cinco doenças muito comuns, todas relativamente fáceis e baratas de prevenir ou tratar, serão responsáveis por mais de dois terços das

* *World Development Report*, 1990, p. 76.

mortes infantis ou mais da metade de toda a desnutrição infantil na próxima década.

Afirma ainda o relatório do Unicef

> que para se colocar o problema em uma perspectiva global, os custos adicionais, incluindo um programa para evitar a grande maioria das mortes e a subnutrição infantil nos próximos anos, deverão atingir aproximadamente 2,5 bilhões de dólares por ano, no final da década de 1990. É uma quantia semelhante [diz o relatório atonitamente] a que as companhias americanas vêm gastando anualmente para promover a venda de cigarros.*

Que excelência é essa que, no Nordeste brasileiro, convive com uma exacerbação tal da miséria que parece mais ficção: meninos, meninas, mulheres, homens, disputando com cachorros famintos, tragicamente, animalescamente, detritos nos grandes aterros de lixo, na periferia das cidades, para comer. E São Paulo não escapa à experiência dessa miséria.

Que excelência é essa que parece não ver meninos barrigudos, comidos de vermes, mulheres desdentadas, aos trinta anos parecendo velhas alquebradas, homens gastos, populações diminuindo de porte. Cinquenta e dois por cento da população do Recife favelada, vítima fácil das intempéries, das doenças que abatem sem dificuldade os corpos enfraquecidos. Que excelência é essa que vem compactuando com o assassinato frio, covarde, de camponeses

---

* Unicef — Fundo das Nações Unidas para a Infância. *Situação mundial da infância*, 1990, p. 16.

e camponesas, sem terra, porque lutam pelo direito à sua palavra e a seu trabalho à terra ligado e pelas classes dominantes dos campos espoliado.

Que excelência é essa que não se comove com o extermínio de meninas e meninos nos grandes centros urbanos brasileiros; que "proíbe" que 8 milhões de crianças populares se escolarizem, que "expulsa" das escolas grande parte das que conseguem entrar e chama a tudo isso "modernidade capitalista".

Para mim, pelo contrário, o que não prestava na experiência do chamado "socialismo realista", em termos preponderantes, não era o sonho socialista, mas a moldura autoritária — que o contradizia e de que Marx e Lenin também tinham sua culpa, e não apenas Stalin —, assim como o positivo na experiência capitalista não era e não é o sistema capitalista, mas a moldura democrática em que ele se acha.

Nesse sentido também o esfacelamento do mundo socialista autoritário — que, em muitos aspectos, vem sendo uma espécie de ode à liberdade e vem deixando tantas mentes, antes bem-comportadas, estupefatas, atônitas, desconcertadas, perdidas — oferece-nos a possibilidade extraordinária, se bem que difícil, de continuar *sonhando* e lutando pelo *sonho* socialista, depurando-se de suas distorções autoritárias, de seus desgostos totalitários, de sua cegueira sectária. Por isso é que, para mim, vai se tornar, em algum tempo, até mais fácil a luta democrática contra a malvadez do capitalismo. O que se faz necessário é que, entre muitas coisas, se supere a certeza demasiada nas certezas com que muitos marxistas se afirmavam *modernos* e, assumindo a humildade em face das classes populares, nos tornemos *pós-modernamente* menos certos das certezas. Progressistamente pós-modernos.

Vejamos rapidamente outros pontos antes referidos.

> Enquanto a violência dos opressores faz dos oprimidos homens proibidos de *ser*, a resposta destes à violência daqueles se encontra infundida do anseio de busca do direito de ser.

> Os opressores, violentando e proibindo que os outros sejam, não podem igualmente ser, os oprimidos, lutando por ser, ao retirar-lhes o poder de oprimir e esmagar, lhes restauram a humanidade perdida no uso da opressão.

> Por isso é que somente os oprimidos, libertando-se, podem libertar os opressores. Estes, enquanto *classe* [a ênfase é atual] que oprime, nem libertam nem se libertam.*

A primeira observação que faria à citação desse momento da *Pedagogia do oprimido* é que ele, o momento, é um dos em que deixo muito claro de quem falo quando falo em opressor e oprimido.

No fundo, ou talvez pudesse dizer, nos em torno não apenas do trecho citado, mas do livro todo, como não poderia deixar de ser, se acha embutida, às vezes até desembutida, clara, explícita, uma antropologia, uma certa compreensão ou visão do ser humano gestando sua natureza na própria história, de que se torna necessariamente sujeito e objeto. É exatamente uma das conotações dessa natureza, social

* *Pedagogia do oprimido*, p. 59 e 60.

e historicamente constituindo-se, que funda não só a afirmação feita no trecho citado, mas em que radicam, estou certo, coerentemente, as posições de ordem político-pedagógicas, defendidas por mim ao longo dos anos.

Não posso entender os homens e as mulheres, a não ser mais do que simplesmente *vivendo*, histórica, cultural e socialmente *existindo*, como seres fazedores de seu "caminho" que, ao fazê-lo, se expõem ou se entregam ao "caminho" que estão fazendo e que assim os refaz também.

Diferentemente dos outros animais que não se tornaram capazes de transformar a *vida* em *existência*, nós, enquanto *existentes*, nos fizemos aptos a nos engajarmos na luta em busca e em defesa da igualdade de possibilidades pelo fato mesmo de, como seres vivos, sermos radicalmente diferentes uns dos outros e umas das outras.

> Nós somos todos diferentes e a maneira como se reproduzem os seres vivos é programada para que o sejamos. É por isso que o homem teve a necessidade, um dia, de fabricar o conceito de igualdade. Se nós fôssemos todos idênticos, como uma população de bactérias, a ideia de igualdade seria perfeitamente inútil.*

O grande salto que nos tornamos capazes de dar foi trabalhar não propriamente o *inato* nem somente o *adquirido*, mas a relação entre ambos.

* François Jacob, "Nous sommes programmés, mais pour apprendre." *Le Courrier*, Unesco, fevereiro de 1991.

"A fabricação de um indivíduo", diz Jacob, no mesmo texto, "do ponto de vista físico, intelectual, moral, corresponde a uma interação permanente do inato com o adquirido".

Nós nos tornamos hábeis para imaginativa e curiosamente "tomar distância" de nós mesmos, da vida que portamos e para nos dispormos a saber em torno dela. Em certo momento não apenas *vivíamos*, mas começamos a *saber* que vivíamos, daí que nos tivesse sido possível *saber* que sabíamos e, portanto, saber que poderíamos saber mais. O que não podemos, como seres imaginativos e curiosos, é parar de aprender e de buscar, de pesquisar a razão de ser das coisas. Não podemos *existir* sem nos interrogar sobre o amanhã, sobre o que virá, a favor de que, contra que, a favor de quem, contra quem virá; sem nos interrogar em torno de como fazer concreto o "inédito viável" demandando de nós a luta por ele.

É por sermos este ser "programado", mas não *determinado* — "cada programa, com efeito, não é totalmente rígido. Ele define as estruturas que não são senão potencialidades, probabilidades, tendências: os genes determinam somente a constituição do indivíduo", em quem, por isso mesmo, "as estruturas hereditárias e a aprendizagem se acham inteiramente ligadas".*

É por estarmos sendo este ser em permanente procura, curioso, "tomando distância" de si mesmo e *da vida* que porta; é por estarmos sendo este ser dado à aventura e à "paixão de conhecer", para o que se faz indispensável a liberdade que, constituindo-se na luta por ela, só é possível porque, "programados", não somos, porém, determinados; é por estarmos sendo assim que vimos nos vocacionando

* François Jacob, op. cit.

para a *humanização* e que temos, na *desumanização*, fato concreto na história, a *distorção da vocação*. Jamais, porém, outra vocação humana. Nem uma nem outra, humanização e desumanização, são destino certo, dado dado, sina ou fado. Por isso mesmo é que uma é vocação e outra, distorção da vocação.

É importante insistir em que, ao falar do *"Ser Mais"* ou da humanização como vocação ontológica do ser humano, não estou caindo em nenhuma posição fundamentalista, de resto, sempre conservadora. Daí que insista também em que esta "vocação", em lugar do ser algo *a priori* da história é, pelo contrário, algo que se vem constituindo na história. Por outro lado, a briga por ela, os meios de levá-la a cabo, históricos também, além de variar de espaço-tempo a espaço-tempo, demandam, indiscutivelmente, a assunção de uma utopia. A utopia, porém, não seria possível se faltasse a ela o gosto da liberdade, embutido na vocação para a humanização. Se faltasse também a esperança sem a qual não lutamos.

O sonho pela humanização, cuja concretização é sempre processo, e sempre devir, passa pela ruptura das amarras reais, concretas, de ordem econômica, política, social, ideológica etc., que nos estão condenando à desumanização. O *sonho* é assim uma exigência ou uma condição que se vem fazendo permanente na história que fazemos e que nos faz e refaz.

Não sendo um *a priori* da história a *natureza humana*, que nela se vem constituindo, tem, na *vocação* referida, uma de suas conotações.

É por isso que o opressor se desumaniza ao desumanizar o oprimido, não importa que coma bem, que se vista bem, que durma bem. Não seria possível desumanizar sem desumanizar-se tal a radicalidade social da *vocação*. Não sou se você não é, não sou, sobretudo, se proíbo você de ser.

É por isso que, como indivíduo e como classe, o opressor não liberta nem se liberta. É por isso que, libertando-se, na e pela luta necessária e justa, o oprimido, como indivíduo e como classe, liberta o opressor, pelo fato simplesmente de proibi-lo de continuar oprimindo.

Libertação e opressão, porém, não se acham inscritas, uma e outra, na história, como algo inexorável. Da mesma forma a *natureza humana*, gerando-se na história, não tem inscrita nela o *Ser Mais*, a *humanização*, a não ser como *vocação* de que o seu contrário é *distorção* na história.

A prática política que se funde numa concepção mecanicista e determinista da história jamais contribuirá para diminuir os riscos da desumanização dos homens e das mulheres.

Homens e mulheres, ao longo da história, vimo-nos tornando animais deveras especiais: inventamos a possibilidade de nos libertar na medida em que nos tornamos capazes de nos perceber como seres inconclusos, limitados, condicionados, históricos. Percebendo, sobretudo, também, que a pura percepção da inconclusão, da limitação, da possibilidade, não basta. É preciso juntar a ela a luta política pela transformação do mundo. A libertação dos indivíduos só ganha profunda significação quando se alcança a transformação da sociedade.

O sonho se faz uma necessidade, uma precisão.

E, em torno disso, mais um ponto que gerava críticas, exatamente o papel que eu reconhecia e continuo reconhecendo à subjetividade no processo de transformação da realidade ou às relações entre subjetividade e objetividade indicotomizáveis, consciência e mundo.

A partir da publicação da *Pedagogia do oprimido* não foram poucas as vezes em que escrevi ou falei deste tema, ora em entrevistas, sobretudo a revistas, ora em ensaios, em seminários. Não faz mal, porém, que agora retome a matéria e a discuta novamente, pelo menos um pouco.

Não tenho dúvidas, inclusive, de que este que sempre esteve presente à reflexão filosófica não apenas continua a ser um assunto atual, mas também crucial, no término do século. Continua a ser objeto de reflexão filosófica, alongando-se, necessariamente, como objeto de considerações, ao campo da epistemologia, da política, da ideologia, da linguagem, da pedagogia, da física moderna.

Temos que reconhecer, numa primeira aproximação ao tema, quão difícil nos é "andar pelas ruas" da história, não importa se "tomando distância" da prática para teorizá-la ou se engajados nela, sem cair na tentação de superestimar a objetividade, reduzindo a consciência a ela ou enxergar ou entender a consciência, como a todo-poderosa fazedora e refazedora arbitrária do mundo.

Subjetivismo ou objetivismo mecanicista, ambos antidialéticos, incapazes, por isso mesmo, de apreender a permanente tensão entre a consciência e o mundo.

Na verdade, só numa perspectiva dialética podemos entender o papel da consciência na história desvencilhada de qualquer distorção que ora exacerba sua importância, ora a anula ou a nega.

Nesse sentido, a visão dialética nos indica a necessidade de recusar, como falsa, por exemplo, a compreensão da consciência como puro *reflexo* da objetividade material, mas, ao mesmo tempo, a necessidade de rejeitar também o entendimento da consciência que lhe confere um poder determinante sobre a realidade concreta.

Da mesma forma, a visão dialética nos indica a incompatibilidade entre ela e a ideia de um amanhã inexorável que já critiquei antes, na *Pedagogia*, e agora neste ensaio. Não importa que o *amanhã* seja a pura repetição do hoje ou que o *amanhã* seja algo pré-datado ou, como tenho chamado, um *dado dado*. Esta visão "domesticada" do futuro, de que participam reacionários e "revolucionários", naturalmente cada um e cada uma à sua maneira, coloca, para os primeiros, o *futuro* como repetição do presente que deve, porém, sofrer mudanças adverbiais e, para os segundos, o futuro como "progresso inexorável".* Ambas estas visões implicam uma inteligência fatalista da história, em que não há lugar para a esperança autêntica.

A ideia da inexorabilidade do futuro como algo que virá necessariamente de uma certa maneira constitui o que venho chamando "fatalismo libertador" ou "libertação fatalista", quer dizer, aquela que virá como uma espécie de doação da história. Aquela que virá porque está dito que virá.

---

* Erica Sherover Marcuse, *Emancipation and Consciousness. Dogmatic and Dialectical Perspectives in the Early Mary*. Nova York: Basil Blackwell Ltd., 1986.

Na percepção dialética, o futuro com que sonhamos não é inexorável. Temos de fazê-lo, de produzi-lo, ou não virá da forma como mais ou menos queríamos. É bem verdade que temos de fazê-lo não arbitrariamente, mas com os materiais, com o concreto de que dispomos e mais com o projeto, com o *sonho* por que lutamos.

Enquanto para as posições dogmáticas, mecanicistas, a consciência, que venho chamando crítica, toma forma como uma espécie de epifenômeno, como resultado automático e mecânico de mudanças estruturais, para a dialética, a importância da consciência está em que, não sendo a fazedora da realidade, não é, por outro lado, como já disse, puro reflexo seu. É exatamente neste ponto que se coloca a importância fundamental da educação enquanto ato de conhecimento, não só de conteúdos, mas da razão de ser dos fatos econômicos, sociais, políticos, ideológicos, históricos, que explicam o maior ou menor grau de "interdição do corpo"[39] consciente, a que estejamos submetidos.

Nos anos 1950, mais talvez com a intuição do fenômeno do que com a compreensão crítica do mesmo, mas já a ela chegando, afirmei, na tese universitária já referida neste ensaio, e repeti, mais tarde, em *Educação como prática da liberdade*, que, se a promoção do que chamava "consciência semi-intransitiva" para a "transitivo-ingênua" se dava de forma automática, por força das transformações infraestruturais, a passagem mais importante, a da "transitividade ingênua" para a crítica, estava associada a um sério trabalho de educação, voltado para este fim.*

---

* Paulo Freire, *Educação como prática da liberdade*. São Paulo: Paz e Terra, 2011.

Obviamente, as experiências vividas no SESI, a que juntava memórias da infância e da adolescência em Jaboatão, me ajudavam a compreender, antes mesmo de leituras teóricas sobre o assunto, as relações consciência-mundo de forma tendentemente dinâmica, jamais mecanicista. Não podia escapar, naturalmente, ao risco a que já me referi — o do mecanicismo ou o do subjetivismo idealista — ao discutir aquelas relações, e reconheço resvalamentos no sentido de privilegiar a consciência.

Em 1974, participei, em Genebra, com Ivan Illich, de um encontro patrocinado pelo Departamento de Educação do Conselho Mundial de Igrejas em que retomamos, Illich, o conceito de "desescolarização", e eu, o de "conscientização", para o qual escrevi um pequeno documento. Este texto de que vou agora citar boa parte em lugar de puramente a ele remeter o leitor ou a leitora foi publicado inicialmente pela revista *RISK*, do Conselho Mundial de Igrejas, em 1975.*

> Se não há conscientização sem desvelamento da realidade objetiva, enquanto objeto de conhecimento dos sujeitos envolvidos em seu processo, tal desvelamento, mesmo que dele decorra uma nova percepção da realidade desnudando-se, não basta ainda para autenticar a conscientização. Assim como o ciclo gnosiológico não termina na etapa da aquisição do conhecimento existente, pois que se prolonga até a fase da criação do novo conhecimento, a conscientização não pode parar na etapa do desvelamento da realidade.

* No Brasil, aparece em *Ação cultural para a liberdade e outros escritos*. São Paulo: Paz e Terra, 2011. Nos Estados Unidos, sob o título *The Politics of Education*. Massachusetts: Bergin and Garvey Publishers, 1986.

A sua autenticidade se dá quando a prática do desvelamento da realidade constitui uma unidade dinâmica e dialética com a prática da transformação da realidade.

Creio que algumas observações podem e devem ser feitas a partir destas reflexões. Uma delas é a crítica que a mim mesmo me faço de, em *Educação como prática da liberdade*, ao considerar o processo de conscientização, ter tomado o momento do desvelamento da realidade social como se fosse uma espécie de motivador psicológico de sua transformação. O meu equívoco não estava obviamente em reconhecer a fundamental importância do conhecimento da realidade no processo de sua transformação. O meu equívoco consistiu em não ter tornado estes polos — conhecimento da realidade e transformação da realidade — em sua dialeticidade. Era como se desvelar a realidade significasse a sua transformação.*

---

* Ibid.

A sua autenticidade se dá quando a prática do desvelamento da realidade constitui uma unidade dinâmica e dialética com a prática da transformação da realidade.

Penso que algumas observações podem ser, ainda, feitas a partir destas reflexões. Uma delas, a crítica que me fiz e que me fizeram, a de, em *Educação como prática da liberdade*, ao considerar o processo de conscientização, ter tomado o momento do desvelamento da realidade social como se fosse uma espécie de motivador psicológico de sua transformação. O meu equívoco não estava, obviamente, em reconhecer a fundamental importância do conhecimento da realidade no processo de sua transformação. O meu equívoco consistia em não ter tomado estes polos — conhecimento da realidade e transformação da realidade — em sua dialeticidade. É como se desvelar a realidade significasse a sua transformação.*

* Ibid.

SE MINHA POSIÇÃO NA ÉPOCA TIVESSE sido a mecanicista, eu não teria sequer falado em conscientização. Falei em conscientização porque, mesmo tendo tido resvalamentos na direção idealista, minha tendência era rever-me cedo e, assim, assumindo a coerência com a prática que tinha, perceber nela embutido o movimento dialético consciência-mundo.

Numa posição antidialeticamente mecanicista eu teria, como todos os mecanicistas, renegado a conscientização, a educação, antes da mudança radical das condições materiais da sociedade.

A perspectiva antidialética não pode entender, como antes afirmei, a consciência crítica a não ser como epifenômeno, "como resultado de mudanças sociais e não como fator delas", também (Erica Marcuse, 1986).

É interessante observar como, para a compreensão idealista, não dialética, das relações consciência-mundo, podemos falar em conscientização desde, porém, que, enquanto instrumento de mudança do mundo, esta se realize na intimidade da consciência, deixando-se intocado, desta forma, o mundo mesmo. Haveria assim apenas palavreado.

Do ponto de vista do dogmatismo mecanicista, não temos como sequer falar em conscientização. Daí que as lideranças dogmáticas, autoritárias, não tenham por que dialogar com as classes populares, mas dizer-lhes o que devem fazer.

Mecanicista e idealistamente é impossível entender o que se passa nas relações de opressores(as) com oprimidos(as), como indivíduos ou como classes sociais.

Só no entendimento dialético, repitamos, de como se dão consciência e mundo, é possível compreender o fenômeno da introjeção do(a) opressor(a) pelo(a) oprimido(a), a "aderência" deste àquele, a dificuldade que tem o(a) oprimido(a) de localizar o(a) opressor(a) fora de si, oprimido(a).*

Mais uma vez me volta à memória o momento em que, há 25 anos, ouvi de Erich Fromm, em sua casa, em Cuernavaca, olhos miúdos, azuis, brilhantes: "Uma prática educativa assim é uma espécie de psicanálise histórico-sociocultural e política."

É isso o que os mecanicistas dogmáticos, autoritários, sectários não percebem e recusam quase sempre como "idealismo".

Se às grandes maiorias populares lhes falta uma compreensão mais crítica em torno de como a sociedade funciona, não porque sejam, digo eu, naturalmente incapazes, mas por causa das condições precárias em que vivem e sobrevivem, porque vêm sendo proibidas de saber, a saída é a propaganda ideológica, a "sloganização" política e não o esforço crítico através do qual homens e mulheres se vão assumindo como sujeitos curiosos, indagadores, como sujeitos em processo permanente de busca, de desvelamento da *raison d'être* das coisas e dos fatos. Daí que, no horizonte da alfabetização de adultos, por exemplo, eu me ache, desde faz muito tempo, insistindo no que venho chamando "leitura do mundo e leitura da palavra". Nem a leitura

* Cf. Sartre, Fanon, Memmi, Freire, entre outros.

apenas da palavra, nem a leitura somente do mundo, mas as duas dialeticamente solidárias.

É a "leitura do mundo" exatamente a que vai possibilitando a decifração cada vez mais crítica da ou das "situações-limite", mais além das quais se acha o "inédito viável".

É preciso, porém, deixar claro que, em coerência com a posição dialética em que me ponho, em que percebo as relações mundo-consciência-prática-teoria-leitura do mundo-leitura da palavra-contexto-texto, a leitura do mundo não pode ser a leitura dos acadêmicos imposta às classes populares. Nem tampouco pode tal leitura reduzir-se a um exercício complacente dos educadores ou educadoras em que, como prova de respeito à cultura popular, silenciem em face do "saber de experiência feito" e a ele se adaptem.

A posição dialética e democrática implica, pelo contrário, a *intervenção* do intelectual como condição indispensável à sua tarefa. E não vai nisto nenhuma traição à democracia, que é tão contraditada pelas atitudes e práticas autoritárias quanto pelas atitudes e práticas espontaneístas, irresponsavelmente licenciosas.

É neste sentido que volto a insistir na necessidade imperiosa que tem o educador ou educadora progressista de se familiarizar com a sintaxe, com a semântica dos grupos populares, de entender como fazem eles sua leitura do mundo, de perceber suas "manhas" indispensáveis à cultura de resistência que se vai constituindo e sem a qual não podem defender-se da violência a que estão submetidos.

Entender o sentido de suas festas no corpo da cultura de resistência, sentir sua religiosidade de forma respeitosa, numa perspectiva dialética e não apenas como se fosse expressão pura de sua alienação. Respeitá-la como direito seu, não importa que pessoalmente a recuse de modo geral, ou que não aceite a forma como é ela experienciada pelo grupo popular.

Em conversa recente com o sociólogo e professor brasileiro Otávio Ianni, da Unicamp, ouvi dele o relato de alguns de seus encontros com jovens militantes da esquerda, um deles na prisão, no Recife, em 1963, em que ele, Ianni, de um lado, não escondia sua emoção ante o que viu e ouviu, de outro, sua concordância com a forma como aqueles militantes respeitavam a cultura popular e, nela, as manifestações de suas crenças religiosas.

— De que precisa você? — pergunta Ianni ao jovem encarcerado.

— De uma Bíblia — respondeu.

— Pensava que você me pediria o *Que fazer?* de Lenin — disse Ianni.

— Não preciso de Lenin agora. Preciso da Bíblia para entender melhor o universo místico dos camponeses. Sem esta compreensão, como posso me comunicar com eles?

Além do dever democrático e ético de assim proceder, que tem o educador ou a educadora progressista, tal procedimento se impõe também por exigências no campo da comunicação, como salientava o jovem do Recife.

Sem que o educador se exponha inteiro à cultura popular, dificilmente seu discurso terá mais ouvintes do que ele mesmo. Mais do que perder-se inoperante, seu discurso pode reforçar a dependência popular, pode sublinhar a apregoada "superioridade linguística" das classes dominantes.

É ainda no horizonte da compreensão dialética das relações mundo-consciência, produção econômica-produção cultural, que me parece valioso chamar a atenção de educadores e educadoras progressistas para o movimento contraditório entre negatividades e positividades da cultura. Não há dúvida, por exemplo, de que nosso passado escravocrata nos marca como um todo até hoje. Corta as classes sociais, as dominantes como as dominadas. Ambas revelam compreensões do mundo e têm práticas significativamente indicativas daquele passado que se faz presente a cada instante. Mas o passado escravocrata[40] não se esgota apenas na experiência do senhor todo-poderoso que ordena e ameaça e do escravo humilhado que "obedece" para não morrer, mas na relação entre eles. E é exatamente obedecendo para não morrer que o escravo termina por descobrir que "obedecer", em seu caso, é uma forma de luta, na medida em que, assumindo tal comportamento, o escravo sobrevive. E é de aprendizado em aprendizado que se vai fundando uma cultura de resistência, cheia de "manhas", mas de *sonhos* também. De rebeldia, na aparente acomodação.

Os quilombos[41] foram um momento exemplar daquele aprendizado de rebeldia, de reinvenção da vida, de assunção da existência e da história por parte de escravas e escravos que, da "obediência" necessária, partiram em busca da invenção da liberdade.

Em recente debate público sobre a Presença do Povo na Cultura Nacional, de que participei com o já citado sociólogo brasileiro Otávio Ianni, referindo-se a este passado escravocrata e às marcas por ele impressas em nossa sociedade, salientava ele também seus sinais positivos — a resistência, a rebeldia dos escravos e escravas. Falava da luta hoje dos "santeira", dos "sem-casa", dos "sem-escola", dos "sem-comida", dos "sem-emprego" como formas atuais de quilombos.

Aproveitar esta tradição de luta, de resistência, e trabalhá-la é uma tarefa nossa, de educadoras e educadores progressistas. Tarefa que, sem dúvida, se distorce na perspectiva puramente idealista assim como na mecanicista, dogmática, autoritária, que transforma a educação em pura transmissão de "comunicados".

Outra consideração que não poderia deixar de fazer neste ensaio é a que diz respeito à questão dos conteúdos programáticos da educação, em cuja discussão, de vez em quando, eu apareço mal compreendido.

Isto demanda uma reflexão sobre a prática educativa mesma, que vá desvelando-a diante de nós.

"Tomemos distância" dela, como agora o faço ao escrever, no silêncio, não só de meu escritório, mas de meu bairro, para melhor dela nos "aproximar" e, assim, surpreender os elementos que a compõem, em suas relações uns com os outros.

Enquanto objeto de minha curiosidade, que opera agora epistemologicamente, a prática educativa de que, "tomando distância", me "aproximo", começa a desvelar-se a mim. A primeira constatação que faço é a de que toda prática educativa implica sempre a existência de sujeitos, aquele ou aquela que ensina e aprende e aquele ou aquela que, em situação de aprendiz, ensina também, a existência do objeto a ser ensinado e aprendido

— a ser reconhecido e conhecido — o conteúdo, afinal. Os métodos com que o sujeito ensinante se aproxima do conteúdo que medeia o educador ou educadora do educando ou educanda. Na verdade, o conteúdo, por ser objeto cognoscível a ser reconhecido pelo educador ou educadora enquanto o ensina ao educando ou educanda que, por sua vez, só o aprende se o apreende, não pode, por isso mesmo, ser puramente transferido do educador ao educando. Simplesmente no educando depositado pelo educador.

A prática educativa implica ainda processos, técnicas, fins, expectativas, desejos, frustrações, a tensão permanente entre prática e teoria, entre liberdade e autoridade, cuja exacerbação, não importa de qual delas, não pode ser aceita numa perspectiva democrática, avessa tanto ao autoritarismo quanto à licenciosidade.

O educador ou a educadora crítica, exigente, coerente, no exercício de sua reflexão sobre a prática educativa ou no exercício da própria prática, sempre a entende em sua totalidade.

Não centra a prática educativa, por exemplo, nem no educando, nem no educador, nem no conteúdo, nem nos métodos, mas a compreende nas relações de seus vários componentes, no uso coerente por parte do educador ou da educadora dos materiais, dos métodos, das técnicas.

Não há, nunca houve nem pode haver educação sem conteúdo, a não ser que os seres humanos se transformem de tal modo que os processos que hoje conhecemos como processos de conhecer e de formar percam seu sentido atual.

O ato de ensinar e de aprender, dimensões do processo maior — o de conhecer — fazem parte da natureza da prática educativa. Não há educação sem ensino, sistemático ou não, de certo conteúdo. E ensinar é um verbo transitivo relativo. Quem ensina ensina alguma coisa — conteúdo — a alguém — aluno.

A questão que se coloca não é a de se há ou não educação sem conteúdo, a que se oporia a outra, a conteudística, porque, repitamos, jamais existiu qualquer prática educativa sem conteúdo.

O problema fundamental, de natureza política e tocado por tintas ideológicas, é saber quem escolhe os conteúdos, a favor de quem e de que estará o seu ensino, contra quem, a favor de que, contra quê. Qual o papel que cabe aos educandos na organização programática dos conteúdos; qual o papel, em níveis diferentes, daqueles e daquelas que, nas bases, cozinheiras, zeladores, vigias, se acham envolvidos na prática educativa da escola; qual o papel das famílias, das organizações sociais, da comunidade local?

E não se diga, com ranço aristocrático e elitista, que alunos, pais de alunos, mães de alunos, vigias, zeladores, cozinheiras, nada têm a ver com isto. Que a questão dos conteúdos programáticos é de pura alçada ou competência de especialistas que se formaram para o desenvolvimento desta tarefa. Este discurso é irmão gêmeo de um outro — o que proclama que analfabeto não sabe votar.[42]

Em primeiro lugar, defender a presença participante de alunos, de pais de alunos, de mães de alunos, de vigias, de cozinheiras, de zeladores nos estudos de que resulte a programação dos conteúdos das escolas, o que a Secretaria

Municipal de Educação de São Paulo ensaia hoje, na administração petista[43] de Luiza Erundina, não significa negar a indispensável atuação dos especialistas. Significa apenas não deixá-los como "proprietários" exclusivos de um componente fundamental da prática educativa. Significa democratizar o poder da escolha sobre os conteúdos a que se estende, necessariamente, o debate sobre a maneira mais democrática de tratá-los, de propô-los à apreensão dos educandos, em lugar da pura transferência deles do educador para os educandos. É isso o que também vem se dando na Secretaria Municipal de Educação de São Paulo.[44] Não é possível democratizar a escolha dos conteúdos sem democratizar o seu ensino.[45]

Não se diga também ser esta uma posição populista ou democratista. Não. Não é. É democrática. É progressista. Mas de progressistas e democratas que veem a presença crítica das classes populares nos debates sobre o destino da cidade, de que a presença na escola é um capítulo, como sinal positivo e não como algo ruim e desaconselhável. Não, de democratas para quem a presença de povo nos fatos, nos acontecimentos, de povo organizando-se, é sinal de que a democracia não anda bem.

Além do que representa, em termos de aprendizagem democrática, uma tal ingerência nos destinos da escola, podemos ainda imaginar o que poderá a escola aprender com e o que poderá ensinar a cozinheiras, a zeladores, a vigias, a pais, a mães, na busca da necessária superação do "saber de experiência feito" por um saber mais crítico, mais exato, a que têm direito. Este é um direito das classes populares que progressistas coerentes têm que reconhecer e por ele se bater — o direito de saber melhor o que já sabem, ao lado de outro direito, o de participar, de algum modo, da produção do saber ainda não existente.

O que me parece igualmente importante salientar, na discussão ou na compreensão dos conteúdos, numa perspectiva crítica e democrática do currículo, é a necessidade de jamais nos permitir cair na tentação ingênua de magicizá-los. E é interessante observar como quanto mais os magicizamos, mais tendemos a considerá-los neutros ou a tratá-los neutramente. Eles têm em si, para quem os entende magicamente, uma tal força, uma tal importância que, ao "depositá-los" nos educandos, sua força opera nestes a mudança esperada. E é por isso que, magicizados, ou assim entendidos, com este poder em si mesmos, não cabe ao professor outra tarefa senão transmiti-los aos educandos. Qualquer discussão em torno da realidade social, política, econômica, cultural, discussão crítica, nada dogmática é considerada não apenas desnecessária, mas impertinente.

Para mim, não. Enquanto objetos de conhecimento, os conteúdos se devem entregar à curiosidade cognoscitiva de professores e alunos. Uns ensinam e, ao fazê-lo, aprendem. Outros aprendem e, ao fazê-lo, ensinam.

Enquanto objetos de conhecimento, eles não podem ser ensinados, apreendidos, aprendidos, conhecidos, de tal maneira que escapem a implicações político-ideológicas a ser também apreendidas pelos sujeitos cognoscentes. Mais uma vez a "leitura do mundo" em dinâmica relação com o conhecimento da palavra-tema, do conteúdo, do objeto cognoscível, se impõe.

Que cada leitor ou leitora, com prática docente ou discente, se pergunte em torno de seu trabalho como professor ou professora ou de seu trabalho como aluno ou aluna, nas aulas de matemática, de história, de biologia, de gramática, de sintaxe, pouco importa. Que cada um ou cada uma se pergunte e veja se, participando como docente ou como discente da experiência do ensino crítico do conteúdo, a "leitura do mundo", de natureza política, não se coloca, necessariamente.

O que não é possível, na prática democrática, é que o professor ou a professora, sub-repticiamente, ou não, imponha aos alunos sua "leitura do mundo", em cujo marco situa o ensino do conteúdo. Combater o autoritarismo de direita ou de esquerda não me leva, contudo, à impossível neutralidade que não é outra coisa senão a maneira manhosa com que se procura esconder a opção.

O papel do educador ou da educadora progressista, que não pode nem deve se omitir, ao propor sua "leitura do mundo", é salientar que há outras "leituras de mundo", diferentes da sua e às vezes antagônicas a ela.

Repitamos que não há prática educativa sem conteúdo. O que indiscutivelmente pode acontecer, de acordo com a posição ideológica do educador ou educadora, é, de um lado, a exacerbação da autoridade do educador que se alonga em autoritarismo, de outro, a anulação da autoridade do professor que mergulha, então, num clima licencioso e numa prática igualmente licenciosa. As duas práticas implicam formas diferentes de tratar o conteúdo.

No primeiro caso, o da exacerbação da autoridade, do seu alongamento em autoritarismo, se dá a "posse" do *conteúdo* por parte do educador ou da educadora. Desta maneira, "possuindo" como coisa própria o conteúdo, não importa que tenha ou não participado de sua escolha, possuindo os métodos com que manipula o objeto, manipula também os educandos. Mesmo dizendo-se progressista e democrático, o educador autoritário de esquerda, incoerente com parte, pelo menos, de seu discurso, se sente tão mal diante de educandos críticos, indagadores, que não dizem amém a seus discursos, quanto o autoritário de direita.

No segundo caso, temos a anulação da autoridade do professor ou da professora que imerge no já referido clima licencioso e numa prática igualmente licenciosa, em que os educandos, entregues a si mesmos, fazem ou desfazem a seu gosto.

Sem limites, a prática espontaneísta, que dilacera algo tão fundamental na formação dos seres humanos — a espontaneidade —, não tendo a força suficiente para negar a necessária existência do conteúdo, o leva, porém, a perder-se num jamais justificável "faz de conta" pedagógico.

Por tudo isso, não há outra posição para o educador ou educadora progressista em face da questão dos conteúdos senão empenhar-se na luta incessante em favor da democratização da sociedade, que implica a democratização da escola como necessariamente a democratização, de um lado, da programação dos conteúdos, de outro, da de seu ensino. Mas, sublinhe-se, não temos que esperar que a sociedade se democratize, se transforme radicalmente, para começarmos a democratização da escolha e do ensino dos conteúdos. A democratização da escola, principalmente quando, sobre a "rede" ou o "subsistema" de que ela faz parte, temos uma certa ingerência pela alternância de governo nas democracias, faz parte da democratização da sociedade. Em outras palavras, a democratização da escola não é puro epifenômeno, resultado mecânico da transformação da sociedade global, mas fator também de mudança.

Os educadores e as educadoras progressistas coerentes não têm que esperar que a sociedade brasileira global se democratize para que elas e eles comecem também a ter práticas democráticas com relação aos conteúdos. Não podem ser autoritárias hoje para ser democratas amanhã.

O que é impossível, em termos críticos, é esperar de governos municipais, estaduais e federal, de gosto conservador ou de governos "progressistas", mas tocados pelo *dogmatismo* por mim sempre criticado, que democratizem a organização do currículo e o ensino dos conteúdos. Nem autoritarismos, nem licenciosidade, mas substantividade democrática, é o de que precisamos.

É de 1960 um texto que escrevi para o simpósio "Educação para o Brasil", organizado pelo Centro Regional de Pesquisas Educacionais do Recife, com o título de "Escola primária para o Brasil" e publicado pela *Revista Brasileira de Estudos Pedagógicos*, nº XXXV, de abril-junho de 1961.

Citarei um pequeno trecho daquele texto pelo que ele tem a ver com a questão em discussão nesta parte deste ensaio.

> A escola de que precisamos urgentemente [dizia eu em 1960] é uma escola em que realmente se estude e se trabalhe. Quando criticamos, ao lado de outros educadores, o

intelectualismo de nossa escola, não pretendemos defender posição para a escola em que se diluíssem disciplinas de estudo e uma disciplina de estudar. Talvez nunca tenhamos tido em nossa história necessidade tão grande de ensinar, de estudar, de aprender mais do que hoje. De aprender a ler, a escrever, a contar. De estudar história, geografia. De compreender a situação ou as situações do país. O intelectualismo combatido é precisamente esse palavreado oco, vazio, sonoro, sem relação com a realidade circundante em que nascemos, crescemos e de que ainda hoje, em grande parte, nos nutrimos. Temos de nos resguardar deste tipo de intelectualismo, como também de uma posição chamada antitradicionalista que reduz o trabalho escolar a meras *experiências disso ou daquilo* e a que falta o exercício duro, pesado, do estudo sério, honesto, de que resulta uma disciplina intelectual.[46]

É exatamente a compreensão autoritária e mágica dos conteúdos que caracteriza as lideranças vanguardistas, para quem a consciência do homem e da mulher é um "espaço" vazio, à espera de conteúdos, que critiquei severamente na *Pedagogia do oprimido*. E volto hoje a criticar como antagônica a uma *Pedagogia da esperança*.

Mas, é preciso ficar claro, que não é todo corpo consciente ou toda consciência que é esse "espaço" vazio à espera de conteúdos para as lideranças vanguardistamente autoritárias. Sua consciência, por exemplo, não o é. É que elas se sentem fazendo parte de um grupo especial da sociedade (Erica Marcuse, 1986) que "possui" a consciência crítica como um "dado". Neste sentido, se sentem como se fossem pessoas já libertadas ou pessoas inalcançáveis pela dominação, cuja tarefa é *ensinar* e *libertar* os outros. Daí o seu cuidado quase religioso, seu empenho quase místico, mas também duro, no trato dos conteúdos, sua certeza em torno do que deve ser ensinado, transmitido. Sua convicção de que a questão fundamental é ensinar, é transmitir o que deve ser ensinado e não "perder tempo com discussões blablablantes" com os grupos populares sobre sua leitura do mundo.

Qualquer preocupação em torno das expectativas dos educandos, sejam eles e elas alunos de escolas básicas ou jovens e adultos em cursos de educação popular, é puro democratismo. Qualquer inquietação do educador democrata no sentido de não ferir a identidade cultural dos educandos é tida como purismo prejudicial. Qualquer manifestação de respeito à sabedoria popular é considerada como populismo.

Esta concepção é tão coerente, na esquerda, com o pensamento dogmático de origem marxista, de acordo com o qual a consciência crítica, histórica, se acha, segundo já fiz referência, como um quase "posto aí" (Erica Marcuse, 1986) quanto é coerente, na direita, com o elitismo de acordo com o qual as classes dominantes, por natureza, sabem e as dominadas, por natureza, são ignorantes. Por isso, as dominantes ensinam quando e se lhes apetece; as dominadas aprendem, à custa de muito esforço.

Um militante dogmático trabalhando numa escola, como professor, não se distingue de seu colega trabalhando no sindicato ou nas áreas faveladas ou periféricas da cidade, a não ser no que há de específico na atividade de um e outro. Para o primeiro é imperioso "encher" a consciência "vazia" dos educandos com os conteúdos cujo aprendizado ele, como educador, ou ela, já sabe ser importante e indispensável aos educandos. Para o segundo, é imperioso igualmente "encher" a consciência "vazia" dos grupos populares com a consciência de classe trabalhadora que, segundo ele ou ela, os trabalhadores não têm, mas que ele, classe média, julga e afirma que tem.

Tenho ainda bem viva na memória a afirmação de quatro educadores alemães, da antiga Alemanha Oriental, numa noite dos começos dos anos 1970, na casa de um deles. Falou um, com a anuência dos demais: "Li, recentemente, a edição alemã de seu livro, *Pedagogia do oprimido*. Achei muito bom que você tivesse criticado a ausência de participação dos estudantes nas discussões em torno do conteúdo programático. Nas sociedades burguesas", continuou categórico, "é importante falar sobre isto e agitar os estudantes em torno do assunto. Aqui, não. Nós sabemos o que os estudantes devem saber".

Daí em diante, depois do que lhes disse, em resposta, foi difícil manter a conversa em bom ritmo. A visita se encerrou e eu me recolhi à casa do amigo que me hospedava mais cedo que esperava.

Levei algum tempo para dormir. Pensei não apenas no que acabara de ouvir naquela noite em Berlim, mas no que ouvira durante o dia todo, reunido com um grupo de jovens cientistas, pesquisadores universitários. O contraste era enorme. Os moços criticavam o autoritarismo do regime, para eles retrógrado, antidemocrático, arrogante.

Sua crítica, porém, era feita de dentro e não de fora da opção socialista.

Os educadores com quem acabara de estar eram a expressão daquilo sobre e contra que me haviam falado os moços cientistas.

Custei a dormir pensando no excesso de certeza com que aqueles educadores "modernos" faziam seu discurso, sua declaração de fé inabalável: "Aqui, não. Nós sabemos o que os estudantes devem saber."

Esta é, sempre, a certeza dos autoritários, dos dogmáticos, de que sabem o que as classes populares sabem, de que sabem o de que elas precisam, mesmo sem falar com elas. Por outro lado, o que as classes populares já sabem, em função de sua prática na prática social, é de tal maneira "irrelevante", "desarticulado", que não faz sentido para autoritários e autoritárias. O que faz sentido para eles e para elas é o que vem de suas leituras, e o que escrevem em seus textos. É o que já sabem em torno do saber que lhes parece fundamental e indispensável e que, em forma de conteúdos, deve ser "depositado" na "consciência vazia" das classes populares.

Se alguém, ao contrário, assumindo-se numa posição democrática, progressista, defende também a democratização da organização programática dos conteúdos, a democratização de seu ensino, a democratização, enfim, do currículo, é considerado pelos autoritários como espontaneísta e licencioso, ou como pouco sério.

Se, como afirmei antes, o discurso neoliberal não tem força para apagar da história a existência das classes sociais, de um lado, e a luta entre elas, de outro, as posições dogmáticas e autoritárias, que caracterizaram o chamado "socialismo realista" e que se acham na base do discurso e da prática verticais da organização curricular, não têm, hoje, como manter-se.

Os neoliberais erram quando os criticam e os negam por serem ideológicos, numa época, segundo eles, em que as "ideologias morreram". Os discursos e as práticas dogmáticas da esquerda estão errados não porque são ideológicos, mas porque a sua é uma ideologia que concorre para a interdição da curiosidade dos homens e das mulheres e contribui para sua alienação.

"Não penso autenticamente se os outros também não pensam. Simplesmente, não posso pensar pelos outros nem para os outros nem sem os outros." Esta é uma afirmação que, pelo caráter dialógico nela implícito, incomoda os autoritários. É por isso também que são tão refratários ao diálogo, à troca de ideias entre professores e alunos.

O diálogo entre professoras ou professores e alunos ou alunas não os torna iguais, mas marca a posição democrática entre eles ou elas. Os professores não são iguais aos alunos por *n* razões, entre elas porque a *diferença* entre eles os faz ser como estão sendo. Se fossem iguais, um se converteria no outro. O diálogo tem significação precisamente porque os sujeitos dialógicos não apenas conservam sua identidade, mas a defendem e assim crescem um com o outro. O diálogo, por isso mesmo, não *nivela*, não reduz um ao outro. Nem é favor que um faz ao outro. Nem é tática manhosa, envolvente, que um usa para confundir o outro. Implica, ao contrário, um respeito fundamental dos sujeitos nele engajados, que o autoritarismo rompe ou não permite que se constitua. Assim também a licenciosidade, de forma diferente, mas igualmente prejudicial.

Não há diálogo no espontaneísmo como no todo-poderosismo do professor ou da professora. A relação dialógica, porém, não anula, como às vezes se pensa, a possibilidade do ato de ensinar. Pelo contrário, ela funda este ato, que se completa e se sela no outro, o de aprender,* e ambos só se tornam verdadeiramente possíveis quando o pensamento crítico, inquieto, do educador ou da educadora não freia a capacidade de criticamente também pensar ou começar a pensar do educando. Pelo contrário, quando o pensamento crítico do educador ou da educadora se entrega à curiosidade do educando. Se o pensamento do educador ou da educadora anula, esmaga, dificulta o desenvolvimento do pensamento dos educandos, então o pensar do educador, autoritário, tende a gerar nos educandos sobre quem incide um pensar tímido, inautêntico ou, às vezes, puramente rebelde.

O diálogo, na verdade, não pode ser responsabilizado pelo uso distorcido que dele se faça. Por sua pura imitação ou por sua caricatura. O diálogo não pode converter-se num "bate-papo"[47] desobrigado que marche ao gosto do acaso entre professor ou professora e educandos.

O diálogo pedagógico implica tanto o conteúdo ou objeto cognoscível em torno de que gira quanto a exposição sobre ele feita pelo educador ou educadora para os educandos.

---

* Cf., a este respeito, Eduardo Nicol, *Los principios de la ciencia*. México: Fondo de Cultura Económica, 1965.

A este propósito, gostaria de voltar aqui a reflexões por mim anteriormente feitas em torno da aula expositiva.*

O mal, na verdade, não está na aula expositiva, na explicação que o professor ou professora faz. Não é isso que caracteriza o que critiquei como prática bancária. Critiquei e continuo criticando aquele tipo de relação educador-educando em que o educador se considera o exclusivo educador do educando. Em que o educador rompe ou não aceita a condição fundamental do ato de conhecer que é a sua relação dialógica (Nicol, 1965). Por isso mesmo, a relação em que o educador transfere o conhecimento em torno de *a* ou *b* ou de *c* objetos ou conteúdos ao educando, considerado como puro recipiente.

Esta é a crítica que fiz e continuo a fazer. O que se pode agora perguntar é o seguinte: será que toda chamada aula expositiva é isso? Acho que não. Digo que não. Há aulas expositivas que na verdade são isso. Puras transferências do conhecimento acumulado do professor aos alunos. São aulas verticais, em que o professor ou a professora, autoritariamente, faz o *impossível*, do ponto de vista da teoria do conhecimento, quer dizer, transfere o conhecimento.

Há outro tipo de aula em que o educador aparentemente não fazendo a transferência do conteúdo também anula a capacidade de pensar criticamente do educando ou a obstaculiza, porque são aulas que se parecem muito mais com cantigas de ninar do que propriamente com desafios. São exposições que "domesticam" ou fazem com que os educandos "durmam" embalados. De um lado, os

* Paulo Freire; Sérgio Guimarães, *Sobre educação: diálogos*. São Paulo: Paz e Terra, 2011.

educandos "dormindo", acalentados pela sonoridade da palavra do professor ou da professora, do outro, o professor igualmente ninando a si mesmo. Mas há uma terceira posição que considero profundamente válida, que é a em que o professor ou a professora faz uma pequena exposição do tema e, em seguida, o grupo de estudantes participa com o professor na análise da própria exposição. Desta forma, na pequena exposição introdutória, o professor ou a professora desafia os estudantes, que, perguntando-se e perguntando ao professor, participam do aprofundamento e desdobramento da exposição inicial. Um tipo de trabalho assim de maneira nenhuma poderia ser considerado como negativo e como escola tradicional no sentido ruim desta.

Finalmente, acho que há ainda um outro tipo de professor que também não considero bancário. É aquele professor muito sério que, diante dos estudantes de um curso, se põe numa relação com o tema, com o conteúdo, de que ele trata, numa relação de profundo respeito e afetuosa até, quase amorosa, e tanto pode ser o objeto de análise um texto seu como o texto de outro autor. No fundo, testemunha aos educandos como ele ou ela estuda, como se "aproxima" de um certo tema, como pensa criticamente. Cabe aos educandos ter ou criar e desenvolver a capacidade crítica de acompanhar o movimento que o professor faz, na aproximação que ele ou ela busca do tema. Em certo aspecto, este tipo de professor comete um equívoco também.

É que a relação de conhecimento não termina no objeto, ou seja, a relação não é exclusiva de um sujeito cognoscente com o objeto cognoscível. Se prolonga a outro sujeito, tornando-se, no fundo, uma relação sujeito-objeto-sujeito.

Enquanto relação democrática, o diálogo é a possibilidade de que disponho de, abrindo-me ao pensar dos outros, não fenecer no isolamento.

A *Pedagogia do oprimido* nasceu há 22 anos, movida por este sentimento com o qual a revivo hoje, mais por ele tocado e por ele envolto do que antes, nesta *Pedagogia da esperança*.

Comecei este texto dizendo que um poema, uma canção, uma escultura, uma tela, um livro, uma música, um fato, um feito, um acontecimento jamais têm, explicando-os, uma única razão. Um acontecimento, um fato, um gesto, de amor ou de ódio, um poema, um livro se acham sempre envolvidos em densas tramas, tocados por múltiplas razões de ser, de que algumas estão mais próximas do ocorrido ou do criado, de que algumas são mais visíveis enquanto razão de ser.

Grande parte do primeiro corpo deste trabalho esteve centrada na compreensão de algumas das tramas em que a *Pedagogia do oprimido* foi tendo sua origem.

Agora, na última parte deste estudo, falarei de fatos, de acontecimentos, de tramas de que participei e venho participando e que giraram e giram em torno da *Pedagogia do oprimido*.

De fato, aparecida em Nova York, em setembro de 1970, a *Pedagogia* começou imediatamente a ser traduzida a várias línguas, gerando curiosidades e críticas favoráveis, umas; desfavoráveis, outras. Até 1974, o livro tinha sido traduzido ao espanhol, ao italiano, ao francês, ao alemão, ao holandês e ao sueco e tinha sua publicação em Londres, pela Penguin Books. Esta edição estendeu a *Pedagogia* à África, à Ásia e à Oceania.

O livro apareceu numa fase histórica cheia de intensa inquietação. Os movimentos sociais na Europa, nos Estados Unidos, na América Latina, em cada espaço-tempo com suas características próprias. A luta contra a discriminação sexual, racial, cultural, de classe, a luta em defesa do ambiente, os Verdes, na Europa. Os golpes de Estado com a nova face, na América Latina, e seus governos militares que se alongaram da década anterior. Os golpes de Estado agora ideologicamente fundados, e todos eles ligados de uma ou de outra maneira ao carro-chefe do Norte, na busca de viabilizar o que lhe parecia dever ser o destino capitalista do continente. As guerrilhas na América Latina, as comunidades de base, os movimentos de libertação na África, a independência das ex-colônias portuguesas, a luta na Namíbia, Amílcar Cabral, Julius Nyerere, sua liderança na África e sua repercussão fora da África. A China. Mao. A Revolução Cultural. A extensão viva do significado de maio de 1968. As lutas político-sindicais e pedagógico-sindicais, todas obviamente políticas, sobretudo na Itália. Guevara assassinado na década anterior e sua presença como símbolo não apenas para movimentos revolucionários latino-americanos, mas também para lideranças e ativistas progressistas do mundo todo. A guerra do Vietnã e a reação no interior dos Estados Unidos. A luta pelos direitos civis e o transbordamento do clima político-cultural dos anos 1960, naquele país, para a década de 1970.

Estas eram, com um sem-número de implicações e de desdobramentos, algumas das tramas históricas sociais, culturais, políticas, ideológicas que tinham a ver, de um lado, com a curiosidade que o livro despertava, de outro, com a leitura que dele se faria também, de sua aceitação. De sua recusa. De críticas a ele feitas.

Não ter guardado de forma sistemática, devidamente comentadas, as cartas que me iam chegando de cada área linguística do mundo após uma tradução a mais da *Pedagogia* é algo que hoje lamento quase sofridamente. Eram cartas dos Estados Unidos, do Canadá, da América Latina, depois da publicação do livro pela Penguin Books, da Austrália, da Nova Zelândia, das ilhas do Pacífico Sul, da Índia, da África, tal a eficácia da rede de distribuição daquela editora. Em seguida às cartas e às vezes com elas, me iam chegando convites para discutir, debater pontos teórico-práticos do livro. Não raro, recebia em Genebra, por um dia ou mais, ora grupo de estudantes universitários, acompanhados do professor que coordenava um curso ou seminário sobre a *Pedagogia*, ora de operários, sobretudo italianos, mas também de trabalhadores imigrantes na Suíça que, numa ótica mais política do que a dos estudantes universitários, queriam esclarecer pontos, iluminar aspectos em relação direta com sua prática.

Me lembro, por exemplo, agora, da coincidência de posições político-pedagógicas que havia entre algumas das teses fundamentais do livro e a visão geral que tinham as lideranças sindicais italianas que comandavam, então, a luta pelo que chamavam as "50 horas". Movimento afinal vitorioso em favor do direito a ser reconhecido aos trabalhadores de estudar no tempo de trabalho.

Em diferentes ocasiões, em Genebra ou na Itália, me encontrei com algumas daquelas lideranças com quem discuti aspectos teórico-práticos de sua luta referidos a dimensões do livro.

Foi naquela época também que criamos um grupo de companheiros, Elza Freire, Miguel Darcy de Oliveira, Rosiska de Oliveira, Claudius Ceccon, a quem mais tarde se juntou Marcos Arruda, o Instituto de Ação Cultural. A equipe do IDAC teve um papel realmente importante à época na discussão da *Pedagogia do oprimido* em seminários pela Europa, Estados Unidos e Canadá. Vez ou outra, como primeiro diretor do IDAC, participei de alguns daqueles seminários de análise do livro.

Não seria demasiado sublinhar o quanto me enriquecia discutir, por horas, com jovens universitários alemães, ora em Genebra, ora em suas universidades na Alemanha, observando o seu indiscutível gosto da reflexão teórica, a seriedade com que me desafiavam, fundados na leitura cuidadosa, rigorosa, que haviam feito, sozinhos ou com seu professor. Da mesma forma, o quanto igualmente me enriquecia discutir com lideranças operárias italianas ou espanholas. Com as primeiras, como já disse, em encontros em Genebra ou na Itália; com as segundas, somente em Genebra, uma vez que, na época, eu e a *Pedagogia do oprimido* éramos proibidos de entrar na Espanha e em Portugal. A Espanha de Franco como o Portugal de Salazar [48] nos interditavam a ambos. A *Pedagogia* e a mim.

Foi nessa época, e por causa da *Pedagogia*, que eu entrei em contato com a realidade dura de uma das dimensões mais dramáticas do Terceiro Mundo do Primeiro. A realidade dos chamados trabalhadores imigrantes. De italianos, espanhóis, portugueses, gregos, turcos, árabes, na Suíça, na França, na Alemanha. Experiência da discriminação racial, de classe, de sexo.

Num dos seminários de que participei na Alemanha para discutir alfabetização e pós-alfabetização de operários portugueses, me foi dito por alguns deles que seus colegas alemães os menosprezavam a tal ponto e de tal maneira os achavam incapazes de um dia falarem sua língua que só se comunicavam com eles em alemão, usando os verbos no infinitivo. E foi assim que um deles falou comigo: "Eu *gostar* muito da reunião, mas não *entender* tudo."

Em Paris, em um desses seminários em torno da *Pedagogia do oprimido*, um trabalhador espanhol, tomado de quase dor e muita raiva, reclamou da falta de solidariedade de classe de seus colegas franceses. "Muitos deles", disse agastado, "nos chutam o traseiro se não somos cuidadosos e se não estamos sempre de olhos abertos".

Este poderia ser um comportamento que reforçaria o discurso neoliberal de hoje de acordo com o qual as classes sociais sumiram, já não existem. Elas existiam, entretanto, na época do citado desabafo do operário espanhol e existem hoje também. Sua existência, porém, não significa, necessariamente, que seus membros já tenham alcançado o nível da solidariedade, sobretudo internacional. Por outro lado, a própria ideologia dominante, autoritária, discriminatória, atravessa também setores das dominadas. Se aloja neles e os fazem ver-se e sentir-se como superiores aos companheiros que, deixando sua terra de origem, carregam consigo a marca da necessidade.

Um outro problema sério que lideranças lúcidas e politicamente engajadas de trabalhadores imigrantes tinham de enfrentar nos anos 1970 e sobre o que discutiam comigo à raiz da leitura que faziam da *Pedagogia* era a desmotivação dos companheiros para o compromisso com a luta política em seus países de origem.

Eu mesmo participei de encontros na Suíça, na França, na Alemanha, com trabalhadores imigrantes, em que escutei discursos que falavam muito mais do anseio por uma vida menos difícil na experiência fora de seus países e no desejo de um dia a eles voltar em condições bastante melhores do que as em que um dia os haviam deixado. O que podia perceber na época, ora escutando-os nos encontros referidos, ora em conversas com as lideranças em que me falavam das dificuldades de mobilização e de organização política, é que grande parte dos trabalhadores que imigravam de seus países era tomada, ao chegar ao contexto de empréstimo, de um lado, por um sentimento de alívio e de alegria por ter *trabalho* ou por ter o que fazer, de outro, por uma sensação de medo. O medo de perder a ínfima segurança encontrada no contexto de empréstimo. Sua fragilidade era maior do que o teor mínimo necessário de aventura e de risco para aceitar um compromisso político, mesmo leve. O tempo vivido em seus países de origem, à espera de emprego, de segurança, lhes havia feito jogar toda a sua esperança no *emprego* no contexto de empréstimo e não nas mudanças estruturais de seu contexto. Deixava, assim, essa grande parte dos trabalhadores imigrantes o seu contexto de origem trazendo no corpo inteiro uma espécie de cansaço, que chamei, na época, "cansaço existencial". Um cansaço que não era físico, mas espiritual, que deixava as pessoas por ele assumidas vazias de ânimo, de esperança e tomadas, sobretudo, do medo da aventura e do risco. É que a ele, o cansaço, se ajuntava o que nomeei "anestesia histórica".

Numa de minhas visitas à Alemanha para um debate com trabalhadores imigrantes portugueses, realizado numa paróquia católica em que se fazia um excelente programa político-pedagógico, ouvi do jovem sacerdote o seguinte relato: "Recebi uma denúncia, há pouco tempo, de três trabalhadores portugueses de que eles e muitos outros companheiros seus vinham sendo pesadamente explorados pelos proprietários de suas precárias moradias. Preço exorbitante dos aluguéis, desrespeito à lei que rege direitos e deveres dos inquilinos etc.

"Resolvi, então", continuou o padre, "após falar sobre o assunto, num certo domingo durante a missa, convidar quem quer que aceitasse discutir comigo a questão, para estudar o que fazer. Vários paroquianos vieram a meu encontro. Trabalhamos juntos durante duas sessões e programamos uma frente de luta contra o arbítrio dos proprietários. Denúncias pela imprensa, folhetos, passeatas nas ruas do bairro da paróquia etc.

"Assim que começamos a pôr em prática o plano, fui procurado por uma comissão de moradores, de que um dos que me tinham feito a denúncia fazia parte, para solicitar, encarecidamente, que eu parasse com a campanha.

Haviam sido ameaçados de despejo, caso eu não parasse com as acusações." Me lembro ainda das palavras com que o sacerdote concluiu seu relato: "Vivi a forte tensão, de ordem ética, entre continuar a luta contra os exploradores que, inclusive, aproveitando a dependência emocional dos oprimidos, os chantageavam ou, respeitando a sua fraqueza, pôr um ponto final à luta, devolvendo a eles a sensação de relativa segurança, no fundo falsa, mas indispensável, em que viviam."

Nas linhas e entrelinhas da *Pedagogia do oprimido* discuto esse fenômeno. Fanon e Memmi* também o fazem ou o fizeram antes de mim. O medo do oprimido, como indivíduo ou como classe, que o inibe de lutar. Mas o medo não é uma abstração nem a razão de ser do medo. É muito concreto e causado por motivos concretos ou que aparecem como se fossem concretos, portanto, até prova em contrário, concretos também.

Por isso é que, por *n* razões, estando as lideranças num nível diferente, maior, de "imunização" ao medo, que afeta as maiorias, se devem impor uma forma especial de lidar com aquele medo. Uma vez mais, então, se coloca às lideranças a necessidade de viver seriamente, rigorosamente, as relações entre tática e estratégia, de que já falei neste estudo. A questão, em última análise, que se põe às lideranças é saber, através da leitura crítica a ser sempre feita da realidade, que ações e em que níveis podem taticamente ser postas em prática. Em outras palavras, o que pode ser feito agora para que se faça amanhã o

* Frantz Fanon, *Os condenados da terra*. Juiz de Fora: UFJF, 2006; Albert Memmi, *The Colonizer and the Colonized*. Massachusetts: Beacon Press, 1991.

que hoje não pode ser feito. No caso da paróquia alemã que acabo de narrar, a solução do problema de que não se poderia excluir o *medo* dos trabalhadores passava por uma paralisação tática da ação iniciada. Ação que, talvez, pudesse ser retomada mais adiante, depois de um trabalho político-pedagógico de que resultasse a superação, pelo menos em parte, do medo. Trabalho que revelasse aos trabalhadores que os proprietários de suas casas eram igualmente vulneráveis. Guevara também falou sobre este aspecto das relações dialéticas opressores-oprimidos, o da necessidade de os segundos terem dados objetivos com que se convencerem da vulnerabilidade dos primeiros, como um momento decisivo da luta. De fato, quanto mais os oprimidos vejam os opressores como imbatíveis, portadores de um poder insuperável, tanto menos acreditam em si mesmos. Foi sempre assim e continua sendo. Uma das tarefas da educação popular progressista, ontem como hoje, é procurar, por meio da compreensão crítica de como se dão os conflitos sociais, ajudar o processo no qual a fraqueza dos oprimidos se vai tornando força capaz de transformar a força dos opressores em fraqueza. Esta é uma esperança que nos move.

Se na década de 1960, metade da qual vivi o clima da transição brasileira, cuja ruptura foi imposta pelo golpe de 1964 e a outra metade no Chile, na qual escrevi a *Pedagogia*, na de 1970, com o livro multiplicando-se em línguas várias, me vi exposto, com ele, a desafios de que resultavam análises que confirmavam e reforçavam muitas de suas teses fundamentais.

Nunca será demasiado falar da importância, como agora o faço, dos inúmeros encontros de que participei com estudantes e professores de universidades alemãs, suíças, inglesas, holandesas, belgas, suecas, norueguesas, francesas, latino-americanas, africanas, asiáticas, estadunidenses e canadenses. E, entre um e outro desses encontros de natureza acadêmica, as não menos ricas sabatinas a que fui submetido por grupos de operários.

A tônica dos primeiros, com uma ou outra exceção, quando se tratava de público primeiro-mundista, era a análise teórica envolvendo a maior ou menor rigorosidade com que consideravam que eu havia me acercado deste ou daquele tema, a linguagem mais ou menos precisa, a influência deste ou daquele pensador ou daquela pensadora cuja obra, às vezes, eu não havia lido. A incoerência em que teria resvalado entre algo dito, por exemplo, na página 25 e algo afirmado na página 122. Crítica muito ao gosto de estudantes alemães.

Quando os encontros se davam com estudantes terceiro-mundistas, a tônica era outra. As discussões giravam preponderantemente em torno de questões políticas. Eram essas questões que nos levavam aos problemas filosóficos, éticos, ideológicos e epistemológicos.

Nos encontros com os trabalhadores imigrantes, italianos, espanhóis, portugueses, entre quem grande parte havia lido também a *Pedagogia*, em italiano, espanhol ou francês, o centro de interesses era sempre compreender mais criticamente a sua prática para melhorar a futura prática.

Enquanto os universitários, de modo geral, buscavam encontrar e "compreender na teoria uma certa prática embutida", os operários procuraram surpreender a teoria que se embutia na sua prática. Não importa em que mundo me encontrasse com lideranças operárias, experimentando-se politicamente no sentido da mudança do mundo, era sempre assim. Pertencessem essas lideranças ao Terceiro Mundo do Terceiro ou ao Terceiro do Primeiro. Era sempre assim.

Vez ou outra, tive a oportunidade, em Genebra ou fora de Genebra, de trabalhar em longos seminários com operários e acadêmicos, obviamente progressistas, em cuja posição espero que continuem hoje, para o que é preciso não se terem rendido à ideologia de quem decreta a morte das ideologias e de quem proclama que *sonhar* é uma forma de fugir do mundo e não de recriá-lo.

Um desses encontros de imensa riqueza, com acadêmicos e um operário espanhol, tive num fim de semana de um mês qualquer dos anos 1970, na Alemanha. Em Frankfurt, precisamente. Dois ou três grupos de intelectuais progressistas, marxistas e cristãos, que não tinham boas relações entre si, aceitaram encontrar-se no caso em que eu participasse do dia de estudos.

Sempre achei algo válido ser pretexto para boas coisas. Aceitei, então, o convite e fui com dois amigos alemães. Teólogos ambos. Intelectuais lúcidos, criadores e sérios. Werner Simpfendoerfer, que traduzira a *Pedagogia* ao alemão, e Ernst Lang, já falecido, seu prefaciador e o diretor do Conselho Mundial de Igrejas que me convidara a nele trabalhar.

A língua da reunião era o alemão, com tradução ao inglês para mim e do inglês ao alemão para os demais, com exceção dos teólogos.

Um dos grupos convidou um operário, trabalhador imigrante espanhol, que falava sem dificuldades o alemão.

A presença do trabalhador espanhol fez com que a reunião alcançasse um nível de equilíbrio entre a abstração necessária e a busca do concreto. Em outras palavras, a presença do trabalhador diminuiu o risco de a abstração se negar a si mesma, andarilhando, perdida, numa vaguidade cada vez mais distante do concreto.

Quando paramos a sessão pela primeira vez para o café, o trabalhador veio a mim e começamos a conversar em espanhol. Somente nós nos entendíamos. Ninguém no recinto, além de nós, dominava sequer razoavelmente o espanhol.

Depois de algumas palavras iniciais com que na verdade nos preparávamos para uma pequena conversa, me disse o trabalhador espanhol: "Devo reconhecer nesses jovens intelectuais qualidades que me fazem admirá-los. São dedicados à causa da classe operária. Trabalham incansavelmente, mas se julgam mais ou menos donos da verdade revolucionária. Nós, agora, os trabalhadores imigrantes", disse com humor, "somos uma espécie de brinquedo novo para eles".

Havia sabedoria, havia graça em seu discurso, não mágoa nem tampouco raiva. Era como se a verdade de que se achavam infundidas as suas palavras desse a ele a paz com que falava. Ele dizia do problema com a tranquilidade de quem conhecia sua razão de ser.

Nos entretivemos um pouco fazendo comentários sobre o elitismo, o autoritarismo, o dogmatismo das posições criticadas por ele. Em dado momento, me disse: "Tenho uma experiência interessante a lhe contar e de que participei antes de ler seu livro, a *Pedagogia do oprimido*.

"Sou militante de um movimento político de esquerda", continuou, "que atua dentro e fora da Espanha. Uma de nossas tarefas é a formação política de companheiros imigrantes através de que buscamos nos mobilizar e nos organizar.

"Há um ano, mais ou menos, juntamo-nos, quatro companheiros e eu, para pensar num curso de problemas políticos e oferecer aos colegas. Discutimos entre nós mesmos, numa tarde de sábado na casa de um de nós, o que deveria ser o curso, quais os seus conteúdos, como desenvolver a matéria. Afinal, tal qual vocês, os acadêmicos, costumam fazer, organizamos tudo para doar aos futuros alunos. Estávamos certos de que sabíamos não apenas o que os nossos companheiros queriam, mas deveriam saber. Não tínhamos, portanto, por que perder tempo ouvindo-os. Tínhamos apenas que comunicar-lhes que poderiam contar com o curso. Precisávamos somente de anunciar o curso e fazer a lista dos interessados.

"De posse do programa elaborado, com horários nos fins de semana, local, tudo, enfim, começamos a procura de inscrições.

"Fracasso total. Ninguém se interessou. Falamos a um sem-número de companheiros, apresentamos a relação dos conteúdos, visitamos vários deles, a quem explicávamos a importância do programa, a importância do curso, e nada.

"Reunimo-nos certo sábado para avaliar o nosso fracasso e uma ideia me surgiu.

"Por que não tentarmos fazer um levantamento, em nossas fábricas, conversando de um a um com um bom número de companheiros, do que cada um mais gosta de fazer. Por que não procurar conhecer as preferências que tinham e o que costumavam fazer nos fins de semana. Seria a partir de conhecimentos assim que poderíamos encontrar os caminhos de acesso a eles e não a partir de nossas certezas em torno do que eles deveriam saber.

"Estabelecemos uma noite, quinze dias depois da decisão de executar esta pesquisa, para avaliarmos o que havíamos feito.

"Na noite marcada, nos encontramos os cinco, trazendo cada um o seu relatório sobre a tarefa realizada. Uma grande quantidade de companheiros gostava de jogar cartas nos fins de semana. Outro grupo gostava de passear, de ir a parques, de almoçar em casas de companheiros, de beber cerveja etc.

"Escolhemos o jogo de cartas como a porta possível por onde passaríamos aos problemas políticos. Desta forma", continuava, cheio de vida, o trabalhador espanhol, "tratamos de nos 'especializar' em jogo de cartas e passamos a participar dos vários grupos que, nos fins de semana, jogavam na casa de um ou outro. Durante a semana nos reuníamos para avaliar a nossa tarefa política.

"Às vezes, durante o jogo, com a carta na mão, sem olhar a nenhum dos companheiros, eu perguntava: 'Souberam o que ocorreu ontem em Madri?'

"'Não', diziam.

"'A polícia espancou e prendeu vários companheiros nossos porque reclamavam coisas mínimas.'

"Silêncio.

"Eu também ficava silencioso.

"Lá pras tantas, outra jogada, outra pergunta, de natureza política.

"Éramos os cinco fazendo isto, em lugares diferentes.

"Dentro de quatro meses foi possível, finalmente, fazermos uma reunião para discutir se seria interessante ou não organizarmos encontros sistemáticos para discutir política. Éramos trinta os que viemos à primeira reunião em que nasceu, por decisão coletiva, um real curso sobre problemas políticos, cujos resultados têm sido os melhores até hoje."

Ele riu quando lhe disse: "Isto prova que, se queremos trabalhar *com* o povo e não só *para* ele, precisamos saber qual é o seu 'jogo'."

É exatamente contra isto que sempre se insurgem as educadoras e os educadores autoritários que se proclamam progressistas e que, entretanto, se consideram proprietários do saber que simplesmente devem *estender* aos educandos ignorantes. São estes ou estas que sempre descobrem no respeito que os radicalmente democratas revelam aos educandos sinais de licenciosidade ou de espontaneísmo.

São estes ou estas que continuam não entendendo o que significa *partir* da leitura do mundo, da compreensão do mundo que estejam tendo os educandos e que por isso mesmo, dizem, cheios de surpresa, que sua prática prova que *ficar* apenas no nível de saber que os grupos têm, sem procurar ensinar algo além daquele saber, não funciona. Mas é claro que não funciona. E é tão óbvio que não funcione que é desnecessário provar. Uma das razões principais do desestímulo de membros de equipes que costumam avaliar sua prática é a falta de saber teórico superior ao saber da equipe por parte de quem coordena o processo de avaliação. Não é necessário pesquisar para comprovar a inviabilidade de um seminário de avaliação de que ao coordenador ou à coordenadora lhe faltam conhecimentos com os quais possam esclarecer os obstáculos com que os participantes se defrontam na sua prática. A tendência normal é o esvaziamento do seminário. Como é impossível a eficácia de um curso de física de que o professor não sabe física. Ninguém ensina o que não sabe. Mas também ninguém, numa perspectiva democrática, deveria ensinar o que sabe sem, de um lado, saber o que já sabem e em que nível sabem aqueles e aquelas a quem vai ensinar o que sabe. De outro, sem respeitar esse saber, parte do qual se acha implícito na leitura do mundo dos que vão aprender o que quem vai ensinar sabe.

Foi isso o que minha prática, em coerência com minha opção democrática, me ensinou. Foi isso também o que a prática dos trabalhadores espanhóis, de que acabo de falar, lhes ensinou.

Gostaria ainda de me alongar em considerações em torno desta experiência dos trabalhadores espanhóis. A primeira delas, de ordem ético-política, tem que ver com o direito e até o dever do educador ou da educadora de ensinar o que lhe parece fundamental ao tempo e ao espaço em que se acha. A própria diretividade da prática educativa que implica ir ela sempre além de si mesma, de perseguir objetivos e metas, sonhos, projetos, coloca ao educador esse direito e esse dever. Disse antes, neste ensaio: que educador seria eu se não me preocupasse em ser ao máximo convincente na defesa de meus sonhos? O que não posso é reduzir tudo à minha verdade, a meu acerto. Por outro lado, se posso estar convencido, por exemplo, como estavam os trabalhadores espanhóis, de que é fundamental a reflexão sobre a vida política da cidade, não posso, porém, impor os temas sobre que devem versar a análise e a reflexão políticas. Numa perspectiva quase moralista, os trabalhadores espanhóis, cuja experiência discutimos agora, teriam sido desleais quando se serviram do jogo das cartas para se aproximar politicamente de seus companheiros no sentido de viabilizar o seu objetivo, que era o de estudar seriamente com eles a questão política na Espanha. Para mim, não. Foram tão éticos quanto éticos possam ser acadêmicos em suas investigações. A segunda reflexão é muito mais afirmativa e fala da validade na América Latina hoje não só do princípio, mas do método de trabalho dos operários espanhóis, desde que o educador ou educadora popular tenha uma opção democrática e seja coerente com ela.

Não vejo como a educação popular, não importa onde e quando, pudesse ter prescindido ou possa prescindir do esforço crítico a envolver educadores e educadoras, de um lado, e educandos, de outro, na busca da razão de ser dos fatos. Em outras palavras, centrando-se a educação popular na produção cooperativa, na atividade sindical, na mobilização e na organização da comunidade para a assunção por ela da educação de seus filhos e filhas através das escolas comunitárias, sem que isto deva significar um estímulo ao Estado para que não cumpra um de seus deveres, o de oferecer educação ao povo, a que se junte a defesa da saúde, na alfabetização e na pós-alfabetização, qualquer que seja a hipótese, não é possível descartar o processo gnosiológico. O processo de conhecer faz parte da natureza mesma da educação de que a prática chamada *educação popular* não pode fazer exceção. Numa perspectiva progressista, a educação popular não pode, por outro lado, reduzir-se ao puro treinamento *técnico* de que grupos de trabalhadores realmente precisam. Esta é a maneira necessariamente estreita de formar, que à classe dominante interessa, a que *reproduz* a classe trabalhadora como tal. Na perspectiva progressista, naturalmente, a formação técnica é também uma prioridade, mas, a seu lado, há outra prioridade que não pode ser posta à margem. O operário que está aprendendo, por exemplo, o ofício de torneiro, de mecânico, de pedreiro, de marceneiro, tem o direito e a necessidade de aprendê-lo tão melhor quanto possível, mas tem, igualmente, o direito de saber a razão de ser do próprio procedimento técnico. Tem o direito de conhecer as origens históricas da tecnologia, assim como o de tomá-la como objeto de sua curiosidade e refletir sobre o indiscutível avanço que ela implica, mas, também, sobre os riscos a que nos expõe e de que Neil Postman nos adverte em extraordinário e recente trabalho.* Esta é, sem dúvida, não apenas uma questão profundamente atual, mas também vital de nosso tempo. E a

* Neil Postman, *Technopoly: The Surrender of Culture to Technology*. Nova York: Alfred A. Knopf, 1992.

classe trabalhadora não deve dela fazer parte simplesmente como o operário de *Tempos modernos* se viu às voltas com o ato de apertar parafusos, na produção em série, que Chaplin genialmente criticou.

O que me parece fundamental para nós, hoje, mecânicos ou físicos, pedagogos ou pedreiros, marceneiros ou biólogos é a assunção de uma posição crítica, vigilante, indagadora, em face da tecnologia. Nem, de um lado, demonologizá-la, nem, de outro, divinizá-la.

Nunca, talvez, a frase quase feita — exercer o controle sobre a tecnologia e pô-la a serviço dos seres humanos — teve tanta urgência de virar fato quanto hoje, em defesa da liberdade mesma, sem a qual o sonho da democracia se esvai.

A formação da classe trabalhadora, na perspectiva progressistamente pós-moderna, democrática, em que me ponho, lhe reconhece o direito de saber como funciona sua sociedade, de conhecer seus direitos, seus deveres; de conhecer a história da classe operária; o papel dos movimentos populares na refeitura mais democrática da sociedade. A história de seu país. A geografia, a linguagem ou, melhor dito, a compreensão crítica da linguagem, em suas relações dialéticas com pensamento e mundo; linguagem, ideologia, classes sociais e educação.

Em passagem recente e rápida pela Europa, escutei de um sociólogo europeu amigo meu, recém-chegado da África, ter ouvido de militantes políticos de certo país africano que o tempo de Freire se esgotara. "Precisavam agora", diziam eles, "de uma educação não mais envolvida com e fiel a uma compreensão crítica do mundo, mas de uma educação a serviço do treinamento estritamente técnico da mão de obra". Como se, numa visão progressista, fosse possível dicotomizar o técnico do político. Quem faz esta dicotomia, como sublinhei antes, são as classes dominantes. Daí a riqueza com que contamos hoje de discursos propondo o ideal pragmático de nos ajustarmos ao mundo que aí está em nome dos valores do capitalismo. Numa nova história, sem classes sociais, portanto sem conflitos, a não ser os puramente pessoais, não temos outra coisa a fazer senão nos darmos todos as mãos, calejadas, de muitíssimos; macias, de uns poucos, para refazer, em festa, finalmente, o mundo.

Não creio, realmente, nisto, mas entendo, mesmo que lamente, o equívoco em que se acham enredados os militantes africanos referidos. A longa experiência, intensamente trágica, de que vêm sendo objetos há tanto tempo, a da sua negação como Pedro, como Antônia, como gente, como classe, como sexo, como raça, como cultura, como história, a do descaso por sua vida que, para a branquitude perversamente assassina, nada vale, por isso, tanto pode estar, ficar aí, como quase coisa que apenas se mexe, fala e anda e se acha sob seu poder, quanto pode partir, sumir, desaparecer, que a ela, branquitude, pouco se lhe dá. A longa e trágica experiência, dignamente humanizada pela luta de seu povo, pela boniteza da luta, lhes deixou, porém, no corpo inteiro, uma espécie daquele mesmo cansaço existencial a que me referi e que surpreendi nos trabalhadores imigrantes na Europa. É como se o momento histórico de hoje cobrasse dos homens e das mulheres de seu país uma luta totalmente diferente da anterior, uma luta em que o técnico substituísse por completo a formação política das gentes. Por outro lado, o esfacelamento dos parâmetros de natureza política reforça o caráter fatalista que marca o "cansaço existencial", segundo o qual a única alteração possível é a mudança puramente adverbial do mundo.

A verdade, porém, é outra. Não importa em que sociedade estejamos, em que mundo nos encontremos, não é possível formar engenheiros ou pedreiros, físicos ou enfermeiras, dentistas ou torneiros, educadores ou mecânicos, agricultores ou filósofos, pecuaristas ou biólogos sem uma compreensão de nós mesmos enquanto seres históricos, políticos, sociais e culturais, sem uma compreensão de como a sociedade funciona. E isto o *treinamento* supostamente apenas técnico não dá.

Uma outra preocupação a que jamais poderia ter se recusado a educação popular é a que tem a ver com a pesquisa epistemológica, antes ou concomitante com as práticas docentes, sobretudo em áreas camponesas. Este vem sendo, hoje, entre nós, no Brasil, um *quefazer* caro à etnociência. Saber como os grupos populares rurais, indígenas ou não, sabem. Como vêm organizando o seu saber, ou sua *ciência agronômica*, por exemplo, ou a sua *medicina*, para o que desenvolveram uma taxionomia amplamente sistematizada das plantas, das ervas, dos matos, dos cheiros, das raízes. E é interessante observar como matizam a exatidão taxionômica com promessas milagreiras. Raízes cujo chá cura, ao mesmo tempo, câncer e dores de amor desfeito; ervas que combatem a impotência masculina. Folhas especiais para o resguardo da parturiente, para a "espinhela caída" etc.

Recentemente pesquisas realizadas em universidades brasileiras vêm constatando a exatidão de achados do saber popular.

Discutir, por exemplo, com camponeses que as universidades estão comprovando alguns de seus saberes é tarefa política de alta importância pedagógica. Discussões assim podem ajudar as classes populares a ganhar confiança em si ou a aumentar o grau de confiança em que já se achem. Confiança em si mesmas tão indispensável à sua luta por um mundo melhor e a cuja necessidade já fiz referência neste texto.

O que me parece finalmente impossível, hoje como ontem, é pensar, mais do que pensar, é ter uma prática de educação popular em que, prévia e concomitantemente, não se tenham levado e não se levem a sério problemas como: que conteúdos ensinar, a favor de que ensiná-los, a favor de quem, contra que, contra quem. Quem escolhe os conteúdos e como são ensinados. Que é ensinar? Que é aprender? Como se dão as relações entre ensinar e aprender? Que é o saber de experiência feito? Podemos descartá-lo como impreciso, desarticulado? Como superá-lo? Que é o professor? Qual seu papel? E o aluno, que é? E o seu papel? Não ser igual *ao* aluno significa dever ser o professor autoritário? É possível ser democrático e dialógico sem deixar de ser professor, diferente do aluno? Significa o diálogo um bate-papo inconsequente cuja atmosfera ideal seria a do "deixa como está para ver como fica"? Pode haver uma séria tentativa de escrita e leitura da palavra sem a leitura do mundo? Significa a crítica necessária à educação bancária que o educador que a faz não tem o que ensinar e não deve fazê-lo? Será possível um professor que não ensina? Que é a *codificação*, qual o seu papel no quadro de uma teoria do conhecimento? Como entender, mas sobretudo viver, a relação prática-teoria sem que a frase vire frase feita? Como superar a tentação basista, voluntarista, e como superar também a tentação intelectualista, verbalista, blablablante? Como trabalhar a relação linguagem-cidadania?

Prática política e gnosiológica também não é possível fazer a educação, plenamente, sem que estas perguntas estejam sempre nos instigando e sem que a elas estejamos sempre respondendo.

Creio, por fim, que a maneira como as ponho neste ensaio implicita minhas respostas a elas. Respostas que expressam minhas posicões político-pedagógicas reafirmadas neste texto.

Um dia, recebi um telefonema em minha casa, em Genebra. Era uma manhã de domingo muito fria, sol escondido, as montanhas francesas que espreitam Genebra de longe, envolvidas na cerração. Um domingo típico de janeiro suíço.

Era um trabalhador imigrante espanhol que pedia, para ele e dois companheiros seus, uma entrevista comigo, numa noite qualquer da semana que vinha. Gostariam, disse ele, de conversar comigo sobre um programa de educação infantil que eles haviam organizado e executavam. Adiantou ainda que estavam lendo a *Pedagogia do oprimido*, sobre cujo conteúdo se achavam igualmente interessados em conversar. Quem sabe, afirmou ele, dependendo de seu tempo e de sua curiosidade, poderíamos nos encontrar algumas vezes para isso.

No dia marcado, na hora certa, chegaram trazendo alguns documentos e alguns exercícios de crianças.

Conversamos um pouco sobre o clima, a dureza do inverno. Falaram da Espanha, indagaram sobre o Brasil. Depois, entraram no assunto que nos punha juntos. Precisaram, contudo, por uma questão de método, de fazer uma introdução na qual disseram de sua opção política, de sua militância. Falaram de sua experiência de trabalhadores imigrantes, das restrições ao direito de ter suas famílias com eles, a que muitos estavam submetidos, da necessidade que tinham, por só terem um ano de presença legal no país, de ir ao seu de origem, em cada término de tal licença, renovando seu direito por mais um período ou não, no próximo ano.

Esta determinação legal, ao mesmo tempo que desobrigava o governo suíço de gastos na educação e na saúde, para falar só nestes setores, os obrigava a viver sob permanente tensão. Sua insegurança vital era mais uma razão de ser a explicar o "cansaço existencial" já referido. Davam exemplos de como muitos de seus companheiros se experimentavam em alegrias salpicadas de apreensões, num presente que, a despeito de lhes haver oferecido o trabalho que lhes faltava no seu país, era um presente de amanhã duvidoso, demasiado duvidoso. Um presente em que a carência do carinho dos seus familiares e sua falta física minavam sua afetividade, suas forças, sua resistência. Por isso mesmo é que muitos, entre eles, mergulhados no "cansaço existencial" e na "anestesia histórica", girando em torno de seus problemas e de suas preocupações pessoais, não podiam divisar o "inédito viável" mais além da "situação-limite" em que se achavam imersos.* Daí, também, a dificuldade de movê-los da "anestesia histórica", geradora de uma certa apatia, de um certo imobilismo, à preocupação e ao debate de natureza política. À "anestesia histórica" de que muitos eram presa se juntava ainda o clima cultural, político e ideológico da Suíça, desfavorável a manifestações políticas de caráter público. Me lembro de que, um pouco antes ou um pouco depois do encontro de que falo agora, como reação a uma greve no setor de construção numa grande obra realizando-se

* Sobre "situações-limite" e "inédito viável", cf. *Pedagogia do oprimido*.

em Genebra, li uma declaração oficial, ou quase oficial, de natureza sindical, que, combatendo a posição dos trabalhadores, deplorava que, "pela primeira vez na Suíça, por conseguinte pouco a par dos usos e costumes do país, eles recorressem à força para obter satisfação, quer dizer, recorressem à greve". Obviamente, uma nota como esta não era nada estimuladora à procura de superação da apatia pela participação política de trabalhadores imigrantes em que se achavam envolvidas suas lideranças.

A posição declaradamente aberta da nota contra a greve reforçava em quem a portasse a "anestesia histórica" de que falo.

Do ponto de vista, porém, da liderança progressista dos trabalhadores imigrantes espanhóis, a reação política da nota aparecia como um desafio e também como uma confirmação de seus projetos em torno da necessidade da formação política de seus companheiros espanhóis.

O projeto pedagógico, especial, de que me vieram falar, diretamente ligado às crianças, filhos de trabalhadores espanhóis que, porém, podiam, de acordo também com a lei suíça, trazer suas famílias consigo, era, no fundo, um projeto de contraescola. Era uma "escola" que punha a escola suíça em que as crianças espanholas estudavam em tela de juízo. Uma "escola" que *problematizava* a escola suíça às crianças obreiras.

Estávamos exatamente nos começos da década de 1970, em que eclodiram os estudos althusserianos em torno da escola como reprodutora da ideologia dominante. Estudos que, nem sempre, escaparam a distorções e a exageros de interpretação. Não creio, tanto quanto minha memória não me trai, que tivéssemos feito referência à Teoria da Reprodução, mas, no fundo, a conversa girou em torno de uma compreensão crítica do papel da escola e do papel que, nela, podem ter educadoras progressistas ou conservadoras. Vale dizer que a conversa andou em torno do poder da ideologia dominante e de como contrarrestá-la. Na verdade, centralmente, o programa da escola dos trabalhadores espanhóis de que me falavam com tão justo entusiasmo era a escola suíça mesma, inteira, em que estudavam regularmente suas crianças. Era isso o que eles estavam fazendo e sobre o que vieram falar comigo naquela noite.

Acompanhando a prática escolar através do que ensinavam na escola suíça e de como ensinavam, aqueles trabalhadores espanhóis pensavam noutra escola que tomasse a escola suíça como objeto de sua análise crítica. Havia uma condição fundamental para que uma criança tomasse parte dela. A criança deveria, depois de pequena experiência, decidir se continuaria ou não a frequentá-la. A escola, por outro lado, nem era diária, nem ultrapassava o turno de duas horas, três vezes por semana, nem tampouco pretendia substituir a escola suíça. Completá-la, sim, através da experiência de um pensar crítico em torno do mundo. Os trabalhadores espanhóis que conversavam comigo estavam convencidos da necessidade que tinham seus filhos e filhas de estudar com seriedade, de aprender, de criar uma disciplina de estudo, o que, pelo menos em parte, lhes parecia estar sendo realizado pela escola suíça.

As crianças saíam da escola suíça, de horário integral, e quase entravam na outra, em que repensavam o que haviam aprendido ou estavam aprendendo.

O interesse primordial dos trabalhadores era, de um lado, diminuir o risco de alienação que seus filhos corriam, longe de sua cultura, risco reforçado intensamente pela escola suíça, indiscutivelmente competente, do ponto de vista dos interesses dominantes; de outro, estimular nas crianças uma forma crítica de pensar, como já salientei. Daí, seu projeto. Daí a *sui generis* escola que, tomando a outra como objeto, problematizava sua prática e analisava seu currículo, não só o explícito, mas também o escondido.

Os educadores da escola problematizante não eram fixos. Havia um revezamento entre eles, em função do seu tempo livre. Preparavam-se em seminários realizados à noite ou em um ou outro fim de semana para o exercício de educadores.

Discutiam também com as crianças a ideologia embutida nos livros de estórias infantis, não importa se estavam ou não sendo usados na e pela escola suíça.

Uma das estórias que eles me repetiram, rindo, com um gosto quase de criança, mas críticos da ideologia que a empapava, falava da vida simples e feliz de uma família de suínos. O casal e os três filhos. O mais novo, curioso, nada rotineiro, provava tudo e se achava sempre à procura de algo novo, diferente.

Nunca, porém, era exitoso. Seus irmãos mais velhos seguiam à risca as determinações estabelecidas e tudo lhes corria bem. Num certo domingo de outono, de céu aberto e azul, o filhote resolveu escapar do sítio em que vivia a família para dar vazão à sua curiosidade. Nada deu certo. Assim que ultrapassou o primeiro espaço proibido, foi atacado por um cachorro. Mordido, conseguiu salvar-se por um triz. Mais adiante, curioso novamente, "catucou o cão com vara curta", e o cão era um enxame de abelhas. O pobre quase se acaba com as picadas horríveis das abelhas endiabradas e ferozes. De insucesso a insucesso, volta à casa à noitinha, cabisbaixo, metido dentro dele mesmo. Coragem nenhuma de sequer pensar em nova aventura. Sisudo, mas com ar bondoso de pedagogo manso, o pai o esperava e, sábio, lhe diz: "Eu sabia que você faria isso um dia. Era preciso que você fizesse para aprender que não temos de sair dos trilhos que já encontramos para caminhar. Qualquer tentativa de mudar nos expõe a riscos e a dores que nos custam muito, como deve ter ocorrido a você hoje."

Silencioso, arrependido, cheio de culpa, o porquinho escutava o discurso "sensato" e bem-comportado de seu pai.

Era contra sugestões assim, castradoras, contra programas assim, domesticadores, que a escola problematizante dos trabalhadores espanhóis foi criada. Seu sonho era o de uma educação aberta, democrática, que estimulasse nas crianças o gosto da pergunta, a paixão do saber, da curiosidade, a alegria de criar e o prazer do risco sem o que não há criação.

Daí a coincidência entre a *Pedagogia do oprimido*, sobre a qual conversamos em outros encontros que se seguiram ao primeiro, e a experiência da escola problematizante.

A leitura da *Pedagogia* confirmava algumas das intuições pedagógicas que os haviam movido até a concretização de sua experiência. Toda a análise das relações dialéticas opressores-oprimidos, do processo de introjeção do dominador pelos dominados; as reflexões em torno da educação bancária, de seu autoritarismo, da educação problematizadora, do diálogo, das *démarches* democráticas; a necessidade, numa prática educativa progressista, de serem os educandos desafiados em sua curiosidade; a presença crítica de educadoras e educadores e de educandos, enquanto, ensinando umas e aprendendo outros, todos aprendem e ensinam, sem que isso signifique serem iguais ou que quem ensina não aprende e quem aprende não ensina. Tudo isso os estimulava como a mim me estimulara a leitura de Fanon e de Memmi, feita quando de minhas releituras dos originais da *Pedagogia*.

Possivelmente, ao estabelecerem sua convivência com a *Pedagogia do oprimido*, em referência à prática educativa que vinham tendo, devem ter sentido a mesma emoção que me tomou ao me adentrar nos *Condenados da terra* e no *The Colonizer and the Colonized*. Essa sensação gostosa que nos assalta quando confirmamos a razão de ser da segurança em que nos achamos.

Os resultados positivos que alcançaram levaram os pais das crianças da escola problematizante, disseram-me eles em nosso encontro, a procurá-los, pedindo-lhes que fizessem também para eles algo parecido. Uma outra escola em que pudessem discutir, juntos, sua presença na Suíça, a situação política da Espanha etc.

Foi através da ideia posta em prática de uma escola que problematizasse a escola de seus filhos que chegaram a cursos ou a seminários ou a encontros de formação política para eles, pais. O "jogo", em Genebra, não foi o de cartas.

No ano seguinte ao em que conheci essa experiência em que operários educadores, problematizando a escola de seus filhos, os desafiavam a pensar criticamente, Claudius Ceccon, o notável cartunista brasileiro, residente, então, em Genebra, me contou o seguinte caso, ocorrido com Flávio, seu filho.

Um dia, tristonho e ferido, Flávio lhe disse que sua professora havia rasgado um desenho seu. Vivendo a liberdade que ele aprendia, em casa, cada vez mais a usar, experimentando-se num clima de respeito e afeto, em que sua curiosidade não era interditada, em que sua criatividade tinha condições de exprimir-se, ele não podia compreender o gesto, para ele, e não só para ele, ofensivo, de sua professora, rasgando um desenho seu. Era como se a professora tivesse rasgado um pedaço dele mesmo. No fundo, seu desenho era uma criação sua que merecia tanto respeito quanto um texto ou um poema que tivesse escrito. Ou uma bola de pano que tivesse feito ou um carrinho, não importa com que material o tivesse construído. O fundamental é que seu desenho era obra sua, criação sua, e a professora o rasgara.

Como qualquer pai ou mãe de opção democrática e coerente com sua opção, Claudius procurou a professora para conversar sobre o ocorrido.

A professora tinha a criança em alto apreço. Falou dela de forma elogiosa, salientando o seu talento e a sua capacidade de ser livre.

Claudius percebeu, pelo olhar da professora, por seus gestos, pelo tom de sua voz, que jamais passaria por sua cabeça que ele havia vindo para sublinhar-lhe sua desaprovação ao que ela fizera com o desenho de Flávio. Mais ainda, sua desaprovação ao que ela fizera com Flávio mesmo, com sua criatividade quase esfarrapada por ela.

Feliz pela visita do pai de um de seus alunos a quem ela realmente admirava, ia e vinha quase saltitante, falando de suas atividades de classe.

Claudius ouvia e acompanhava suas narrativas esperando um oportuno momento para, com sua raiva já gasta, já amainada, falar a ela sobre o ocorrido. De repente, ela lhe mostra uma coleção de desenhos quase iguais de um gato preto. Um gato único, multiplicado, que sofrerá apenas mudanças, de um a outro, neste e naquele traço.

— Que tal? — pergunta a professora sem esperar resposta; pergunta apenas para exclamar. — Foram os alunos que fizeram — diz ela. — Trouxe para eles um modelo de gato para que copiassem.

— Eu acho que teria sido melhor se eles tivessem tido na sala um gato vivo, andando, correndo, pulando — disse Claudius. — As crianças desenhariam o gato como o entendessem, como o percebessem. As crianças reinventariam o gato de verdade. Ficariam livres para fazer o gato que lhes aprouvesse. Seriam livres para criar, para inventar e reinventar.

— Não! Não! — gritou, quase, a professora. — Talvez isso dê certo com seu filho, talvez. Não estou certa, mas talvez com ele isso dê certo; com ele — repetia — que é vivo, inteligente, criador, livre. Mas e os outros? Lembro-me de mim, de quando era criança — continuou a professora. — Me apavoravam as situações em que me sentia demandada a escolher, a decidir, a criar. Foi por isso que, há poucos dias, tomei — amenizou a ação de rasgar com a de tomar — um desenho de Flávio. Ele desenhou um gato que não podia existir. Um gato multicor. Não poderia aceitar o desenho dele. Seria prejudicial não só a ele, mas sobretudo aos outros.

E essa, parecia, era a forma como a escola toda funcionava e não só aquela educadora que tremia de medo só em ouvir falar de liberdade, de criação, de aventura, de risco.

Para ela o mundo não devia mudar e, tal qual na estória do porquinho, jamais deveríamos sair dos trilhos que bitolam nossa passagem pelo mundo. Marchar nos trilhos já postos para nós, eis o nosso fado, a nossa sina.

Fazer os caminhos caminhando, recriar o mundo, transformá-lo, jamais!

Foi por coisas assim e mais sérias do que esta que os trabalhadores imigrantes espanhóis criaram sua escola. Escola problematizadora da outra, a escola suíça de seus filhos.

Nas memórias que mantenho de fatos em cujo quase centro se acha a *Pedagogia do oprimido*, nos anos 1970, há umas que jamais poderei esquecer, de tal maneira enérgicos, ativos, se acham ainda, os momentos vividos por mim e que as memórias guardam.

Refiro-me agora aos vários encontros que tive em Genebra, ora em meu escritório no Conselho Mundial das Igrejas, ora em nosso apartamento em Grand Lancy, com intelectuais, professores, estudantes, religiosos, negros, brancos da África do Sul. Durante a década de 1970, raro era o mês em que alguém, filho ou não da África do Sul, mas vivendo na África do Sul, passando por Genebra, não viesse falar comigo da experiência trágica e absurda, impensável, do racismo.

Rara também era a vez, naquele tempo, em que, indo aos Estados Unidos, não me encontrasse com mulher ou homem, branca ou negro, da África do Sul pelos mesmos motivos que explicavam meus encontros em Genebra. E por outros também.

Raro também que, pelo telefone, ao falar comigo, a pessoa não dissesse: "Cheguei há dois dias a Genebra. Sigo hoje à noite para a África do Sul. Não podendo entrar no país com a *Pedagogia do oprimido*, a não ser correndo um risco desnecessário, li-o de ontem para hoje. Varei a noite na leitura. Poderia conversar com você hoje, ainda, antes de viajar?" Obviamente, jamais disse não a uma dessas consultas. Adiei encontros outros, desfiz entrevistas, alterei agendas, mas nunca disse não a nenhum daqueles pedidos. Dor de cabeça, mal-estar, falta de humor, cansaço, saudade do Brasil, leitura de livro, escrita de texto, nenhuma dessas razões me poderia levar a dizer não a sequer um daqueles pedidos. Todas essas, diante da necessidade afetiva, emocional, e não só política, de quem me procurava, viravam razões de menor importância. Não valiam nem para mim como argumento para a recusa ao encontro que, às vezes, era solicitado para um sábado à tarde ou um domingo pela manhã.

No momento mesmo em que a consulta me era feita pelo telefone eu assumia de tal maneira a importância e a urgência do encontro que me sentia tão precisado dele quanto aquele que o solicitava a mim. Recusá-lo, por isso mesmo, implicaria frustrar a mim mesmo.

A minha rebeldia contra toda espécie de discriminação, da mais explícita e gritante à mais sub-reptícia e hipócrita, não menos ofensiva e imoral, me acompanha desde minha infância. Desde a mais tenra idade que reajo, quase instintivamente, contra toda palavra, todo gesto, todo sinal de discriminação racial. Como também de discriminação contra os pobres que, bem mais tarde, se definia contra a discriminação de classe.

Os depoimentos que ouvi de sul-africanos e sul-africanas, brancas ou negras e negros, quer em Genebra quer nos Estados Unidos, me chocaram e continuam a chocar ainda hoje quando os rememoro como agora. A brutalidade do racismo é algo com que dificilmente um mínimo de sensibilidade humana pode conviver *sem se arrepiar* ou dizer *que horror!*

Ouvi de brancos sul-africanos ou residentes na África do Sul, tão revoltados quanto eu, tão antirracistas quanto eu, narrativas dramáticas de práticas *discriminatórias* impensáveis. E de negros também. "Não posso", me afirmou uma vez um jovem negro, homem de igreja, para meu espanto e em quase estado de descrença do que ouvia, "dizer, na presença de brancos, *meu Deus*. Devo dizer *vosso Deus*".

Brancos e negros, sul-africanos ou residentes na África do Sul com quem conversei falavam, de modo geral, das relações opressores-oprimidos, colonizadores-colonizados, branquitude-negritude usando elementos de ordem teórica comuns a Fanon, a Memmi e à *Pedagogia do oprimido*. Discutiam também como trabalhar sobretudo com a problematização de situações concretas e, através do aprofundamento da ou das razões de ser da experiência de esmagados que os grupos populares tinham de si mesmos, refazer a sua percepção anterior. Em outras palavras, como perceber a percepção anterior da realidade e assumir uma nova inteligência do mundo sem que isso significasse, porém, que, por estar sendo percebido de forma diferente, já tivesse sido o mundo transformado. Mas isso significava que, por causa da nova *inteligência* do mundo, seria possível criar-se a *disposição* para mudá-lo.

Temo hoje que algum ou alguns ou também algumas das inquietas ou inquietos, com justiça, revoltados intelectuais que me procuraram na época, façam parte agora dos que se deixaram domesticar pela sonoridade de certo discurso neoliberal. Dos que acham que afinal a história é assim, a vida é assim: os competentes manejam as coisas e lucram e criam a riqueza que, de certa forma, quando o momento chegar, será mais ou menos distribuída. O discurso sobre e em favor da justiça social já não tem sentido, e se continuamos a fazê-lo na "nova história", estaremos obstaculizando o processo natural em que os capazes fazem e refazem o mundo. Entre estes e estas se acham os que afirmam já não necessitarmos hoje de uma educação militante, desocultadora das mentiras da ideologia dominante, mas de uma educação *neutra* e devotada avidamente ao *treinamento técnico* da força de trabalho, à transmissão dos conteúdos na magrém de sua tecnicidade e de seu cientificismo. Que discurso velho!

Essas visitas de sul-africanos ou de residentes da África do Sul, suas expressões de justíssima raiva e necessária indignação coincidiam com a minha primeira visita à África. À Zâmbia e à Tanzânia. Mais uma vez, devido à *Pedagogia do oprimido*. Deveria parar em Zâmbia, onde teria uma semana de seminário em Kitwe, num centro de estudos teológicos, Mindolo Ecumenical Foundation, antes de ir à Tanzânia, para outro seminário na Universidade de Dar es Salaam. Em ambos os encontros os debates girariam em torno da *Pedagogia* que era centralmente a razão de ser dos convites que me haviam feito. Ao descer em Lusaka, onde deveria tomar outro avião, em voo nacional para Kitwe, o alto-falante do aeroporto me transmite o convite para comparecer ao setor de *encontros*. Lá me esperavam um jovem e uma jovem norte-americanos, casados, que eu havia conhecido, creio, em Boston, dois ou três anos antes. Eles trabalhavam como voluntários em Zâmbia e tinham muito boas relações com representantes da liderança do MPLA (Movimento Popular de Libertação de Angola).

Depois dos abraços regulares, me perguntaram se poderia ficar em Lusaka, naquele dia, viajando para Kitwe no próximo. A equipe do MPLA em Lusaka desejava conversar comigo sobre problemas de educação e luta, alfabetização nas áreas libertadas etc. Se eu aceitasse, disseram-me eles, providenciariam a transferência do voo e avisariam ao centro em Kitwe.

Às 13 horas, na casa do jovem casal, almoçava com a liderança do MPLA, chefiada por Lúcio Lara, que seria, poucos anos depois, o segundo homem de Angola, chefe do Bureau Político do partido.

Tivemos uma tarde e uma noite de trabalho com alguns filmes documentários que davam carne às conversas.

Inicialmente, Lara fez um relatório realista da situação em que se achava a luta de libertação para, em seguida, debatermos a prática educativa no seio da luta mesma. Nos detivemos na análise de como, aproveitando-se a necessidade da própria sobrevivência, na luta, discutir meios ou procedimentos mais eficazes, mais rigorosos, do que, por exemplo, as "benziduras" ou os puros amuletos. De maneira nenhuma, porém, mesmo tratando-se do empenho de salvar vidas humanas, no esforço de superar o saber do senso comum, seria legítimo diminuí-lo, menosprezá-lo, mas respeitá-lo. Sua superação, já dizia naquela época, passa por ele.

Este foi, inclusive, um tema caro ao grande líder africano que inspirou, ao lado de outros, os movimentos de libertação nas hoje ex-colônias portuguesas, Amílcar Cabral. A capacitação mais rigorosa de seus companheiros através de verdadeiros seminários de formação e avaliação que ele costumava coordenar nas suas visitas à frente de luta, com o objetivo de superar o que ele chamava *fraquezas* ou *debilidades da cultura*. Disse Amílcar Cabral:

> Mas que ninguém pense que a direção da luta acredita que se usarmos mezinho na cintura não morreremos. Não morreremos na guerra se não fizermos a guerra ou se não atacarmos o inimigo em posição de fraqueza. Se cometermos erros, se estivermos em posição de fraqueza, morreremos certamente, não há saída. Vocês podem contar-me uma série de casos que têm na cabeça: "O Cabral não sabe, nós vimos casos em que o mezinho é que safou os camaradas da morte, as balas vieram e voltaram para trás em ricochete." Vocês podem dizer isso, mas eu tenho esperanças que os filhos de nossos filhos, quando ouvirem isso, ficarão contentes porque o PAIGC (Partido Africano para a Independência da Guiné e Cabo Verde) foi capaz de fazer a luta de acordo com a realidade de sua terra, mas hão de dizer: os nossos pais lutaram muito, mas acreditavam em coisas esquisitas. Esta conversa talvez não seja para vocês agora, estou a falar para o futuro, mas eu tenho a certeza de que a maioria entende o que digo e que tenho razão.*

* Amílcar Cabral, *Obras escolhidas, vol. I: A arma da teoria — unidade e luta*. Lisboa: Seara Nova, 1976, p. 141.

Discutimos também, por largo tempo, permeando a conversa com documentários, a questão da alfabetização e a necessidade imperiosa que a própria luta, como processo, colocava à sua direção, de correr, com seriedade, naturalmente, no sentido da formação técnica dos militantes, com vistas ao andamento da luta, ao uso de armas mais modernas e sofisticadas, o que poderia demandar outros níveis de conhecimento por parte dos militantes. Simultaneamente com esse tipo de preparação, a formação política dos militantes que, na compreensão crítica de Amílcar Cabral, deveriam ser sempre militantes armados, jamais militares.

Anos depois tive a oportunidade de continuar algumas dessas conversas com Lúcio Lara, em Luanda, quando ele se achava à frente do Bureau Político do partido e eu, por convite dele e do então ministro da Educação de Angola, o poeta Antônio Jacinto, que passara sete anos nas masmorras coloniais, assessorava aquele ministério, através do Conselho Mundial de Igrejas.

Aquele encontro em Lusaka, tal qual o que tive em Dar es Salaam, com a liderança da Frelimo (Frente de Libertação de Moçambique), que me levou ao Campus de Formação de quadros, um pouco afastado de Dar, num lindo sítio cedido pelo governo da Tanzânia, me marcou fortemente. Afinal, eu era convidado a dialogar com militantes experimentados na luta, cujo tempo não podia ser gasto com devaneios ou com arrancadas intelectualistas. O que eles queriam era entregar-se comigo à reflexão crítica, teórica, sobre sua prática, sobre sua luta, enquanto um "fato cultural e um fator de cultura" (Cabral, 1976). Sua confiança em mim, como um intelectual progressista, me era realmente importante. Eles não me criticavam porque, citando Marx, citava também um camponês. Nem tampouco me consideravam um educador burguês porque eu defendia a importância do papel da consciência na história.

Esta foi uma satisfação — a de, sendo um pensador da prática educativa, ter sido compreendido e convidado por militantes em luta, ao diálogo em torno de sua própria luta, armada ou não, que me acompanhou por toda a década de 1970 e se prolonga até hoje, com minha visita a El Salvador de que falo no fim deste livro. Minha passagem pelas ex-colônias portuguesas, com exceção apenas de Moçambique, minhas idas à Tanzânia, minhas conversas com o presidente Nyerere em que discutíamos *education as self-reliance* e a *Pedagogia do oprimido*, minha presença na Nicarágua, em Grenada, a linda e invadida ilha do Caribe, meu encontro com Cuba. Mas, ao lado da satisfação desses encontros, a alegria de muitos outros, nos quatro cantos do mundo, com gente progressista, sonhando o sonho possível de mudar o mundo. E a *Pedagogia do oprimido*, quase sempre, chegando antes a esses cantos do mundo preparando, de certa maneira, minha chegada a eles.

Me lembro de ter escrito nas noites em África, entre Kitwe e Dar es Salaam, um relatório duro, forte, de minha visita. Um relatório em que transcrevia narrativas de africanos a mim feitas do período anterior à independência da Zâmbia ou da Tanzânia e em que falava eu mesmo das marcas cruéis do colonialismo e do racismo.

"Há poucos anos", dizia um professor tanzaniano, ao vir comigo ao bar do hotel em Dar, "eu não poderia estar entrando neste bar, como o faço agora. As coisas eram diferentes. Incríveis os avisos em tabuletas expostas em nossas praias: *Blacks and dogs, forbidden, Blacks and dogs, forbidden*", quase cantarolava baixinho o meu amigo, professor da Universidade de Dar, junto à mesa do bar em frente a mim. *Blacks and dogs, forbidden.* Era como se, repetindo o mesmo discurso ofensivo do vergonhoso aviso, ele expressasse a justa ira de mulheres e de homens, mundo afora, em face do ultraje que o racismo significa.

Andei depois com ele pela praia a ele antes proibida e só aos brancos franqueada. Sua "inferioridade genética", de acordo com a "ciência" de famoso professor "coincidentemente" branco, contraindicava que seus pés de negro pisassem aquelas areias brancas e seu corpo de negro "sujasse" as águas azuis de seu próprio mar. *Blacks and dogs, forbidden*, disse ele ainda, baixinho, quando deixávamos a praia e nos dirigíamos à sua casa para jantar.

Já não há tabuletas como esta nas praias da Tanzânia, mas o racismo continua vivo e forte, esmagando, dilacerando vidas, enfeando o mundo.

Diz Patrick Lekota, companheiro de Popo Molefe, dois extraordinários líderes negros sul-africanos, em carta a um amigo:

> *Today we are receiving judgement. Earlier on I had some anxiety for my family. All my years are going to our struggle, and the question must cross their minds as to whether I still remember my obligations toward them. But now, all that has suddenly changed into unbridled rage with this system of South African law. This past*

*week, an Afrikaner bully, Jacobus Vorster, was fined ($1,200) for tying an African laborer to a tree and beating him to death. He was then released to go back to his farm with an order that he pay the widow ($43) per month for five years. The laborer (deceased) had accidentally killed Vorster's one dog and injured another one... African life remains extremely cheap in this country.**

Eis aí um momento do racismo, mas um momento seguido de milhões de outros instantes, violentos, vergonhosos, absurdos como este.

De 3 de janeiro a meados de fevereiro de 1973, a convite de lideranças religiosas ligadas ao Conselho Mundial de Igrejas, percorri doze estados dos Estados Unidos. Naquela peregrinação me reuni com um sem-número de educadoras e de educadores. Tendo também a *Pedagogia do oprimido* como mediadora, discuti com elas e com eles sua prática, procurando entendê-la criticamente no contexto em que se dava. Nem sempre, diga-se de passagem, estavam de acordo os grupos com as análises que eu fazia de certos componentes de seu contexto histórico-social. As discordâncias, porém, às vezes até em torno de questões substantivas, como veremos mais adiante, não inviabilizavam o diálogo, de modo geral rico e dinâmico.

Trabalhando numa perspectiva ecumênica, a equipe responsável pela jornada entrou em contato com vários grupos de trabalhadores sociais espalhados pelos doze estados e que aderiram ao processo, constituindo com eles

* Rose Moss, *Shouting at the Crocodile*. Boston, Mass.: Popo Molefe, Patrick Lekota and The Freeing of South Africa Beacon Press, 1990.

uma comissão coordenadora dos eventos. Esta, por sua vez, organizou o calendário das reuniões.

Durante os dias da semana me reunia com grupos ou lideranças de movimentos que, mesmo recusando-se, conforme fui informado, a participar, lado a lado, com pessoas ligadas a igrejas, nem por isso foram postos à margem do processo.

Nos fins de semana, em uma cidade de um dos estados em que estivesse atuando, realizava-se um amplo seminário com setenta ou mais participantes cujas linhas e temas principais dos debates eram fixados num relatório minucioso. No último fim de semana da jornada, com representações dos doze seminários, se realizou uma concorrida reunião de avaliação em Nova York, cuja pauta de trabalho foi extraída dos relatórios de cada um dos doze seminários.

Como já disse antes, desde 1967 visitava regularmente o país, participando de encontros e de conferências, além de haver vivido em Cambridge por quase um ano, no nº 371, Broadway Street. Nunca, porém, me havia exposto de maneira tão sistemática e direta à realidade complexa e altamente tecnologizada norte-americana. Aqueles 45 dias me desafiaram ao máximo, me ensinaram bastante. Reaprendi coisas antes aprendidas, coisas óbvias, como, por exemplo, que a *unidade na diversidade* tem de ser a eficaz resposta dos interditados e das interditadas, proibidos de ser, à velha regra dos poderosos: *dividir para reinar.* Sem unidade na diversidade não há como sequer as chamadas *minorias* lutarem, nos Estados Unidos, pelos direitos mais fundamentais, mais, se se pode dizer, mínimos, quanto mais superar as barreiras que as impedem de "ser si mesmas" ou "minorias *para* si", umas *com* as outras e não umas *contra* as outras.

A primeira vez em que fiz esta afirmação sobre a *unidade na diversidade* foi num dos tais seminários de fim de semana. Um seminário em Chicago. Começara a manhã, no hotel em que me achava hospedado com Elza, tendo uma de minhas mais concretas experiências de discriminação. Sentados no restaurante para o café da manhã, os garçons iam e vinham, atendiam o cliente da direita, o da esquerda, o da frente, o de algumas mesas mais ao fundo, passando por nós como se não existíssemos ou como se, num filme de ficção, sob o efeito de uma dessas drogas miraculosas, estivéssemos invisíveis.

Aquela foi uma experiência de que jamais poderia me esquecer. E não poderia olvidá-la precisamente porque, ao experimentá-la, mas dela tomar conhecimento como discriminação tão tardiamente, descobri que, no mais profundo de mim mesmo, não me concebia capaz de ser discriminado. E isso era, no mínimo, falta de humildade de minha parte.

Terminamos sem café da manhã porque, depois de meus justos protestos, da explosão de minha não menos justa raiva, amenizada um pouco pela mansidão de Elza, nos retiramos "acompanhados" das desculpas do funcionário responsável, tão racista quanto os garçons.

Já em cima da hora para o início do seminário, tomamos, no bar da esquina, um suco de laranja e um pouco de café.

Desta forma, cheguei ao salão amplo e já com todos os participantes do seminário presentes, carregado de certa mágoa, muita raiva e uma sensação de impotência a que se juntava, de um lado, um pouco de fome, de outro, a frustração por não ter comido o meu prato predileto das manhãs nos Estados Unidos: *fried eggs and english muffin*.

Após a abertura da sessão pela coordenadora, uma a uma, a liderança dos diferentes grupos se levantava e dizia: "Somos negros e queremos ficar sós." "Somos índios e queremos estar sós." "Somos chicanos e queremos um lugar só para nós." Com ironia, um jovem negro, voltando-se para um grupo de brancos, disse: "Esse é o grupo dos outros." E os brancos, que silenciosos estavam, silenciosos ficaram.

Nas relações entre brancos e negros, a não ser que eu esteja totalmente errado, parece haver, por parte de muitos brancos que se declaram não racistas, algo que os minimiza e os obstaculiza a, autenticamente, lutar contra o racismo. Refiro-me ao que, pelo menos a mim, me parece ser um forte sentimento de culpa com que se relacionam com homens negros e mulheres negras. E se há algo que deve irritar as pessoas discriminadas é a maneira culposa com que alguém as trata. A presença da culpa sugere no mínimo a existência de vestígios da razão de ser da culpa, no caso, do preconceito. Daí a postura acomodada com que muitos brancos se comportam em situações como a descrita. O que eu quero dizer é o seguinte: nas minhas relações com negros, com chicanos, com chicanas, com homossexuais, com *homeless*, com operários, brancos ou negros, não tenho por que tratá-los paternalistamente, transbordante de culpa, mas de com elas e eles discutir, debater, deles ou delas discordar como companheiros já ou como companheiros que poderão vir a ser, companheiros de luta, de caminhada.

Na verdade, os interditados, os renegados, os proibidos de ser não precisam de nossa "mornidade", mas de nosso *calor*, de nossa solidariedade e de nosso amor também, mas de um amor sem manha, sem cavilações, sem pieguismo, de um "amor armado", como o de que nos fala o poeta Thiago de Mello.[49]

Foi exatamente no silêncio que se fez em seguida à fala da liderança de cada grupo reivindicando seu isolamento que falei e disse: "Respeito a posição de vocês, mas estou convencido de que quanto mais as chamadas minorias se assumam como tais e se fechem umas às outras, tanto melhor dorme a única e real minoria, a classe dominante. Em todas as épocas, o poder, entre muitos direitos que se outorga, sempre teve como condição intrínseca a si mesmo o direito de perfilar, de descrever quem não tem poder. E o perfil que os poderosos fazem dos a quem falta poder, ao ser encarnado por eles ou elas, obviamente reforça o poder dos que o têm e em razão de que perfilam. Os colonizados jamais poderiam ser vistos e perfilados pelos colonizadores como povos cultos, capazes, inteligentes, imaginativos, dignos de sua liberdade, produtores de uma linguagem que, por ser linguagem, marcha e muda e cresce histórico-socialmente. Pelo contrário, os colonizados são bárbaros, incultos, 'a-históricos', até a chegada dos colonizadores que lhes 'trazem' a história. Falam dialetos fadados a jamais expressar a 'verdade da ciência', 'os mistérios da transcendência' e a 'boniteza do mundo'.

"De modo geral, num primeiro momento de sua experiência histórica, quem não tem poder aceita, por isso mesmo, o perfil que os poderosos lhe fazem. Um dos sinais de inconformismo dos carentes de poder é a rebeldia contra os perfis que lhes impõem os poderosos.

"As chamadas minorias, por exemplo, precisam reconhecer que, no fundo, elas são a maioria. O caminho para assumirem-se como maioria está em trabalhar as semelhanças entre si, e não só as diferenças, e, assim, criar a *unidade na diversidade*, fora da qual não vejo como aperfeiçoar-se e até como construir-se uma democracia substantiva, radical."

Meu discurso irritou parte dos presentes. "Isto é uma afirmação branca", disse o jovem líder negro, com o dedo em riste e o olhar duro me fulminando.

"Não. Esta não é uma afirmação branca", disse eu. "É uma afirmação lúcida e progressista que poderia ter sido feita por um homem negro, por uma mulher negra, por um irlandês de olhos azuis, por um chicano, não importa por quem, desde que progressista. Esta afirmação só não pode ser feita por uma pessoa interessada em manter o *status quo*, só não pode ser feita, coerentemente, por um racista. O que é possível, porém, é que, historicamente, não haja, agora, possibilidade, por *n* razões, de realizar-se a unidade na diversidade. Que as bases de cada 'minoria', por exemplo, não tenham amadurecido o suficiente ainda para aceitar o diálogo, o estar *com*, entre elas ou, o mais provável, suas lideranças. Isto é outra coisa. Dizer, porém, que a *unidade na diversidade* é, em si, 'uma afirmação branca', não. Não é correto."

Os grupos se dividiram e se isolaram, discutiram, chegaram a conclusões em torno de certos problemas.

No término do seminário, aproveitando a referência feita ao assunto, voltei a falar sobre ele, insistindo: na caminhada em busca da unidade na diversidade, uma longa e difícil, mas indispensável, caminhada, as "minorias", no fundo, repita-se, maioria, em contradição com a única minoria, a dominante, teriam muito o que aprender.

É que ninguém caminha sem aprender a caminhar, sem aprender a fazer o caminho caminhando, sem aprender a refazer, a retocar o sonho por causa do qual a gente se pôs a caminhar. Foi disso que ouvi falar agora, tanto tempo depois daquela manhã de sábado de Chicago. Foi disso que falou transparente e energicamente, agora, na ECO-Rio 92, o líder atual dos seringueiros, entre os Povos da Floresta, Osmarino Amâncio, um dos discípulos de Chico Mendes, há pouco tempo covardemente assassinado. Suas palavras e a ênfase com que as dizia na presença de um cacique Ianomâmi me faziam recordar o encontro de Chicago.

"No começo", afirmou ele, "instigados pelos poderosos, acreditávamos que os índios eram nossos inimigos. Por sua vez, os índios, manipulados pelos mesmos poderosos, acreditavam que éramos seus inimigos. Com o tempo, fomos descobrindo que as nossas diferenças não deveriam ser jamais razão para que nos matássemos entre nós em favor dos interesses dos poderosos. Descobrimos que éramos todos 'Povos da Floresta' e que queríamos e queremos uma coisa só em torno da qual nos devemos unir: a floresta. Hoje", concluiu, "somos uma unidade nas nossas diferenças".

Há um outro aprendizado demasiado importante, mas, ao mesmo tempo, demasiado difícil de ser feito, sobretudo em sociedades altamente complexas como a norte-americana. Refiro-me ao aprendizado de que a compreensão crítica das chamadas minorias de sua cultura não se esgota nas questões de raça e de sexo, mas demanda também a compreensão nela do corte de classe. Em outras palavras, o sexo só não explica tudo. A raça só também. A classe só, igualmente. A discriminação racial não pode, de forma alguma, ser reduzida a um problema de classe como o sexismo, por outro lado. Sem, contudo, o corte de classe, eu, pelo menos, não entendo o fenômeno da discriminação racial nem o da sexual, em sua totalidade, nem tampouco o das chamadas minorias em si mesmas. Além da cor da pele, da diferenciação sexual, há também a "cor" da ideologia.

A multiculturalidade é outro problema sério que não escapa igualmente a essa espécie de análise. A multiculturalidade não se constitui na justaposição de culturas, muito menos no poder exacerbado de uma sobre as outras, mas na liberdade *conquistada*, no direito *assegurado* de mover-se cada cultura no respeito uma da outra, correndo risco livremente de ser diferente, sem medo de ser diferente, de ser cada uma "para si", somente como se faz possível crescerem juntas e não na experiência da tensão permanente, provocada pelo todo-poderosismo de uma sobre as demais, proibidas de ser.

A tensão necessária permanente entre as culturas na multiculturalidade é de natureza diferente. É a tensão a que se expõem por ser diferentes, nas relações democráticas em que se promovem. É a tensão de que não podem fugir por se acharem construindo, criando, produzindo a cada passo a própria multiculturalidade que jamais estará pronta e acabada. A tensão, neste caso, portanto, é a do inacabamento que se assume como razão de ser da própria procura e de conflitos não antagônicos e não a criada pelo medo, pela prepotência, pelo "cansaço existencial", pela "anestesia histórica" ou pela vingança que explode, pela desesperação ante a injustiça que parece perpetuar-se.

É preciso também deixar claro que a sociedade a cujo espaço por motivos econômicos, sociais, históricos chegaram outros grupos étnicos e aí se inseriram em relação subordinada, tem sua classe dominante, sua cultura de classe, sua linguagem, sua sintaxe, sua semântica de classe, seus gostos, seus sonhos, seus fins, seus projetos, valores, programas históricos. Sonhos, projetos, valores, linguagem que a classe dominante não apenas defende como seus e, sendo seus, diz serem nacionais, como exemplares, mas também por isso mesmo "oferece" aos demais através de *n* caminhos, entre eles, a escola e não aceita recusa. É por isso que não há verdadeiro bilinguismo, muito menos multilinguismo, fora da multiculturalidade e não há esta como fenômeno espontâneo, mas criado, produzido politicamente, trabalhado, a duras penas, na história.

Daí, mais uma vez, a necessidade da invenção da unidade na diversidade. Por isso é que o fato mesmo da busca da unidade na diferença, a luta por ela, como processo, significa já o começo da criação da multiculturalidade. É preciso reenfatizar que a multiculturalidade como fenômeno que implica a convivência num mesmo espaço de diferentes culturas não é algo natural e espontâneo. É uma criação histórica que implica decisão, vontade política, mobilização, organização de cada grupo cultural com vistas a fins comuns. Que demanda, portanto, uma certa prática educativa coerente com esses objetivos. Que demanda uma nova ética fundada no respeito às diferenças.

Num primeiro momento, a luta pela unidade na diversidade, que é obviamente uma luta política, implica a mobilização e a organização das forças culturais em que o corte de classe não pode ser desprezado, no sentido da ampliação e no do aprofundamento e superação da democracia puramente liberal. É preciso assumirmos a radicalidade democrática para a qual não basta reconhecer-se, alegremente, que nesta ou naquela sociedade o homem e a mulher são de tal modo livres que têm o direito até de morrer de fome ou de não ter escola para seus filhos e filhas ou de não ter casa para morar. O direito, portanto, de morar na rua, o de não ter velhice amparada, o de simplesmente não ser.

É imperioso irmos além de sociedades cujas estruturas geram ideologia de acordo com a qual a responsabilidade pelos fracassos e insucessos que elas mesmas criam pertence aos *fracassados* enquanto indivíduos, e não às estruturas ou à maneira como funcionam essas sociedades. Se os garotos negros não aprendem bem o inglês a culpa é deles, de sua incompetência "genética" e não da discriminação a que são submetidos, de raça e de classe, e não do elitismo autoritário com que se pretende impor o "padrão culto", elitismo, no fundo, irmão gêmeo do desrespeito total ao saber e ao falar populares. É o mesmo que ocorre no Brasil. Os meninos e as meninas dos morros e dos córregos não aprendem porque são, de *nascença*, incompetentes.

Estes foram alguns dos temas debatidos na jornada de que falo.

A reação à maioria das posições em que estava na época e continuo hoje não se fazia esperar.

Teria sido péssimo se tivesse havido um silêncio bem-comportado que apenas escondesse a discordância. Foi bom que tivessem os diferentes grupos, com algumas exceções é verdade, se expressado não importa que contra a minha visão dos fatos e dos problemas.

De 1973 para 1992, as coisas não mudaram muito quanto à recusa quase sistemática que movimentos antirracistas e antissexistas, indiscutivelmente sérios, opõem à presença da *classe social* na análise compreensiva, de um lado, do fenômeno, do outro, da luta contra ele, bem como contra a tese da unidade na diversidade.

Recentemente, professora universitária, negra, amiga minha, séria e competente, em conversa comigo, com minha mulher, Nita, e o prof. Donaldo Macedo, em Boston, negava veementemente qualquer relação entre classes sociais e racismo.

Ouvimo-la, ouviu-nos, ouvimo-nos, respeitosamente, como em 1973 ouvi os que diziam *não* a minhas análises.

Se ela se tivesse ofendido conosco e nós com ela porque, para nós, mesmo que não seja possível reduzir o racismo à classe social, não podemos entendê-lo sem ela, enquanto que, para minha amiga, não, teríamos caído numa posição sectária tão condenável quanto o racismo que execramos.

Mais recentemente ainda, em julho deste ano, experimentei forte resistência de um grupo de intelectuais competentes, na sua maioria de origem mexicana e porto-riquenha, na Califórnia, contra o sonho possível, contra a utopia necessária, da superação desse gosto quase irrefreável pela gueticização, no sentido da invenção política da unidade na diversidade. Reação ou recusa que se estendia igualmente à aceitação da categoria de classe nas análises da realidade norte-americana.

Nos intervalos das sessões do seminário me deleitava com a leitura de Manning Marabele.*

Outra jornada, com momentos marcantes, foi a primeira visita ao Caribe, com um programa de encontros e debates em várias ilhas, começando pela Jamaica.

E em todas as ilhas, com uma ou outra exceção, os seminários eram planejados e coordenados por organizações que trabalhavam em áreas populares, prestando assessoria em vários níveis e campos a movimentos sociais.

Mais uma vez, a leitura da *Pedagogia do oprimido* e a aplicação de algumas de suas sugestões me traziam ao campo onde me defrontava quase sempre com problemas idênticos, mas "vestidos", como costumo dizer, com "roupa" diferente.

Para evitar um alongamento desnecessário, escolhi três momentos mais ricos da experiência de viagem e neles me detenho.

---

* *The Crisis of Color and Democracy Essays on Race, Class and Power.* Monroe, Maine: Common Conrage Press, 1992.

O primeiro momento diz respeito à minha proibição de entrar no Haiti, em cuja capital teria um dos seminários para discutir alfabetização e pós-alfabetização.

Em Genebra, eu havia conseguido, através do Conselho Mundial de Igrejas, visto de entrada no Haiti. Ao chegar, porém, a Kingston, fui informado pelos organizadores do programa de que as autoridades haitianas lhes haviam comunicado estar eu proibido de entrar no país. Desta forma, substituíram o seminário do Haiti por outro, na República Dominicana.

Vale a pena aqui, muito mais para sublinhar o que há de mandonismo, de arbítrio, de medo à liberdade, de raiva dela também, de horror à cultura, de desprezo ao pensamento, nos regimes autoritários, sem povo, do que por outra razão, comentar a maneira como fui proibido de entrar no Haiti, àquela época. Me foi dito que, ao chegar ao conhecimento do governo a solicitação dos coordenadores do seminário para que eu entrasse no país, resolveram as autoridades nacionais, talvez para serem simpáticas ao regime militar brasileiro, consultar a nossa embaixada, em Porto Príncipe.

A resposta foi, segundo a mesma fonte, um não categórico. Obviamente, nada disso posso provar, mas tudo isso pouco significa junto ao que, durante o regime militar, que se dizia de si mesmo sério, democrático e puro, se fez de pressão absurda, não só contra mim, mas contra muitos outros brasileiros no exílio. Os primeiros doutoramentos *honoris causa* que recebi foram precedidos de ridículas pressões junto às universidades que me outorgaram o título. Minha passagem pela Unesco, paga pela FAO, causou reações do então governo militar que dele falaram pessimamente pela inconsistência dos argumentos e pela mesquinharia que continham.

Depois de uma longa pressão de Elza, minha primeira mulher, sobre o consulado brasileiro em Genebra, insistindo no direito que ela e nossos filhos menores tinham de portar o passaporte cuja renovação lhes havia sido negada há mais de três anos, o governo brasileiro de então mandou fornecer-lhes um documento válido apenas para a Suíça, como se eles precisassem de passaporte para ir de Genebra a Zurique. Falei muito, pelo mundo afora, da "inventividade" do Ministério das Relações Exteriores brasileiro. No fundo, a diplomacia nacional inventara o "fica-porte" com que "amainava" a vida de exilados menos perigosos...

O interessante é que Elza viajou comigo por parte do mundo com seu "fica-porte". Nos aeroportos, os policiais olhavam cuidadosamente, examinavam cautelosamente aquela estranheza diplomática, sorriam e carimbavam aceitando, assim, não tanto o "fica-porte", mas a pessoa humana que o usava.

Voltemos ao caso.

Proibido de entrar no Haiti, foi organizado outro encontro na República Dominicana. Era um grupo de educação popular ligado à Igreja Católica. Vinte a 25 educadores e educadoras que queriam discutir comigo sobretudo a questão da Temática Geradora, a programação dos conteúdos programáticos e a crítica à "educação bancária". Vindo em direção à República Dominicana, fizemos uma parada em Porto Príncipe. Eu viajava com um técnico das Nações Unidas e uma educadora jamaicana. Por questões técnicas, o voo para a República Dominicana só sairia três horas depois. Desta forma, o meu amigo, técnico das Nações Unidas, falou por telefone com uma amiga sua que, rapidamente, veio ao aeroporto nos buscar para um passeio pela cidade.

Entrei no país estando proibido de fazê-lo, com o meu documento suíço sob o passaporte de meu amigo. Um passaporte azul que, "azulando" o meu, o preservou de ser examinado.

Me impactou a pequena cidade. Sobretudo a presença de artistas populares, espalhando em recantos das praças seus quadros, cheios de cor, falando da vida de seu povo, da dor de seu povo, de sua alegria. Era a primeira vez que, diante de tamanha boniteza, de tamanha criatividade artística, de uma tal quantidade de cores, eu me sentia como se estivesse, e de fato estava, em frente a uma multiplicidade de discursos do povo. Era como se as classes populares haitianas, proibidas de ser, proibidas de ler, de escrever, falassem ou fizessem o seu discurso de protesto, de denúncia e de anúncio, através da arte, única forma de discurso que lhes era permitida.

Pintando não apenas se mantinham, mas mantinham, também, em si, possivelmente sem o saberem, o desejo de ser livres.

Há algum tempo atrás, tive uma vontade enorme de, voltando, ir legalmente ao Haiti, quando do governo eleito e democrático recentemente deposto por mais um aventureiro enfeador de seu mundo e aprisionador de seu povo. Agora, com mais essa traição ao povo haitiano, não. É uma lástima que cheguemos ao fim do século, que é também fim de milênio, correndo ainda o risco histórico de sofrer esses golpes covardes contra a liberdade, contra a democracia, contra o direito de ser. Mais uma vez a minoria dominante, com o poder econômico e político em que funda o seu poder de fogo, sua violência destrutiva, esmaga as maiorias populares no Haiti que, indefesas, voltam ao silêncio e à imobilidade. Possivelmente mergulharão nas artes populares, nas suas festas, na sua música, no ritmo de seu corpo, a que jamais deverão renunciar, mas que agora são expressão também de sua resistência.

Mal imaginava, no percurso à República Dominicana, o que me esperava lá.

Como cidadão brasileiro, não procurei visto. O problema é que não tinha nem sequer "fica-porte" brasileiro, mas documento de viagem suíço.

Para a polícia no aeroporto, eu não era brasileiro, mas suíço. E, como suíço, deveria ter visto. Como não tinha, tive minha entrada proibida. De forma até grosseira fui levado à sala de espera para tomar o mesmo avião cujo voo continuava até Porto Rico.

Nesse meio-tempo, o técnico das Nações Unidas, deixando a parte interna do aeroporto, falou, no salão de recepção, com o sacerdote que me aguardava e lhe contou o que estava acontecendo.

Uns quinze minutos mais tarde, quando eu já me "reciclara" para ir a Porto Rico e, de lá, a Genebra, via Nova York, fui procurado pelo mesmo policial que me trouxera descortesmente para a sala de espera de onde deixaria o país. "Senhor", me disse ele, mudado, mais delicado, "me acompanhe que o senhor vai entrar".

Naquela hora eu estava muito mais para viajar do que para ficar, mas as pessoas que me esperavam não deviam ser punidas nem eu tampouco deveria deixar de cumprir a tarefa para a qual viera à República Dominicana. Acompanhei o policial em desculpas até o controle de passaporte onde se achava o sacerdote que teria ainda de muito se empenhar para que eu pudesse entrar no país. É que fui "reprovado" no teste do "livrão" do aeroporto, substituído agora, certamente, por computadores. Meu nome, não havia erro nem equívoco, *Paulo Reglus Neves Freire*, estava lá, inteirinho, escrito certinho, sem uma letra a mais ou a menos. Isso significava que eu não podia entrar no país e agora por motivos muito mais sérios do que o anteriormente apontado, quer dizer, a falta de visto no meu documento suíço. Agora, não. Eu me achava entre um sem-número de gente "indesejável" — "subversivos perigosos", "ameaçadores", contrabandistas, traficantes.

A única saída, disse o chefe da polícia do aeroporto, chamado para opinar, ao sacerdote que me convidara, é falar com o general da segurança. Só ele pode deixar ou não deixar. O próprio chefe da polícia do aeroporto fez a ligação.

— Sim — disse o sacerdote. — Sim, general. Se o professor aceitar as condições, me responsabilizo por ele.

Cobrindo com a palma da mão direita o fone, me perguntou:

— O senhor aceita ficar os cinco dias aqui sem sair da casa onde teremos o seminário? A imprensa não pode saber de sua presença no país. Ninguém. Aceita?

— Claro que aceito. Vim aqui para conversar, para ensinar e para aprender e não para passear ou dar entrevistas. Aceito sem problemas — respondi.

— Tudo bem, general. O professor Freire agradece a possibilidade de entrar em nosso país nas condições que o senhor estabelece, e eu garanto que serão cumpridas à risca.

Passou o fone ao chefe de polícia do aeroporto, que ouviu as ordens do general, chefe da segurança nacional.

Entrei. Trabalhei os cinco dias. Ouvi excelentes depoimentos sobre trabalhos em áreas camponesas e urbanas. Era para isso que eu tinha vindo. Teria sido uma imaturidade política de minha parte se, por questão de vaidade pessoal, achando-me diminuído, tivesse recusado a proposta do general.

Nos cinco dias, sem entrevistas, sem aparecer nas ruas, sem visitar a cidade, fiz, porém, o que devia ter feito.

No último dia, na ida para o aeroporto, o padre deu umas voltas discretamente pela cidade para que eu ganhasse uma visão geral da mesma.

Indiscutivelmente, experiência incomparável à que tive, meses depois, de uma noite preso num hotel de Libreville, no Gabão, África, quando em viagem a convite do governo recém-instalado de São Tomé e Príncipe.

Preso, em trânsito, que ironia, numa cidade chamada *Libreville*, por "ser demasiado perigoso e ter escrito um livro subversivo", me foi dito sem nenhum subterfúgio.

— Mas, senhor — disse eu ao policial que tinha ares incontestáveis de chefe —, estou apenas passando por seu país em que me demorarei por 24 horas somente porque o voo para São Tomé é amanhã à tarde. Por outro lado, estou passando por aqui a convite do governo de São Tomé e Príncipe. Não vejo assim senão como um abuso de poder, contra o qual protesto, o que o senhor acaba de me comunicar: que estarei internado no hotel até o voo de amanhã.

— O senhor não estará preso. O senhor é nosso hóspede, mas não pode sair do quarto.

Momentos depois, já no hotel, tive a porta do meu quarto fechada por fora.

Não estava preso. Que estranha semântica!

Daquela primeira visita ao Caribe houve um ponto que me impressionou muito. A experiência que visitei na linda e pequenina ilha de Dominica.

Moradores de uma fazenda, núcleo de produção agrícola, que entrara em crise, os camponeses haviam conseguido do governo que a desapropriasse — o que, segundo me disseram, interessava também à empresa britânica que a explorava — e a entregasse a eles que, em *n* anos, pagariam por ela.

Com a desapropriação da fazenda os camponeses criaram, contando com a ajuda técnica de um engenheiro agrônomo que trabalhava antes na mesma, uma cooperativa. Quando visitei a experiência já fazia um ano e tanto que administravam a propriedade com excelentes resultados.

Há um aspecto de caráter pessoal que eu gostaria de tornar público neste livro. Uma experiência que vivi e de que falei a meus filhos na volta a Genebra. Fui hospedado pelo presidente da cooperativa que gerenciava a vida econômica, social e educativa da fazenda. Ele morava com sua mulher, sem filhos, numa casa simplíssima, sem luz elétrica, numa elevação, numa espécie de morro, como dizemos no Brasil. Em frente à casa, uma frondosa mangueira, alguns arbustos, uma grama verde.

Chovia quando desci do carro para subir a ladeira escorregadia, de um barro viscoso, "primo" do massapé do Nordeste brasileiro. Um escorrego aqui, outro em seguida, minha mão direita segurando forte o braço do camponês presidente, meus pés adivinhando onde pisar, finalmente chegamos à casa iluminada por um lampião de querosene.

Falamos um pouco o presidente e eu. A mulher, num canto da sala, ouvia e não se arriscava a dizer nada.

Cansado, pensava mais em dormir que em outra coisa.

Antes de ir para o quarto, o quarto do companheiro presidente e de sua mulher que me haviam oferecido como gesto fraterno, quis naturalmente urinar. Foi então que percebi o quanto estava distante da vida concreta, do cotidiano dos camponeses e camponesas, apesar de haver escrito o livro, cuja leitura em seus círculos de estudo os fizera me convidar para vir com eles conversar.

Quanto mais sentia necessidade de urinar, menos livre me sentia para perguntar pelo sanitário. Complicava as coisas. Dizia a mim mesmo: se perguntar onde fica o sanitário e não houver sanitário, como serei entendido?

Em certo momento, me disse: estou parecendo agora um pouco com brancos liberais que se sentem culpados quando falam com negros, comportamento a que me referi páginas atrás. Somente que neste caso o corte é de classe. Me refiz, então, e perguntei: "Onde fica o sanitário?" "O sanitário? Fica no mundo", disse o companheiro presidente me levando cortesmente para debaixo da mangueira onde ambos aumentamos a quantidade de água que caía sobre a relva.

Depois do sanitário, meu problema maior era como, no dia seguinte, tomar meu banho matinal. Meu banho matinal, na forma em que o tomo, tem a ver com minha posição de classe. Como a forma de falar, de concordar o verbo com o sujeito, a maneira de vestir, de andar, de gostar das coisas.

Foi muito bom para mim conviver não só com o casal, mas com os camponeses em geral. Foi muito bom sobretudo observar como trabalhavam a questão da educação, da cultura, da formação técnica, eles e seus companheiros de cooperativa.

Para isso visitei durante dois ou três dias o campo mesmo, além de uma conferência organizada pela liderança de que participei, com a presença de perto de sessenta camponeses, em que se discutiram problemas de organização curricular e problemas de ensino-aprendizagem.

Com um ano e pouco de patrões de si mesmos, experimentando-se democraticamente, sem, portanto, os abusos, de um lado, da licenciosidade, da liberdade sem limites; de outro, sem os abusos da autoridade sem limites também, o trabalho da fazenda era realmente exemplar. A contribuição do agrônomo educador por sua seriedade e sua competência era salientada por todos.

Organizaram em toda a área da fazenda aproximadamente dez "centros" ou dez núcleos sob a liderança de uma equipe responsável e com a coordenação de um deles, escolhido por eleição. Construíram dez salas rústicas, com chão batido, com cavaletes presos no solo sobre os quais se estendiam tábuas que viravam mesas, com uma extensão que servia de cozinha, em que os componentes da área a que correspondia o centro se juntavam na hora do almoço para uma refeição socializada. Todos os participantes da área de cada centro traziam de suas casas a contribuição que pudessem — um frango, um peixe, frutas etc. Havia também uma comissão de dois, um homem e uma mulher, que revezadamente se encarregava da preparação dos alimentos.

Diariamente, dispunham de duas horas para o almoço em cujo tempo discutiam problemas da experiência cotidiana. Um deles, também revezadamente, se encarregava de anotar os assuntos discutidos ou simplesmente apontados nas reuniões diárias. Estes assuntos, material das reuniões diárias, eram trazidos para o grande encontro quinzenal, num sábado, na sede da cooperativa, com a presença do engenheiro agrônomo e de outros especialistas. A fazenda, toda ela, era considerada pelos camponeses não só como um centro de produção econômica mas também cultural. No fundo, os dez "núcleos culturais" dentro da fazenda eram a melhor forma que encontraram para *cindi-la* como totalidade, no processo de melhor conhecer e de melhor formar-se, assim como a reunião quinzenal era o esforço de retotalizar a totalidade cindida.

Esta foi uma experiência de educação popular diretamente ligada à produção que vi funcionar de maneira exemplar nos anos 1970.

Recentemente, participando de conferência internacional em Montego, Jamaica (maio de 1992), conheci uma educadora da Dominica a quem de imediato, falando do que vira anos atrás, perguntei se ela sabia como andava o trabalho na fazenda comunitária. "Se acabou. Razões políticas", disse ela.

Em fins de 1979 e começos de 1980 estive duas vezes, novamente, no Caribe. Dessas vezes, meu endereço foi Grenada, a pequena e magnífica ilha que, quase num passe de mágica, aparentemente da noite para o dia, começara uma revolução que, bonita e mansa, não escapou às iras e ao ranger de dentes das gentes raivosas, donas do mundo, como das gentes também raivosas que, sem ser donas do mundo, se pensam donas da verdade revolucionária.

A revolução em Grenada resultou, no seu momento final, de uma arrancada quase quixotesca de seu líder, um ainda jovem e ardoroso líder, confiante no seu povo.

Aproveitando a ausência do chefe do governo, Bishop e uma dúzia de companheiros assaltaram um distrito policial que, sem resistência, se entregou. Com as armas conquistadas, se armaram outros militantes a quem se juntaram outros e mais outros, e a quem se juntaram forças do governo que aderiram ao movimento de tal modo que, como um rolo compressor, se chegou ao colapso total do poder. É óbvio que o lado subjetivo da revolução estava em expectativa. O mal-estar das maiorias populares, sua esperança e sua disponibilidade à mudança, sem o que a arrancada de Bishop e seus companheiros não teria ultrapassado possivelmente o segundo obstáculo.

A história não se entrega ou se curva docilmente à vontade arrogante dos voluntaristas. As transformações sociais se fazem na coincidência entre a vontade popular, a presença de uma liderança lúcida e o momento histórico propício.

Desta forma, um movimento popular empolgou o poder com um mínimo de gastos sociais. A reação não teve sequer tempo de reagir. A ilha se preparava para caminhar de outra forma. Um governo diferente procurava mudar a cara do país.

Minha primeira visita à ilha foi acertada um mês antes, em Manágua, quando lá estava a convite de Fernando Cardenal, coordenador da Cruzada de Alfabetização e, em seguida, ministro da Educação. Foi em Manágua, a cuja Cruzada dei também um pouco de mim e de minha compreensão da educação, que meu amigo Arturo Ornelles, que trabalhara comigo em São Tomé, na África, e que então trabalhava no Setor da Educação da Organização dos Estados Americanos (OEA), me disse do interesse que o Ministério da Educação de Grenada tinha em que eu visitasse o país. Dependia, dizia Arturo, de mim, apenas.

Arturo se encarregou de comunicar ao governo de Grenada que eu aceitara o convite, mas que seria necessário que o ministro solicitasse minha vinda ao país ao Conselho Mundial de Igrejas, em cuja Divisão de Educação eu trabalhava. Foi tudo acertado e nos meados de dezembro chegávamos a Grenada, quando, tudo indicava, só as elites do poder fora do governo e seus "senhores externos" se opunham radicalmente à nova direção política do país. Era de se esperar que se opusessem. Defendiam seus interesses de classe e de raça.

Devem haver ficado jubilosos quando, assassinado Mr. Bishop pelo fanatismo sectário e autoritário de uma esquerda perversa e incompetente, que provocou forte reação de Fidel Castro, se facilitou a já não difícil invasão da ilha.

A invasão desmoronou os sonhos das maiorias populares que continuarão a viver a vida difícil, reimersas, possivelmente, no fatalismo em que não há lugar para a utopia.

Este não era o clima histórico quando de minhas duas visitas a Grenada. Pelo contrário, havia uma alegria contagiante nas pessoas. Falavam com a esperança de quem começava a participar da recriação de sua sociedade.

Três encontros na primeira visita me impressionaram. O em que, com o ministro, discuti por todo um dia com equipes nacionais alguns aspectos fundamentais da nova educação que procuravam, aos poucos, ir pondo em prática. Pensávamos juntos numa educação que, respeitosa da compreensão do mundo das crianças, as desafiasse a pensar criticamente. Uma educação em cuja prática o ensino dos conteúdos jamais se dicotomizasse do ensino do pensar certo. De um pensar antidogmático, antissuperficial. De um pensar crítico, proibindo-se a si mesmo, constantemente, de cair na tentação do puro improviso.

Qualquer esforço no sentido de implementar as considerações acima, isto é, qualquer tentativa de pôr em prática uma educação que, primeiro, respeitando a compreensão do mundo dos educandos, os desafie a pensar criticamente; segundo, que não separe o ensino do conteúdo do ensino do pensar certo, exige a formação permanente dos educadores e das educadoras. Sua formação científica, mas, sobretudo, que exige um empenho sério e coerente no sentido da superação das velhas marcas autoritárias, elitistas, que perduram nas pessoas em que elas "habitam", sempre dispostas a ser reativadas. E sem o exercício dessa tentativa de superação, que envolve a nossa subjetividade e que implica o reconhecimento de sua importância, tão menosprezada e minimizada pelo dogmatismo que a reduz a mero reflexo da objetividade, toda tentativa de mudança da escola para pô-la numa direção democrática tende a não vingar.

Os dois princípios referidos podem inclusive fundar toda uma transformação da escola e da prática educativa nela. A partir daqueles dois pontos, dizia eu às educadoras e educadores no encontro, seria possível irmos desdobrando *n* dimensões, inovando a organização curricular, as relações educadores-educandos, as relações humanas na escola, direção-professores-serventes-zeladores, as relações da escola com as famílias, com o bairro em que a escola se acha.

Ficou acertado que no mês de fevereiro do ano seguinte, 1980, haveria um primeiro seminário nacional de formação de quadros que, em seguida, se desdobraria num sem-número de encontros formadores pela ilha.

Para o seminário de fevereiro, viabilizado pelo setor de que Arturo fazia parte e já referido no texto, fomos convidados, o sociólogo brasileiro, hoje professor da Universidade Federal de Pernambuco, João Bosco Pinto, a socióloga da educação, chilena, profª Marcela Gajardo, que não pôde comparecer, eu e, naturalmente, Arturo Ornelles.

O segundo encontro que me impressionou na primeira visita foi o que tive com funcionários administrativos do Ministério da Educação. O ministério reservou uma manhã para o nosso diálogo, para o qual foram todos convidados, desde os serventes e motoristas até as secretárias dos diferentes departamentos, passando pelas datilógrafas.

"Estou convencido", me disse o ministro ao me solicitar a reunião, "de que não é possível mudar, reorientar a política pedagógica, pondo-a na perspectiva democrática a que aspiramos, sem contar com a adesão dos diferentes setores que, desta ou daquela forma, fazem o Ministério da Educação. Como não é possível fazer nada sem a adesão dos educandos, de suas famílias, das comunidades".

Aquela foi, na verdade, a primeira vez em que uma administração, afirmando-se progressivamente, me convidava para falar a seus servidores da educação sobre a importância de nossas tarefas, não importa se a de limpar a sala ou se a de pensar a prática educativa. E não havia nisso, como não há, nenhuma demagogia.

As reações oscilavam entre a surpresa que estonteava e que se expressava no olhar de uns, na face de outros, e a curiosidade que explodia em busca de saber por parte de muitos.

Uma das conclusões a que chegaram na presença do ministro foi a de que reuniões como a que tivemos se deveriam sistematizar, mesmo que não tivessem caráter obrigatório.

O terceiro encontro que me tocou foi com o próprio Mr. Bishop. Recebeu-nos a Arturo Ornelles e a mim durante perto de três horas, no casarão oficial do governo. Nossa conversa foi regada a suco de frutas e tínhamos à disposição de nossa vontade, de nosso desejo ou de nossa gula, numa mesa ao lado, uma bandeja com lindas frutas da ilha.

No momento em que escrevo e esmiúço minha memória, eu me pergunto sobre duas ou três qualidades daquele homem, tão cedo riscado do mundo que ele amou e que, na conversa com ele, nos tocaram a Arturo e a mim.

Creio que poderia começar pela simplicidade nada artificial. Simplicidade de quem, vivendo a coerência entre o que diz e o que faz, não necessita sequer de se esforçar para não se permitir cair no "ufanismo" de si mesmo. Foi assim, com simplicidade, às vezes com um riso de menino, que ele nos falou da arrancada cheia de aventura, mas não aventureira, que ele empreendeu com seus companheiros em busca da assunção do poder que, então, procurava recriar.

O gosto da liberdade e o respeito à liberdade dos outros, a vontade de ajudar seu povo a ajudar-se, a mobilizar-se, a organizar-se para reperfilar sua sociedade. Um claro sentido da oportunidade histórica, oportunidade que não existe fora de nós próprios, num certo compartimento do tempo, à espera de que vamos a seu encalço, mas nas relações entre nós e o tempo mesmo, na intimidade dos acontecimentos, no jogo das contradições. Oportunidade que vamos criando, fazendo na própria história. História que nos castiga quando não aproveitamos a oportunidade ou quando simplesmente a inventamos na nossa cabeça, sem nenhuma fundação nas tramas sociais.

A maneira dialética de pensar e não a maneira de "falar" sobre a dialética. A impressão que tenho agora, na rememorização do encontro, é que Bishop viveu tão bem o pensamento dialético que não havia nele nenhuma separação entre o discurso e a prática. Daí, por exemplo, a compreensão que revelou, na conversa, da importância da subjetividade na história, que o levaria a reconhecer o papel da educação antes e depois da produção, ou melhor, do esforço para produzir um novo poder.

Talvez tenha sido este um dos pontos, desdobrado em práticas políticas de seu governo, que tenha provocado e predisposto os mecanicistas, em nada dialéticos, contra ele.

Em certo momento de nossa conversa, me pediu algo que revelava um gosto democrático e sua semelhança com o grande líder africano Amílcar Cabral, sobre cuja luta falamos entusiasmados. Me pediu que dedicasse algum tempo de minha presença na ilha aos militares. "É muito importante", dizia mais ou menos, "que você discuta com eles sobre o espírito abertamente civil com que e só com que podemos refazer nossa sociedade".

Bishop percebia, mesmo que não o tivesse expressado, que, no fundo, na reinvenção democrática da sociedade, o militar só tem sentido quando se sabe a serviço da sociedade civil. É ela que dá sentido a ele e não ele que dá sentido a ela.

Obviamente, este foi um dos temas de minha conversa com os militares. Tema que provocou alguns silêncios como, talvez, expressão de desaprovação.

De minhas reuniões, a com os militares foi a que menos me impressionou. Antes me encontrara com alguns oficiais superiores em Lima e em Lisboa, depois da chamada Revolução dos Cravos. Tivera três horas de conversa com majores e coronéis das diferentes armas. Gente moça, cansada de uma guerra injusta e impossível, a da África.

No fundo as forças armadas coloniais portuguesas, em plena década de 1970, enfraquecidas para a guerra por se acharem inseridas num processo em que percebiam, cada vez mais, o absurdo da guerra, tinham de enfrentar os africanos que, na razão inversa do que se passava com elas, cresciam em convicção da certeza ética e histórica de sua luta.

O meu encontro com os militares portugueses, conscientizados pela guerra africana e organizado por um major que hipotéticas, verdadeiras codificações em torno de que, apresentando aos participantes do seminário elementos que tipificassem a situação, pedir-lhes que, num período *x*, escrevessem sobre eles. No fundo, que descodificassem a codificação.

A partir de um exemplo que dou agora, podemos imaginar o restante sobre que, lamentavelmente, nenhum de nós, neste momento, tem documentação. Um desenho, por exemplo, em que se vê uma *escola* rural típica da ilha, com *n* elementos de sua ambiência revelados.

Solicitações da equipe coordenadora do seminário:

a) Caracterizar, descrever o que se vê no quadro em termos puramente narrativos.

b) Descrever e analisar a rotina de um dia não só da escola, mas também de um dia na área em que se acha a escola.

c) Descrever agora mais pormenorizadamente, em função da experiência, se a teve ou do conhecimento adquirido por informações, as relações entre as professoras e alunos desta escola.

d) Caso tenha críticas a fazer à maneira como às relações se dão entre professoras e alunos, fundamentá-las e sugerir como melhorar tais relações.

e) Que pensa você da positividade ou da negatividade de uma escola rural entre cujos conteúdos programáticos não há nada ou quase nada sobre a vida no campo? Na resposta, analise, critique, aponte caminhos e, se concordar, justifique.

f) De acordo com sua própria prática, que é, para você, ensinar e que é, para você, aprender?

g) Você acha que o papel de professor é moldar o aluno de acordo com um certo modelo ideal de homem ou de mulher ou, pelo contrário, ajudá-lo a crescer e a aprender a ser ele mesmo? Justifique sua posição.

Havia outras indagações. Os participantes tinham duas horas e meia para responder, a partir das oito da manhã.

A partir das 10h30, líamos os trabalhos. Uma primeira leitura individual de cada um de nós. Em seguida, discutíamos entre nós os diferentes trabalhos. Na parte da tarde, debatíamos com o grupo todo, baseados em suas respostas, os aspectos teóricos, políticos, metodológicos, implícitos ou explícitos nos seus textos.

Havia uma grande riqueza no diálogo entre os educadores nacionais e nós. As análises e as posições assumidas por eles nos provocavam, assim como nós mesmos, os coordenadores do seminário, nos engajávamos em discussões em torno de como reagíamos à reação dos educadores nacionais.

Dedicamos a esse curso uma semana inteira e os resultados foram realmente excelentes.

Em seguida ao curso que fizemos, outros tantos, em todo o país, foram programados pelas equipes nacionais.

Durante três dias, enquanto os participantes respondiam às questões propostas, de 8 às 10h30 da manhã, nos reuníamos com diferentes ministros, o da Agricultura, o da Saúde, o do Planejamento e, com eles, conversávamos sobre a possibilidade e a necessidade de um trabalho comum que juntasse o esforço de seus ministérios ao da Educação ou talvez, melhor pensando, que o Ministério da Educação, ao planejar sua política, o fizesse conhecendo o que se pensava para o país em termos de agricultura, de saúde, de planejamento.

Lembro-me de que, no nosso segundo e último encontro com Mr. Bishop, falamos sobre essa necessidade de uma visão global do país, das inter-relações dos diversos setores, de um bom equilíbrio entre ministérios meios e ministérios fins e a comunicação entre todos. Falamos da questão da ética no trato da coisa pública, da transparência com que o governo, não importa a extensão ou a profundidade de sua ação, de um distrito policial num recanto da ilha ao gabinete do primeiro-ministro, fale ou faça coisas. Tudo deve estar visível. Tudo deve ser explicado. O caráter pedagógico do ato de governar, sua missão formadora, exemplar, que demanda por isso mesmo dos governantes seriedade irrecusável. Não há governo que persista verdadeiro, legitimado, digno de fé, se seu discurso não é confirmado por sua prática, se apadrinha e favorece amigos, se é duro apenas com os oposicionistas e suave e ameno com os correligionários. Se cede uma, duas, três vezes a pressões pouco éticas de poderosos ou de "amigos" já não se detém. Daí em diante, então, os escândalos se sucedem, e a conivência com eles termina por anestesiar os seus agentes e por gerar um clima típico da "democratização da sem-vergonhice".

No momento em que rememoro esses fatos de doze anos atrás, penso no que experimentamos hoje no Brasil. A avalanche de escândalos envolvendo as esferas mais altas do poder que se tornam exemplo para os cidadãos simples do povo.

Tudo é possível: enganar, trair, mentir, roubar, falsificar, sequestrar, caluniar, matar, assaltar, ameaçar, destruir, receber "trinta dinheiros", comprar bicicletas como se fossem ser abertos postos de aluguel no país todo. É preciso deixar de ser tudo possível.

A saída não está, obviamente, no puritanismo hipócrita, mas no gosto denotado da pureza.

"Gostaria de conversar um pouco com o senhor", me disse, pelo telefone, numa manhã de domingo, na primavera de 1971, um jovem de entonação portuguesa.

Consultei Elza rapidamente e, com sua anuência, o convidei para almoçar conosco. Trabalharia então à tarde nas respostas a uma entrevista para uma revista europeia. Por isso mesmo, ao convidá-lo a que chegasse às 11 horas, já lhe disse que, a partir das 14h30, deveria começar o trabalho com data marcada de entrega para a próxima segunda-feira.

Em Genebra tudo é perto e até os ônibus têm horário e horário certo. Ônibus de 10h04 passa mesmo pela parada às 10h04. E se não passa, não será surpresa que moradores do bairro recebam uma carta cortês do poder público pedindo desculpas e prometendo que o fato não se repetirá.

Desta forma, pouco tempo depois da fala telefônica o timbre toca e era o jovem, realmente português, que chegava. Moço, inquieto, de fala rápida, mordendo as sílabas, comendo algumas vogais, com as palavras na estrutura do seu pensamento, jogando de forma diferente de como as fazemos "dançar" na nossa estrutura de pensar. É isso, aliás, o que nos deixa cansados a brasileiros e a portugueses em nossos diálogos. Não é propriamente a prosódia mais cerrada dos portugueses, mais aberta à nossa, o que os cansa e o que nos cansa. Mas a sintaxe. Não é tampouco a semântica indicotomizável daquela. É a sintaxe, a estrutura do pensamento. É isso o que nos cansa mutuamente.

Em 1969, dois anos antes daquela manhã em Genebra em que conversava com o inquieto jovem, recebera, nos Estados Unidos, uma série de bilhetes, vários deles escritos numa mesma folha de papel, de ex-analfabetos portugueses. Eram camponeses de uma área rural de Coimbra. Me escreviam para me expressar seu agradecimento pelo que eu havia feito em favor deles, para falar de sua amizade a mim e para me convidar, quando as condições políticas o permitissem, a ir lá, visitá-los, abraçá-los, ouvir deles palavras de querer bem.

Uma jovem americana fora a portadora das mensagens e de mais uma flâmula que fizeram e com que me presentearam. Os dizeres inscritos na flâmula merecem aliás uma reflexão: "Há pessoas que fazem nascer flores onde não se pensava que fosse possível." É como se tivessem nascido com o destino certo, com a sina de não ler *palavras* e disso estivessem convencidos. Ao terem aprendido, a razão do ocorrido estava fora deles. Nas professoras e em mim. A razão só estaria neles se tivessem fracassado.

Respondi a todos e a todas que me escreveram pequenas cartas em linguagem simples, jamais simplista, e as encaminhei para o endereço de Maria de Lourdes Pintasilgo, anos depois primeira-ministra de Portugal e que, na época, liderava, ao lado de Tereza Santa Clara, o esforço de um grupo de excelentes gentes trabalhando em educação popular. A alfabetização naquela área rural de Coimbra era só um momento do que fazia, dedicada e competentemente a equipe do Graal, amorosa e lúcida.

Em certo momento da conversa o jovem português se referiu diretamente ao trabalho de Coimbra.

— O Paulo Freire sabe o quanto um grupo de católicas deturpou suas ideias na zona rural de Coimbra?

— O que conheço do trabalho feito em Coimbra não me parece ser uma distorção de minhas propostas, mas, tudo indica, o que poderia ser feito historicamente — disse e prossegui: — Sob que regime, sob que vigilância policial você acha que as moças trabalharam em Coimbra?

E o jovem, sem responder às perguntas, insistia em "que não haviam associado a alfabetização à luta política contra Salazar. No fundo, eram umas catoliconas idealistas, sem a compreensão da luta de classes enquanto motor da história", concluiu vitorioso.

Passaram-se três anos, as forças armadas colonialistas portuguesas são conscientizadas pela luta dos africanos e a Revolução dos Cravos eclode. Um novo governo se instala e inicia o processo de democratização do país e de descolonização da África anteriormente mal chamada portuguesa.

Esperança, almas antes proibidas simplesmente de falar gritam e cantam; corpos proibidos de pensar discursam e arrebentam as amarras que os prendiam.

Visito Portugal a convite do novo governo a que se junta igualmente a Universidade, onde falo a professores e a estudantes. Visito Coimbra, sua universidade e obviamente, levado pelas mesmas moças amorosas e dedicadas, crentes em Deus e na necessidade de mudar o mundo em favor dos esfarrapados, visito os camponeses e camponesas que, em 1969, me haviam escrito aquelas cartas de bem fraterno. Abracei-os e abracei-as carinhosamente. Nossos corpos como que "escreviam", uns nos outros, o nosso discurso afetivo que expressava um mútuo agradecimento. O deles a mim. O meu a eles e a elas.

Foi naquela manhã em Coimbra, no campo, que soube ter sido aquela pequena comunidade rural que, com umas poucas mais, deu total apoio ao governo revolucionário, num dos momentos de assanhamento da direita. Uma das mais idosas camponesas que se alfabetizara com as jovens do Graal despertou numa certa madrugada e, discretamente, recolheu a propaganda fascista que havia sido distribuída durante a noite no seu povoado. O povoado inteiro se recusou a apoiar a manifestação direitista, para que fora convocado pelos panfletos...

Não foi preciso fazer-se discurso sobre a luta de classes, que, na verdade, existe, durante o curso de alfabetização, para que ela e seus companheiros, na hora certa, percebessem a relação entre a leitura da palavra, a leitura do mundo e sobretudo a transformação do mundo...

O trabalho das moças católicas tinha sido apenas sensato e feito nos limites da boa tática e não reacionário.

A Revolução dos Cravos me surpreendeu numa visita de 35 dias à Austrália, Nova Zelândia e a algumas das principais ilhas da região. A *Pedagogia do oprimido* era, de novo, o centro das tramas. Sua publicação pela Penguin Books, como já salientei, a estendeu por todo aquele mundo a que se juntavam a Índia e a África, erroneamente chamada inglesa. Nunca aceitei a denominação de África inglesa, francesa, portuguesa, para falar só nessas áfricas. Discuti várias vezes com amigos ministros das ex-colônias portuguesas — isso sim, ex-colônias portuguesas — contra a designação de África de "expressão portuguesa". Não creio na existência desta como na da África de "expressão francesa ou inglesa". O que temos é uma África sobre a qual pairou, dominantemente, colonialmente, a expressão portuguesa, a *expressão* francesa, a *expressão* inglesa. Isso é outra coisa.

O grande ou um dos grandes riscos dessas áfricas é, um pouco por nostalgia de colonizado, o sentimento ambivalente que o colonizado tem pelo colonizador, de repulsa e de atração, a que Albert Memmi se refere, um pouco por necessidade, um pouco por pressão, irem aprofundando entre elas e suas "ex-expressões" laços que encarnem agora um novo tipo de *expressão*: o neocolonial. Não que eu defenda para as diferentes áfricas o impossível e o absurdo: a ruptura absoluta com o passado, que, no fundo, não se transforma, e a renúncia à positividade das influências culturais da velha Europa. O que defendo e sugiro é a ruptura radical com o colonialismo e a recusa igualmente radical ao neocolonialismo. A superação da burocracia colonial, como cheguei a sugerir aos governos de Angola, de Bissau, de São Tomé e Príncipe; a superação da escola colonial, a formulação de uma política cultural que levasse a sério a questão das línguas nacionais, chamadas pelos colonizadores pejorativamente dialetos.

Na verdade, nenhum colonizado, como indivíduo ou como nação, sela sua libertação, conquista ou reconquista sua identidade cultural sem assumir sua linguagem, seu discurso e por eles ser assumido.

Que a ex-colônia portuguesa, que a ex-colônia francesa, que a ex-colônia inglesa não virem as costas a essas línguas e a essas culturas, que se sirvam delas, que as estudem, que aproveitem suas positividades não é só correto, mas necessário. O fundamental, porém, é que o país que recebe a contribuição, qualquer que seja ela, tecnológica ou artística, o faça como sujeito que decide e não como objeto passivo da transferência que faz o outro país. Me disseram, certa vez, talvez caricaturalmente, que certo país africano recebera como contribuição, que tivera, porém, de pagar, da ex-União Soviética, uma máquina de desobstruir o gelo das ruas nas fortes nevadas. Neste caso era a União Soviética que *pairava* sobre esse país da África...

Mas voltemos ao giro à Austrália, à Nova Zelândia, à Papua-Nova Guiné e a Fiji.

Deixo de lado os comentários à beleza, em certos casos quase inigualável, dessa região e procuro fixar-me num ou noutro ponto em torno da teoria de que fala a *Pedagogia do oprimido*, ancorada na minha prática e na de outros que me foi possível teoricamente explicar. No fundo, a jornada toda centralmente se desenvolveu assim. Na discussão, na indagação, na crítica refutadora, na análise concordante, na solicitação de esclarecimentos.

Na Austrália, sobretudo, tive a oportunidade de conviver com intelectuais que, no lado certo de Marx, alcançando por isso mesmo, corretamente, a relação dialética mundo-consciência, perceberam as teses defendidas na *Pedagogia do oprimido* e não a consideraram um livro idealista. Mas dialoguei também com quem, preso ao dogmatismo igualmente de origem marxista, mais do que minimizava a consciência, a reduzia a pura sombra da materialidade. Para quem pensava assim, mecanicistamente, a *Pedagogia do oprimido* era um livro idealista burguês. Possivelmente, ao contrário, uma das razões que continuam a fazer este livro tão procurado hoje quanto há 22 anos é exatamente o que nele então levava certos críticos a considerá-lo idealista e burguês. É a importância, nele reconhecida, da consciência, que, porém, não é vista nele como fazedora arbitrária do mundo; é a importância manifesta do indivíduo, sem que se lhe atribua a força que não tem; é o peso, igualmente reconhecido, em nossa vida, individual e social, dos sentimentos, da paixão, dos desejos, do medo, da adivinhação, da coragem de amar, de ter raiva. É a defesa veemente de posições humanistas que jamais resvalam em pieguismos. É a compreensão da história em cujas tramas o livro procura entender o de que fala, é a recusa a posições dogmáticas sectárias, é o gosto da luta permanente, gerando esperança, sem a qual a luta fenece. É a oposição já nele embutida contra os neoliberalismos que temem o *sonho*, não o impossível, pois que esse não deve sequer ser sonhado, mas o sonho que se faz possível, em nome das adaptações fáceis às ruindades do mundo capitalista.

Muitos ou muitas das que, nos anos 1970, às vezes em carta a mim, diziam: "Reconheço a falta da presença marxista em suas análises, o desconhecimento por você de que a 'luta de classes é o motor da história'. Creio, porém", e essas pessoas eram as mais cordatas, "que podemos aproveitar algo do que você faz e diz, 'reescrevendo' você marxistamente". Muitos e muitas dentre os que assim se expressavam se inserem hoje, lamentavelmente, no "realismo pragmatista" em que sequer reconhecem as classes sociais andando nos morros, nos córregos, nas favelas, nas *callampas*, nas avenidas da América Latina.

Percorri grande parte da Austrália assim. Discuti com trabalhadores de fábricas, com os chamados "aborígines", por um de cujos grupos fui recebido em reunião especial, debati com professores e alunos universitários, com grupos religiosos, protestantes e católicos. Entre estes, não importa se católicos ou protestantes, o tema gerador era a Teologia da Libertação. Sua importância. A superação que ela propunha da *acomodação* e do *imobilismo* pela assunção da significação profunda da presença do homem e da mulher na história, no mundo. No mundo a ser sempre recriado como condição para ser mundo e não puro *suporte* sobre que pousar.

Na Nova Zelândia, as discussões em torno da *Pedagogia do oprimido*, com grupos semelhantes aos da Austrália, se repetiram com ênfase maior ou menor num ou noutro aspecto. Me impressionaram as discussões com as lideranças indígenas. Sua lucidez, a consciência de sua posição subalterna e sua recusa a ela, seu desejo de luta, sua inconformidade. Hoje, a população maori, bilíngue, de 100 mil habitantes, tem sua língua estudada opcionalmente nas escolas.*

Por Papua-Nova Guiné, tive uma passagem rápida. A ilha se preparava para, em poucos meses, ganhar sua autonomia, assumir-se a si mesma. Desfazer-se do estatuto de "protegida" da Austrália, sob que vivia desde a II Guerra Mundial.

* David Crystal, *The Cambridge Encyclopedia of the Language*. Cambridge: Cambridge University Press, 1987.

Uma das reuniões programadas para mim foi com um grupo de jovens políticos que, entre os que lideravam o processo de assunção das rédeas do governo nacional, possivelmente teriam posição de destaque. Tivemos uma reunião demorada em que discutimos problemas ligados a desenvolvimento e educação, educação e democracia. Educação fundamental e universitária. Identidade cultural. Linguagem, ideologia, classes sociais.

À noite, participei de um debate na universidade, cujos tópicos, como era de se esperar, expressavam dúvidas e críticas em torno de momentos da *Pedagogia do oprimido.*

Algumas das críticas repetiam outras que me haviam sido feitas anteriormente na Austrália.

Ao lado, por exemplo, de certos méritos do livro, sublinhava-se a marca "idealista" de meu humanismo. A "vaguidade" já referida neste trabalho do conceito de *oprimido*, do conceito de *povo*.

Obviamente, recusava, ontem como hoje, um tal tipo de crítica. Os debates, porém, jamais perderam o tom do diálogo, jamais viram polêmica. No fundo, as pessoas dissentiam de mim, mas não me queriam mal. Suas críticas não se nutriam de uma raiva incontida de mim. Por isso, mesmo em posições diametralmente opostas, na Austrália ou na Nova Zelândia, nunca deixou de haver uma relação respeitosa entre mim e os que de mim discordavam. Foi isso também o que ocorreu entre mim e o *scholar* norte-americano Chester Bowers, na Universidade de Oregon, num debate na presença de sessenta participantes de um seminário, em julho de 1987.

Uma das reuniões programadas para mim foi com um grupo de jovens políticos que, entre os que lideravam o processo de assunção da direção do governo nacional possivelmente teriam posição de destaque. Tivemos uma reunião demorada em que discutimos problemas ligados a desenvolvimento e educação, educação e democracia. Educação fundamental e universitária, identidade cultural. Linguagem, ideologia, classes sociais.

À noite, participei de um debate na universidade, cujos tópicos, como era de se esperar, expressavam dúvidas e críticas em torno de momentos da *Pedagogia do oprimido*.

Algumas das críticas repetiam outras que me haviam sido feitas anteriormente na Austrália.

Ao lado, por exemplo, de certos trechos do livro, sublinhava-se a marca "idealista" de meu humanismo. A "vaguidade" da referência nesse trabalho do conceito de oprimido, do conceito de povo.

Obviamente recusava, então como hoje, um tal tipo de crítica. Os debates, porém, jamais perderam o tom de diálogo. Jamais viram polêmica. No fundo, as pessoas discordavam de mim, mas não me queriam mal. Suas críticas não se nutriam de uma raiva incontida de mim. Por isso, mesmo em posições diametralmente opostas, na Austrália ou na Nova Zelândia, nunca deixou de haver uma relação respeitosa entre mim e os que de mim discordavam. [illegible] isso também o que ocorreu entre mim e o filósofo norte-americano Charles Hoover na Universidade de Chicago num debate na presença de [illegible] participantes de um seminário, em julho de 1987.

DISCORDAMOS QUASE TOTALMENTE durante uma hora e meia sem que, porém, precisássemos de nos ofender, de nos destratar. Simplesmente defendíamos nossas posições que se contradiziam, mas não tínhamos por que distorcer um ao pensamento do outro.

Fiji foi o último momento da longa viagem. Dois acontecimentos fundamentais justificariam minha caminhada a tão distantes recantos do mundo. O encontro na Universidade do Pacífico Sul em que os estudantes revelavam uma intimidade comigo que era como se, professor deles, eu morasse ali, nas redondezas do campus, tal a convivência que tinham com meus livros devido à tradução dos mesmos ao inglês.

Ainda hoje me agrada, realmente, recordar a tarde do encontro. O auditório enorme, recém-inaugurado, superlotado, e uma quantidade tão grande quanto a que se acomodara nele, espalhada nos jardins da Universidade, à semelhança do que ocorreu em abril passado (1992) na Universidade Estadual de Santa Cruz, em Itabuna, na Bahia.

Foi preciso que se instalassem, nos anos 1970, em Fiji, agora, em Itabuna, alto-falantes voltados para os jardins de ambas as universidades, e somente quando foi viável o início dos trabalhos.

Obviamente, não nos foi possível experimentar o diálogo que gostaríamos de ter vivido. Falei, simplesmente, em ambos os casos, aos estudantes. Nos anos 1970, em Fiji, sobre certos aspectos discutidos na *Pedagogia do oprimido*, texto de estudo de seus cursos. Em 1992, em Itabuna, sobre este livro em que revivo a *Pedagogia do oprimido*, esta *Pedagogia da esperança*.

Em que pesem as distâncias tempo-espaciais que separam as duas reuniões, que juntei agora quase chocantemente, elas tiveram algo de semelhante. Os participantes de ambas, estudantes de quase vinte anos atrás das ilhas do Pacífico Sul e estudantes de hoje de Itabuna, na Bahia, tinham motivações parecidas: moviam-se atiçados pelo gosto da liberdade e tinham na *Pedagogia do oprimido* um ponto de referência.

O segundo acontecimento foi a homenagem que uma comunidade indígena me fez em sua povoação no interior de um bosque denso e bonito.

Foi uma solenidade em que o político, o religioso e o fraternal se misturavam.

A liderança e os membros da comunidade estavam a par do que eu fazia e de sobre o que escrevia. Alguns deles tinham inclusive lido a *Pedagogia do oprimido*. Me recebiam, desta forma, como um intelectual comprometido com a mesma causa que os mobilizava e os animava à luta. Insistiam em sublinhar este aspecto tal qual o haviam feito na Austrália os nacionais, chamados aborígines, que lá me tinham recebido em sua intimidade, no seio de sua cultura.

Era como se, no espírito e nos rituais de suas tradições, me estivessem outorgando um doutoramento *honoris causa*.

Esta vem sendo, aliás, uma razão que tenho, não para arrogâncias, mas para contentamento legítimo. Ser homenageado pelos intelectuais das academias e pelos intelectuais dos campos e das fábricas.

Não tenho por que, em nome da modéstia que viraria falsa, esconder, de um lado, que venho recebendo essas homenagens, de outro, que, sadiamente, as recebo, quer dizer, que elas me alegram e me fazem bem.

O ritual de profunda significação com que a solenidade se processava, ao mesmo tempo singelo e leve, me tocou e me emocionou. No fundo, a ação simbólica da cerimônia, como a entendi, pois que não foi explicada nem creio que devesse ser, me sugeria que eu, como estrangeiro e não portador de certas qualidades ou de certos requisitos fundamentais, estava, porém, sendo convidado a "entrar" no espírito da cultura, dos valores, da fraternidade. Para isso, contudo, teria de "sofrer" experiências de que resultasse em mim a capacidade de "comungar" da boniteza e da eticidade daquela cultura.

Foi significativo, por exemplo, que, no início da cerimônia, no fundo, de purificação, eu não pudesse *falar*. Estava vedado a mim o direito da *palavra*, fundamental, indispensável à comunhão. Mas não é qualquer palavra a que pode *selar* a comunhão. Daí o meu silêncio enquanto certas coisas não acontecessem durante a cerimônia que *refundassem* a minha palavra. Daí também a designação pelo sacerdote de um "orador" que falasse em meu nome. Se eu não podia falar na intimidade ou no seio da cultura, enquanto minha palavra não fosse *refundada*, não seria possível "sofrer" a experiência da "refundação" da palavra no silêncio absoluto.

A palavra que me era emprestada pelo meu representante tinha a tarefa de mediar a reconquista da minha.

Somente no processo inteiro da cerimônia, depois da fala oficial de um delegado do grupo, cujo discurso não me foi traduzido, possivelmente discurso de exigências feitas a mim e ao qual o meu "representante" respondeu, depois de tomar, na mesma "taça", a bebida purificadora sem relutar, me foi afinal reconhecido o direito de falar na intimidade do seu mundo.

O meu discurso era então um discurso de quase irmão. Um discurso aceito pelas regras, pelas exigências ético-religiosas da cultura.

Em inglês e traduzido por um sacerdote católico francês que vivia em Fiji há vinte anos, traduzido, mesmo que quase todos os presentes entendessem o inglês, falei umas poucas palavras. Disse da alegria e da honra de ter podido falar depois de um longo período de silêncio. Minha fala, acrescentei, estava acrescida de um significado que antes não tinha. Era, no momento, disse, uma fala que se legitimava noutra cultura em que a *comunhão* não era apenas a de homens e de mulheres e de deuses e ancestrais, mas também a comunhão com as diferentes expressões de vida. O universo da comunhão abrangia as árvores, os bichos, os pássaros, a terra mesma, os rios, os mares. A vida em plenitude.

Foram dias, os meus naquela região toda, e não só na Austrália ou na Nova Zelândia ou em Papua-Nova Guiné ou em Fiji, em que me dividia entre a boniteza estonteante da natureza, da criação humana, o sentido vital, amoroso da terra, das populações chamadas aborígines, e a malvadez de mim já conhecida. A malvadez da discriminação racial e de classe. Discriminação agressiva, ostensiva às vezes; às vezes disfarçada, mas malvada sempre.

Deixei, propositadamente, para encerrar este ensaio, uns poucos comentários à minha última visita ao Chile, no governo da Unidade Popular, em junho de 1973, meses antes da violência golpista, que, já pairando no ar, era facilmente perceptível, e as referências à primeira visita à Argentina, em novembro de 1973, no governo de Perón. Primeira visita de que a segunda se distanciou por um longo hiato, provocado pelo golpe de que resultou o banimento dos livros de Marx, de Darcy Ribeiro e dos meus.

Quando li o decreto publicado na imprensa, quase telegrafei ao general que se fez presidente para agradecer a excelente companhia em que me havia posto.

Minha visita ao Chile em junho de 1973, qualquer que seja o ângulo em que a observe, distante hoje como estou dela, foi das que mais vivas marcas me deixou.

Me fixarei em dois momentos vividos nela, no clima extraordinário de luta político-ideológica, na confrontação de classe que alcançava níveis de sofisticação por parte das classes dominantes e de forte aprendizado por parte das classes populares. Foi dessa época o discurso de um operário em quc afirmava ter aprendido mais em uma semana do que em toda a sua vida. No fundo, o jovem operário estava referindo-se a seu aprendizado em torno da luta de classes. Ele havia participado de uma comissão de trabalhadores que procurara entender as razões por que, de repente, passara a faltar um sem-número de artigos no mercado chileno — chupetas, frangos, medicamentos básicos etc.

Pais e mães de família, com noites maldormidas, crianças chorando por falta de chupetas. Sequer uma, por milagre, nas farmácias de Santiago.

— Bom dia, o senhor tem chupeta?

— Não. Lamento muito. A culpa é de quem votou em Allende — era o discurso ideológico memorizado que, segundo me informaram então, se ouvia em Santiago.

Isso é luta de classes.

— O senhor tem *pollo*?

— Não. A culpa é de quem votou em Allende.

A classe dominante, enterrando milhares de frangos, preferia perder naquele momento para voltar a ganhar amanhã, sem riscos.

Isso é luta de classes.

Dezenove anos atrás, a classe dominante escondia mercadorias, desviava produtos, mentia e dizia que a culpa era de quem votara em Allende. Hoje, faz um discurso neoliberal em que fala, não só no Chile, mas no mundo, da inexistência das classes e em que diz que qualquer manifestação em favor da superação do capitalismo malvado é voltar ao *sonho* perigoso, negativo e destrutivo que tanto mal já fez.

Espero que as progressistas e os progressistas que sofremos, que perdemos companheiros e companheiras, irmãos, amigos, com a perversidade dos golpes que nos impuseram não demos ouvidos a essas falsidades com ares de pós-modernidades, mas tão idosas quanto o mandonismo dos poderosos.

O primeiro momento a que gostaria de me reportar é o de uma reunião, de que participei com um largo grupo de educadoras e educadores marxistas que me fizeram arguições idênticas às que já citei neste trabalho. Arguições, por exemplo, em torno da questão da luta de classes, do meu "idealismo", do diálogo que, segundo alguns, parecia sugerir "democratismo", do humanismo; com ares também idealistas, de que a *Pedagogia do oprimido* está infundida.

Foi um vivo debate de mais de duas horas. Gravado, seu conteúdo constituiu logo depois um número de uma revista de educação de Santiago.

É uma pena que, tendo se extraviado o meu exemplar da revista, não possa agora, de um lado, transcrever alguns de seus diálogos, de outro, ser mais exato com relação aos temas discutidos. Nada disso, porém, me impede de afirmar a excelência daquele encontro pela seriedade com que discutimos.

Penso agora, enquanto escrevo, no mês em que faz dezenove anos aquele encontro, nos companheiros e companheiras com quem debati naquela tarde de Santiago, cheio de esperanças em que elas e eles não se tenham deixado tentar, sequer, pelo discurso da acomodação "pragmática" ao mundo.

Antes de me despedir e deixar o amplo salão em que nos achávamos, pedi que olhassem em volta e pensassem criticamente em torno de um pôster que estavam usando, para a campanha de alfabetização. Havia vários afixados nas paredes da sala.

Um operário de meia-idade, sentado junto a uma mesa e sobre sua cabeça, com um visível corte, uma forte e decidida mão, como se estivesse esfarelando algo entre os dedos, deixava cair na fenda sobre a cabeça passiva do operário pedaços de palavras. A mão vigorosa do educador semeava letras e sílabas na cabeça, puro recipiente, do operário.

"Este é um pôster", disse-lhes então, "que, feito por progressistas, implica uma profunda incoerência, pois expressa, sem vacilação, uma ideologia ostensivamente autoritária. Mas, além disso, revela também uma profunda ignorância científica em torno do que é a linguagem.

"Este é, na verdade, um pôster a ser feito e usado por reacionários que juntem a seu reacionarismo a ignorância gritante sobre a linguagem, de que acabo de falar."

Havia outro pôster em que se dizia: "Quem sabe ensina a quem não sabe."

Para que, porém, disse ontem e repito agora, quem sabe possa ensinar a quem não sabe é preciso que, primeiro, quem sabe saiba que não sabe tudo; segundo, que, quem não sabe, saiba que não ignora tudo. Sem esse saber dialético em torno do saber e da ignorância é impossível a quem sabe, numa perspectiva progressista, democrática, ensinar a quem não sabe.

O segundo momento daquela visita que me emocionou e a que já me referi num dos instantes deste ensaio foi a noite inteira que passei, acompanhado pelo sociólogo Jorge Fiori, na Población Nueba Habana, uma "invasão de terra" que ganhou ares de *cidade livre*. Vi e senti de perto a capacidade de organização e de governo das classes populares. A sabedoria com que a liderança não só detectava os problemas, mas também com que os debatia com a população inteira da quase *cidade*. Nada se fazia na vida coletiva da "cidade" que não fosse submetido ao debate de todos.

Acreditavam na democracia que estavam construindo juntos, no direito "popular" que começavam a codificar, na educação igualmente popular, progressista, democrática, a que iam dando forma. Acreditavam na solidariedade individual e social em que se sentiam e se sabiam crescendo. E, por causa disso tudo, se sabiam também, de um lado, sujeitos de profundos sustos e de medos que causavam à classe dominante, de outro, objetos de sua raiva incontida.

Nueba Habana foi destruída. Seu líder, assassinado em setembro de 1973.

Seu espírito de liberdade, seu sonho fraterno, seu ideal socialista estão vivos. Talvez, possivelmente, aguardando o tempo para o regresso possível, que passa pela superação ou pela recusa do discurso "pragmático" neoliberal.

No mês de agosto de 1973, recebi um telefonema de Buenos Aires. Era o chefe de gabinete do dr. Taiana, ministro da Educação. Me disse que o próprio ministro queria falar-me. "Professor Freire", disse o dr. Taiana, "teríamos muito prazer se o senhor aceitasse, para tão rápido quanto possível, o nosso convite a fim de vir a Buenos Aires. Seria ótimo, por exemplo, entre fins deste mês ou começos de setembro".

Era um período já comprometido com uns encontros promovidos pelo Conselho Mundial de Igrejas a que não podia faltar.

A visita ficou acertada, então, para novembro de 1973, depois de combinadas algumas exigências que eu colocava. Não trabalhar à noite era uma delas; usar, tanto quanto possível, parte das noites ouvindo tango, era outra.

O ministro cumpriu o acertado. Trabalhei muito, mas ouvi tangos em duas noites de Buenos Aires.

Em meu percurso para a Argentina pernoitei em Lima, na casa de meu querido amigo Darcy Ribeiro. Passamos a noite inteira enredados numa conversa movida por querer bem e pela curiosidade inquieta de saber. Por essa curiosidade que só tem quem, sabendo que sabe, sabe que sabe pouco e que precisa e pode saber mais. Essa não é curiosidade que tenha quem se saiba abarrotado de saber.

Darcy, na sua cadeira quase "papal", sentado sobre as próprias pernas, falou de seu trabalho no Peru, dos projetos de livros, de suas reflexões no campo da cultura e da educação. Falou, falamos também de nossa saudade do Brasil. Revimos o que víramos e como víramos o que víramos nos tempos que antecederam ao golpe de 1964, quando ele chefiava a Casa Civil do presidente Goulart[50] e eu comandava o Programa Nacional de Alfabetização de Adultos.[51]

Falamos do Chile. De seus encontros com Allende, do espírito realmente democrático do presidente assassinado, do golpe do Chile que teria ocorrido mesmo que as esquerdas não tivessem cometido os erros que cometeram. Quanto menos erros cometidos, tanto mais cedo teria sido o golpe imposto. Em última análise, a razão do golpe se achava muito mais nos acertos do que nos erros das esquerdas.

Um grande amigo nosso, de Darcy e meu, o grande filósofo mais que peruano, latino-americano, Augusto Salazar Bonde, líder da grande reforma educacional do Peru, a quem Darcy e eu déramos alguma contribuição que se juntou à de Ivan Illich, fora ao aeroporto buscar-me. Uma semana após, de regresso à Europa, visitei-o no hospital onde faleceu poucos dias depois. Um câncer que o vinha matando sem ser percebido se pronunciou nas vésperas de seu fim.

Relembro agora nossas conversas ora em Cuernavaca, México, ao lado de Illich, ora em Genebra, em nossa casa, ora em Lima, com sua equipe. Era sempre o pensador sério, engajado, lúcido. Discurso claro, que elucidava, que jamais obscurecia, que desvelava.

Quando o conheci, nos fins de 1969, em Cuernavaca, ele havia lido um conjunto de textos meus, entre os quais alguns que haviam sido incorporados à *Pedagogia do oprimido* e que foram publicados pelo Centro de Formación Intercultural de Cuernavaca, que Illich dirigia.

Dele ouvi umas das análises em torno do que lhe pare cia fazer da *Pedagogia do oprimido*, em fase de tradução ao inglês, um livro cuja atualidade perduraria. Em outras palavras, "a *Pedagogia do oprimido* não é um livro conjuntural", me disse ele um dia.

No carro com ele, na minha chegada a Lima, pressenti, sofridamente, que o meu amigo se aproximava do fim. Não lhe disse nada, obviamente, enquanto algo me dizia que ele se sabia morrendo. Minhas suspeitas cresceram quando, falando de um livro em que trabalhava, me disse que se inquietava de tal maneira com o tempo de que precisava para escrever que, de algum tempo àquela data, costumava gravar seu discurso enquanto dirigia seu carro de um sítio a outro. "Vou entregando diariamente à secretária as fitas que gravo."

Não sei se meu amigo conseguiu gravar seu livro. Se conseguiu concluí-lo.

Gostei de tê-lo visto pela última vez ao ir à Argentina e ao dela voltar. Só sinto não ter podido conversar com ele sobre o que vi. Sobre o que escutei na Argentina — uma revolução cultural quase sem base nenhuma para sua sustentação. Uma revolução cultural sendo feita por um governo sem poder para tanto. Um trabalho no campo da educação sistemática, da escola de primeiro grau à universitária e no campo da educação popular, de imensa riqueza e criatividade. Uma experiência que levou Darcy Ribeiro, emocionado, a exclamar: "Por favor, cuidem direito do que vocês estão fazendo."

Minha presença de uma semana em Buenos Aires teve seu tempo dividido entre dois encontros de quatro horas cada um com os reitores de todas as universidades públicas do país, um encontro de um dia com todas as diferentes equipes técnicas do ministério, uma reunião com um grupo popular numa zona periférica de Buenos Aires e, finalmente, uma noitada com militantes políticos em que discutimos o que estava ocorrendo no país.

Realmente, me surpreendeu o ímpeto inovador com que as universidades se estavam entregando ao esforço de recriar-se. Em todos os aspectos da experiência de cada uma delas havia algo a observar-se. Na atividade docente como na pesquisa em que se tentava evitar qualquer dicotomia que, no fundo, prejudica a ambas, como, por outro lado, nas atividades de *extensão*. Na verdade, se não em todas, mas em grande parte delas, se buscava igualmente inovar na chamada *extensão* que, em lugar de se limitar a uma ida puramente assistencial da Universidade a áreas populares vinha se tornando-se um meio através do qual a Universidade procurava encontrar-se com os movimentos sociais, os grupos populares. E esse encontro se estava dando também na intimidade da Universidade mesma e não só nas áreas populares. Me lembro de que discutimos bastante a questão política tanto quanto a epistemológica envolvidas neste problema.

A decisão política, de caráter progressista, mas que jamais deveria se alongar em populismo, de pôr-se a Universidade a serviço também dos interesses populares e a necessária implicação, na prática, de uma compreensão crítica em torno de como se deve relacionar a ciência universitária com a consciência das classes populares. No fundo a relação entre saber popular, senso comum e conhecimento científico.

Não tinha dúvida ontem como não tenho hoje de que, quando pensamos, em termos críticos, em Universidade e classes populares, de modo algum estamos admitindo que a Universidade deva fechar suas portas a qualquer preocupação rigorosa que deva ter com relação à pesquisa e à docência.

Não faz parte da natureza de sua relação ou de seu compromisso com as classes populares a sua falta de rigor, sua incompetência. Pelo contrário, a universidade que não luta por mais rigorosidade, por mais seriedade no âmbito da pesquisa como no da docência, sempre indicotomizáveis, esta sim, não pode se aproximar seriamente das classes populares, comprometer-se com elas.

No fundo, a Universidade tem de girar em torno de duas preocupações fundamentais, de que se derivam outras e que têm que ver com o ciclo do conhecimento. Este, por sua vez, tem apenas dois momentos que se relacionam permanentemente: um é o momento em que conhecemos o conhecimento existente, produzido; o outro, o em que produzimos o novo conhecimento. Ainda que insista na impossibilidade de separarmos mecanicamente um momento do outro, ainda que enfatize que são momentos de um mesmo ciclo, me parece importante salientar que o momento em que conhecemos o conhecimento existente é preponderantemente o da docência, o de ensinar e aprender conteúdos, e o outro, o da produção do novo conhecimento, é preponderantemente o da pesquisa. Na verdade, porém, toda docência implica pesquisa e toda pesquisa implica docência. Não há docência verdadeira em cujo processo não se encontre a pesquisa como pergunta, como indagação, como curiosidade, criatividade, assim como não há pesquisa em cujo andamento necessariamente não se aprenda porque se conhece e não se ensine porque se aprende.

O papel da Universidade, seja progressista ou conservadora, é viver, com seriedade, os momentos deste ciclo. É ensinar, é formar, é pesquisar. O que distingue uma universidade conservadora de outra, progressista, jamais pode ser o fato de que uma ensina e pesquisa e a outra nada faz.

As universidades com cujos reitores estive trabalhando aquelas oito horas em 1973, em Buenos Aires, estavam convencidas disto. Nenhuma delas estava pretendendo reduzir a democratização de si mesma ao tratamento simplista do saber. Não era isso o que as engajava, mas, na verdade, diminuir a distância entre a Universidade ou o que nela se faz e as classes populares sem a perda, contudo, da seriedade e do rigor.

Outro aspecto a que os reitores e seus assessores deram igual atenção, no campo da docência, foi a busca de uma compreensão interdisciplinar e não puramente disciplinar do ensino.

Departamentos de diferentes faculdades ensaiavam trabalhos assim na tentativa de superação das visões compartimentadas a que submetemos a realidade e em que, não raro, nos perdemos.

Tudo, porém, não eram rosas. As reações óbvias partiam dos sectários que, enraizados em sua verdade, jamais admitem nada que as possa abalar. Sectários de direita ou de esquerda, iguais na sua capacidade de odiar o diferente, intolerantes, proprietários de uma verdade de que não se pode ligeiramente sequer duvidar, quanto mais negar.

Era tão bonito o processo com que convivi por uma semana quanto frágil e ameaçado. Em nenhuma sequer das reuniões de que participei deixei de expressar minhas preocupações, de sugerir táticas, naturalmente coerentes com o sonho estratégico progressista que os animava. Era preciso, dizia-lhes sempre, às vezes ante olhos e faces espantados, os deles, espantados com minhas advertências que lhes pareciam infundadas, era preciso que fossem manhosos e astutos como as serpentes. Alguns deles não entendiam e até reagiam incomodados quando lhes dizia que, para mim, havia uma distância grande entre o que eles faziam no país, no nível da educação, da cultura, dos movimentos sociais populares, do discurso e as bases reais do poder de seu governo. Não que não devessem fazer mais do que *algo*, fazer muito. Mas era preciso estar de olhos abertos com relação àquele problema.

Não me parecia ser necessário ter a sensibilidade acurada e o saber de um bom analista político para descobrir no ar que o golpe se gestava, tanto quanto, no Chile, "abalroei" com o golpe nas "esquinas das ruas", em junho de 1973.

Numa das reuniões que tive com os técnicos do Ministério, por exemplo, havia um policial infiltrado que, inclusive, me fez perguntas quase provocativas. Depois dos trabalhos, um dos educadores, um pouco surpreso e aborrecido, me comunicou o fato. Falei ao coordenador, que me respondeu que isso não teria nenhuma consequência. Mesmo, porém, que os educadores e educadoras com quem conversava não estivessem falando sobre nada que não fosse público, a presença do policial significava mais do que ele pudesse fazer com nosso diálogo. Sua presença revelava o desequilíbrio entre o poder e o governo. Afinal, aquela era uma reunião oficial, patrocinada pelo governo, convocada pelo ministro da Educação e, mesmo assim, os órgãos repressivos tinham o poder de nela se infiltrar e "policiá-la". Era como se — na verdade era — as forças reacionárias que comandavam o país tivessem, por pura questão tática, permitido a volta de Perón, mas exercessem sobre seu governo uma rigorosa vigilância.

Creio que não mentiria se, agora, realmente distante daquele momento, dissesse que, em nenhuma das reuniões de trabalho de que participei, incluindo a que tive com militantes políticos, ninguém concordou com minhas observações. Diziam, às vezes, à maneira dos chilenos no início do governo da Democracia Cristã, que eu ainda revelava *sequelas* dos traumas produzidos pelo golpe militar brasileiro de 1964.

Quanto mais avançavam nos seus programas, quer os que se desenvolviam nas universidades, quer os que se processavam nas áreas populares, em diferentes campos, todos, de modo geral, respondendo à curiosidade popular e estimulando-a, tanto mais as forças do golpe, atentas, se assanhavam e preparavam o desfecho final.

Em minhas conversas expressei minha séria preocupação com a própria sobrevivência de, pelo menos, parte deles. Daqueles e daquelas cuja participação política fosse mais ou estivesse sendo mais proeminente, cuja prática se achasse visivelmente mais ligada às classes populares ou aqueles e aquelas de quem o serviço repressivo estivesse fazendo um perfil com tintas mais fortes.

Lamentavelmente, minhas advertências tinham razão de ser. O golpe chegou depois da morte de Perón, violento, malvado, e alguns dos amigos que não encontravam fundamento nas minhas análises tiveram de deixar o país às pressas e às escondidas, enquanto outros, desgraçadamente, desapareceram para sempre.

A eles e a elas, a todos e a todas que, na América Latina, na América Central, no Caribe, na África, tombaram na briga justa, minha homenagem respeitosa e amorosa nesta *Pedagogia da esperança* em que revivo a *Pedagogia do oprimido*.

Fecho finalmente o livro com um relato sucinto da visita que fizemos Nita e eu a El Salvador, em julho deste ano, 1992.

Em El Salvador, camponeses e camponesas que lutaram ao longo dos anos, de armas nas mãos e, ao mesmo tempo, de olhos curiosos nas frases, nas palavras, lendo e relendo o mundo, brigando para fazê-lo menos feio e menos injusto, aprendendo a ler e a escrever as palavras, me convidaram para, com esperança, festejar um hiato de paz, na guerra. Queriam me falar do que fizeram e me mostrar o que faziam. Era sua forma de me homenagear.

A eles e a elas se juntaram seus professores e professoras, algumas das lideranças da luta e a Universidade Nacional de El Salvador, que me outorgou o título de doutor *honoris causa*.

A *Pedagogia do oprimido* esteve, mais uma vez, no centro da trama, com suas teses fundamentais mais atuais e vivas do que estavam quando de suas primeiras publicações nos anos 1970. Ela e não apenas os trabalhos de alfabetização de adultos realizados nos acampamentos guerrilheiros. Talvez dissesse melhor que esteve presente a *Pedagogia do oprimido* enquanto alma fundamental da alfabetização realizada como leitura do mundo e leitura da palavra, como leitura do contexto e leitura do texto, como prática e teoria em dialética unidade.

É possível até que o que vimos Nita e eu em El Salvador — as guerrilhas unidas em suas diferenças em função de seus objetivos estratégicos, as militantes e os militantes amadurecidos pelo sofrimento, radicais e não sectários, as educadoras e os educadores de olhos abertos, criticamente otimistas, a direita, mesmo insatisfeita, mais ou menos bem-comportada, a presença necessária e exemplar das Nações Unidas assegurando o acordo de paz —, é possível até que tudo isso se desmorone, se desfaça, o que será profundamente lamentável, do ponto de vista de quanto tudo isso vem significando para a história atual.

O que não se pode negar é uma certa originalidade da experiência. Direita e esquerdas fazendo-se concessões mutuamente para, assegurando a paz, diminuir os gastos sociais, o sofrimento preponderante e quase exclusivo das classes populares que se estende a amplos setores médios da sociedade. Sofrimento que afeta com menor rigor e diferentemente as classes dominantes.

Aparentemente, a concessão que fazem as classes dominantes revelaria um maior desprendimento seu, pois que a continuidade da luta as faria sofrer menos que as classes populares. Mais ainda, aparentemente as classes dominantes, ao conceder, estariam revelando seu espírito magnânimo, pois que têm razões para não duvidar de que sua força, acrescida da ajuda externa do Norte, esmagaria as guerrilhas, se chegassem ao poder total sobre o país.

Não creio, porém, em magnanimidade das classes dominantes como tais. É possível e comprovável a existência de magnanimidade em *indivíduos*, membros das classes dominantes, mas não magnanimidade dos dominantes enquanto classe.

As condições históricas simplesmente as colocaram na posição em que o acordo de paz é um momento da luta, para elas e para as classes populares em armas, e não o fim da luta. As forças populares precisam de estar, e estou certo de que estão a julgar pelo que ouvi de alguns de seus líderes, prevenidas, preparadas, de olhos abertos, escancarados. Não podem "dormir" como se nada pudesse ocorrer enquanto "dormem", não podem desmobilizar-se, despreparar-se sob pena de ser esmagadas.

De qualquer maneira, essa forma de encarar a trégua, nem sempre explícita pelas partes em conflito, a trégua como um momento da luta, como tentativa de construção ou de invenção de uma paz de que pode resultar uma experiência democrática diferente, é algo que revela ou anuncia uma nova fase histórica. Não uma "história nova", sem classes sociais, sem a luta entre elas, sem ideologia como se, de repente, num passe de mágica, as classes sociais, seus conflitos, as ideologias sumissem pelas mangas do paletó negro de um grande mágico.

É claro que estas coisas não se dão, sobretudo por acontecerem no domínio do político, sem se engendrarem num jogo de táticas em que os dois lados, em função de suas posições estratégicas, medem seus próprios passos e os passos de quem caminha no outro lado. No fundo, as concessões que os antagônicos se fazem são pensadas em termos de menores perdas que, às vezes, a longo prazo, são vitórias, para um deles.

Se antes, há alguns anos atrás, já era difícil que as esquerdas empolgassem o poder não importa por que caminho, como no Chile, na Nicarágua, em Grenada, e se mantivessem incólumes, agora, depois do esfacelamento do chamado "socialismo realista" — e não do socialismo, repito — em que o conservadorismo se tornou ainda mais afoito pelo mundo afora, os limites das esquerdas, a curto prazo, se reduziram.

Daí que, realistamente, conseguir a paz em El Salvador, com limitações óbvias, com concessões às vezes maiores um pouco do que se podia esperar, é a melhor, porque a possível, maneira de avançar. É a melhor forma de o povo se afirmar, de ganhar voz, presença, na reinvenção de sua sociedade, de diminuir as injustiças. Mais ainda, é a melhor maneira de criar e de ir consolidando um modo de ser democrático de que resulte, inclusive, o aprendizado, por parte dos acostumados com tudo poder, de que muito do que lhes parece uma ameaça a seus privilégios, entendidos por eles, obviamente, como direitos inalienáveis, é apenas a efetivação de direitos por parte de quem vinha sendo proibido de exercê-los. O aprendizado de que seus privilégios, como o de explorar os fracos, o de interditá-los de ser, o de negar-lhes a esperança, são imorais e, como tais, precisam de ser extirpados. O aprendizado, por outro lado, por parte dos esmagados e das esmagadas, dos impedidos de ser, dos renegados, de que é possível, pela luta séria, justa, decidida, incansável, refazer o mundo. De que a esperança tem sentido se é partejada na inquietação criadora do combate na medida em que, só assim, ela também pode partejar novas lutas em outros níveis.

O aprendizado, afinal, de que numa nova prática democrática é possível ir ampliando os espaços para os pactos entre as classes e ir consolidando o diálogo entre diferentes. Vale dizer, ir aprofundando-se as posições radicais e superando-se as sectárias.

Isso não significa, porém, de maneira nenhuma que, numa sociedade que assim viva a democracia, uma história sem classes sociais, sem ideologia, se instaure, como proclama certo discurso pragmaticamente pós-moderno até mesmo onde nada ou quase nada disso ocorre. Neste sentido, para mim, a pós-modernidade está na forma diferente, substantivamente democrática, de se lidar com os conflitos, de se trabalhar a ideologia, de se lutar pela superação constante e crescente das injustiças e de se chegar ao socialismo democrático. Há uma pós-modernidade de direita, mas há também uma pós-modernidade de esquerda e não como quase sempre se insinua, quando não se insiste, que a *pós-modernidade* é um *tempo* demasiado especial, que suprimiu classes sociais, ideologias, esquerdas e direita, sonhos e utopias. E um dos aspectos fundamentais para a pós-modernidade de esquerda é o tema do poder, o tema de sua reinvenção que ultrapassa o da modernidade, o de sua pura conquista.

Não é este tempo demasiado especial, sem classes sociais, o que estamos vivendo no Brasil, nos anos 1990, nem tampouco na Suíça, menos ainda em El Salvador. É por isso, inclusive, que um dos aprendizados que a pós-modernidade progressista exige de nós é o de que nem sempre a vitória total da revolução evita que, mais adiante, ela se perca. Às vezes, se perde em pleno gozo de seu poder, que ela simplesmente conquistou, mas não reinventou, não recriou. Se perde pelo arrogante excesso de certeza de suas certezas, pela consequente falta de humildade, pelo exercício autoritário de seu poder. Se perde por sua modernidade.

Conceder, pois, é a melhor forma de *ir ganhando* somente como, em certo momento, realmente *ganha a luta* que jamais é final e completa. Ganhar a luta é processo sem um ponto que se possa dizer que é final. Quando se absolutiza esse ponto, a revolução se imobiliza.

Visitamos diferentes zonas do país, participamos em duas delas de seminários regionais de educação, estivemos numa linda clareira de mata, uma espécie de palco em que os guerrilheiros se reuniam e se reúnem para discutir, para sonhar, para avaliar-se, para divertir-se.

Assistimos a uma sessão de um "Círculo de Cultura" em que militantes armados se alfabetizavam, aprendiam a ler palavras fazendo a releitura do mundo. O aprendizado da escrita e da leitura da palavra, que faziam na compreensão do discurso, emergia ou fazia parte de um processo maior e mais significativo — o da assunção de sua cidadania, o da tomada da história em suas mãos. É isso que sempre defendi, é por isso que sempre me bati por uma alfabetização que, conhecendo a natureza social da aquisição da linguagem, jamais a dicotomize do processo político da luta pela cidadania. O que jamais defendi foi uma alfabetização neutra, um puro ba-be-bi-bo-bu, que, ainda, partisse da linguagem dos educadores e das educadoras e não da dos educandos. Conversamos com os combatentes, com seu comandante, num clima de esperança. Num clima igualmente de esperança passamos quase todo um dia numa quase cidade recém-povoada por exilados que sobreviviam num país vizinho.

Do topo de uma elevação divisávamos todo um mundo a ser construído de forma diferente.[52]

Almoçamos com o líder da cidade em formação, que nos falou do que vinha significando para todos e todas o regresso ao país, a participação nas transformações necessárias para que El Salvador mudasse de "cara", se fosse tornando uma sociedade menos malvada, menos injusta, pouco a pouco mais decente, mais humana.

Este sonho, pelo que pudemos sentir nas conversas e na leitura do excelente livro de Ana Guadalupe Martinez,* uma das líderes da Frente Farabundo Martí para la Liberación Nacional, FMLN, como também na visita que fizemos à Rádio Venceremos, é a utopia por que, desde os inícios, os militantes salvadorenhos começaram a lutar. Partiram para o embate sem, contudo, jamais desprezar a educação e sua importância para o combate mesmo. Evitavam, tanto quanto possível, de um lado, cair na ilusão idealista, que empresta à educação a força que ela não tem; de outro, no objetivismo mecanicista que a ela nega qualquer valor antes da revolução. Dificilmente tenho percebido em grupos populares expressão tão forte de confiança crítica na prática educativa. E nas lideranças também. Não consigo deixar de transcrever aqui a dedicatória a mim feita, numa obra de arte, quando de minha visita à sede da FMLN:

---

* Ana Guadalupe Martinez, *Las cárceres clandestinas*. El Salvador: UCA, 1992.

Paulo Freire

Con su educación liberadora Usted también ha contribuido a la lucha del pueblo salvadoreño por el cambio social.

Con agradecimiento y respeto.

FMLN

Julio, 1992

As dificuldades mais duras, a carência e precisão do povo, as idas e vindas do processo que depende de muitos fatores para solidificar-se, nada disso diminuiu em nós, em Nita e em mim, a esperança com que chegamos a El Salvador, com que vivemos uma semana em El Salvador, com que deixamos El Salvador.

A mesma esperança com que termino esta *Pedagogia da esperança*.

Paulo Freire

Setembro de 1992

Notas explicativas

Quando Paulo Freire, ainda escrevendo este livro, sentiu necessidade de aclarar alguns pontos apenas tocados ou mencionados por ele — desde que aprofundá-los seria se desviar de seu foco de interesse temático —, pediu-me que fizesse as Notas explicativas.

Para mim foi uma alegria imensa colaborar numa obra dele. E colaborar escrevendo sobretudo acerca das coisas de que gosto tanto e com as quais venho me envolvendo, com paixão, há mais de quinze anos, as "tramas" da história da educação brasileira.

Algumas notas possivelmente saíram extensas — assumo que sou prolixa. Outras que podem parecer para a leitora ou o leitor brasileiro supérfluas não o são na verdade, desde que, neste momento, este livro já está em processo de tradução para algumas línguas estrangeiras.

Assim, para pessoas de outras culturas e outros contextos, pessoas e fatos conhecidos nossos não o são, quase sempre e necessariamente, para esses leitores e essas leitoras estrangeiros. Isso demanda, estou certa, explicações detalhadas.

O meu envolvimento com as notas foi crescendo a cada momento que me aproximava do livro, aprofundando a sua leitura.

Fui revivendo momentos de minha infância, quando conheci Paulo como aluno do colégio Oswaldo Cruz; depois, na minha juventude, ele como meu professor de "língua portuguesa". Após ter vindo morar em São Paulo, já casada com Raul, encontrando-me algumas vezes com ele na casa de meus pais, em Recife, acompanhava seus trabalhos de criação e aplicação do Método de Alfabetização Paulo Freire.

Veio então o Golpe de 1964, e só esporadicamente tinha notícias dele do Chile, dos EUA e de Genebra, e de seu trabalho pedagógico que crescia em criticidade e extensão.

Li-o pela primeira vez em espanhol. Coisa estranha e que me fazia pensar: "Tão brasileiro, tão nordestino, tão pernambucano, tão recifense, e eu que o conheci mergulhado nesse jeito de ser o estou lendo em língua estrangeira." Coisa estranha, assustava-me e espantava-me com isso. Ouvia-o, então em voz tão familiar repetindo o texto em português. Voz mansa, convicção forte, criação engenhosa, coisas próprias do nordestino.

Depois as narrativas das relações que ele estabeleceu com o mundo afora, que ele narra tão bem neste livro, com seus ouvintes leitores em torno da *Pedagogia do oprimido*, ficaram mais longe de mim. Aparentemente, desde que pude entender essa sua relação, essa sua vivência, porque aqui em São Paulo com colegas professores discutia a *Pedagogia do oprimido*, que também entre nós despertava reflexões, conclusões e dúvidas análogas às que ele teve e narra nesse livro com diversos grupos dos cinco continentes.

Havia, então, mesmo sem o diálogo face a face, um ponto em comum com que agora, fazendo estas Notas, me sinto familiarizada. Com as coisas, os fatos e as pessoas de que e de quem ele fala. Mesmo porque nos últimos cinco anos assisti a eles e os vivi participando junto com Paulo, no Brasil e fora dele.

Escrever as Notas sobre as ruas do Recife sobre meu pai Aluizio e o COC, sobre Ariano e Taperoá, ou sobre o que é manha ou o presidente Goulart me fascinou tanto quanto descrever e analisar o que está sendo para a história da educação o pensamento pedagógico de Paulo Freire desde o II Congresso Nacional de Educação de Adultos; ou a administração petista e a gestão dele na Secretaria Municipal de Educação, ou ainda nossa experiência pedagógico-política carregada de emoção que foi a visita que fizemos juntos a Segundo Montes, em El Salvador.

Fazer estas Notas não foi um trabalho mecânico ou neutro. Não, isso não existe e aquele seria impossível para mim diante de meu modo de ser, de me envolver e entender o mundo. Elas estão carregadas de vivência, de minha compreensão da história da educação brasileira e de minha revolta pelo autoritarismo elitista e discriminatório da tradição colonial e escravocrata brasileira, ainda hoje presente entre nós.

Das interdições e proibições. Das interdições do corpo que vêm reproduzindo não só o analfabetismo brasileiro, conforme tese que venho levantando, mas de uma ideologia da interdição do corpo que vem respondendo pelos "meninos e meninas de rua", pela miséria e fome, pelo desemprego e prostituição e pelo exílio e morte de tantos brasileiros no período da ditadura militar. Interdição do corpo de Paulo Freire (e de suas ideias), proibido de viver que foi por longos quinze anos no Brasil, interdição — a sua e de tantos outros brasileiros que, contraditoriamente, o levou a escrever a *Pedagogia do oprimido*, que, negando todas as formas de interdição secularmente reproduzidas no Brasil, aponta a possibilidade da libertação dos homens e das mulheres. Tudo isso se completando nesta *Pedagogia da esperança*.

Por essas coisas todas me senti estimulada a escrever estas Notas. Assim, joguei nelas minhas emoções, meus conhecimentos da história da educação brasileira, mas sobretudo minha leitura de mundo norteada pelo triângulo interdição, libertação e esperança.

Ana Maria Araújo Freire

[1] Uma das categorias mais importantes porque provocativa de reflexões nos escritos da *Pedagogia do oprimido* é o "inédito viável". Pouco comentada e arrisco dizer pouco estudada, essa categoria encerra nela toda uma crença no sonho possível e na utopia que virá, desde que os que fazem a sua história assim queiram, esperanças bem próprias de Freire.

Para Freire, as mulheres e os homens como corpos conscientes sabem bem ou mal de seus condicionamentos e de sua liberdade. Assim encontram, em suas vidas pessoal e social, obstáculos, barreiras que precisam ser vencidas. A essas barreiras ele chama de "situações-limite".

Os homens e as mulheres têm várias atitudes diante dessas "situações-limite": ou as percebem como um obstáculo que *não podem* transpor, ou como algo que *não querem* transpor ou ainda como algo que sabem que existe e que precisa ser rompido e então se empenham na sua superação.

Nesse caso a "situação-limite" foi percebida criticamente e por isso aqueles e aquelas que a entenderam querem agir, desafiados que estão e se sentem a resolver da melhor maneira possível, num clima de esperança e de confiança, esses problemas da sociedade em que vivem.

Para isso eles e elas se separaram epistemologicamente, tomaram distância daquilo que os "incomodava", objetivaram-no e somente quando o entenderam na sua profundidade, na sua essência, destacado do que está aí, é que pôde ser visto como um problema. Como algo "percebido" e "destacado" da vida cotidiana — o "percebido-destacado" — que não podendo e não devendo permanecer como tal passa a ser um tema-problema que deve e precisa ser enfrentado, portanto, deve e precisa ser discutido e superado.

As ações necessárias para romper as "situações-limite" Freire as chama de "atos-limite". Esses se dirigem, então, à superação e à negação do *dado*, da aceitação dócil e passiva do que está aí, implicando dessa forma uma postura decidida frente ao mundo.

As "situações-limite" implicam, pois, a existência daqueles e daquelas a quem direta ou indiretamente servem, os dominantes; e daqueles e daquelas a quem se "negam" e se "freiam" as coisas, os oprimidos.

Os primeiros veem os temas-problemas encobertos pelas "situações-limite", daí os considerar como determinantes históricos e que nada há a fazer, só se adaptar a elas. Os segundos quando percebem claramente que os temas desafiadores da sociedade não estão encobertos pelas "situações-limite" quando passam a ser um "percebido-destacado", se sentem mobilizados a agir e a descobrirem o "inédito viável".

Esses segundos são os que se sentem no dever de romperem essa barreira das "situações-limite" para resolvendo, pela ação com reflexão, esses obstáculos à liberdade dos oprimidos, transpor a "fronteira entre o ser e o ser-mais", tão sonhada por Freire. Este representando, evidentemente, a vontade política de todas e de todos os que *como* ele e *com* ele vêm trabalhando para a libertação dos homens e das mulheres, independentemente de raça, religião, sexo e classe.

Esse "inédito viável" é, pois, em última instância, algo que o sonho utópico sabe que existe, mas que só será conseguido pela práxis libertadora que pode passar pela teoria da ação dialógica de Freire ou, evidentemente, porque não necessariamente só pela dele, por outra que pretenda os mesmos fins.

O "inédito viável" é na realidade uma coisa inédita, ainda não claramente conhecida e vivida, mas sonhada, e quando se torna um "percebido-destacado" pelos que pensam utopicamente, esses sabem, então, que o problema não é mais um sonho, que ele pode se tornar realidade.

Assim, quando os seres conscientes querem, refletem e agem para derrubar as "situações-limite" que os e as deixaram a si e a quase todos e todas limitados a *ser menos*; o "inédito viável" não é mais ele mesmo, mas a concretização dele no que tinha antes de inviável.

Portanto, na realidade são essas barreiras, essas "situações-limite" que mesmo não impedindo, depois de "percebidos-destacados", a alguns e algumas de sonhar o sonho, vêm proibindo à maioria a realização da humanização e a concretização do SER MAIS.

[2] O colégio Oswaldo Cruz funcionou de 1923 a 1956 sob a direção de Aluizio Pessoa de Araújo, quando, para tristeza sua e de todos os que conheciam seus frutos e dele tinham se beneficiado, encerrou as atividades dessa que foi, sem dúvida alguma, uma das mais importantes iniciativas pedagógicas da história da educação do Nordeste e, se não quisermos, o que seria justo e real dizer, da história da educação brasileira.

Conhecido pela seriedade ética e pela excelência do seu ensino, o Oswaldo Cruz, que nenhuma relação teve com o seu homônimo da cidade de São Paulo, abrigou no seu corpo discente alunos e alunas não só do Recife ou de Pernambuco, mas jovens do Maranhão a Sergipe, de quase todo esse Nordeste brasileiro que a ele acorria pela confiança nos seus propósitos e nas suas práticas educativas.

Como diretor e professor das línguas latina, portuguesa e francesa, Aluizio juntou a si, na tarefa educativa, profissionais experientes das diferentes áreas do conhecimento. Esteve, todavia, também sempre aberto a receber contribuições de jovens novos professores. Paulo Freire é um dos muitos exemplos. Foi no Oswaldo Cruz que iniciou sua docência como professor de língua portuguesa. O critério de escolha dos professores por Aluizio foi sempre o da competência profissional e o da dedicação e seriedade no trato do ato de educar.

Foi, preponderantemente, dos professores do colégio Oswaldo Cruz que se formou o corpo docente de quase todas as faculdades que reunidas vieram a compor a primeira universidade federal do estado de Pernambuco, em 1946.

Com seu espírito e seu corpo de educador engajado, fez do COC um educandário inovador e progressista para a época. Acolheu nele alunas moças em coeducação com os rapazes, já em 1924. Foi também nesse colégio que alunos de outras religiões, sobretudo da judaica — os judeus ainda não tinham sua escola própria, no Recife, até os anos 1940 —, tiveram sua formação moral e científica.

O COC contava com laboratórios para as aulas práticas de biologia, física e química em três anfiteatros que mesmo hoje seriam um sonho para muitas faculdades do país.

A coleção de mapas históricos e geográficos e a biblioteca eram atualizadas e de alto nível. Manteve bandas de música, coral, aulas de balé para moças. Seus alunos se organizavam em grêmios estudantis e publicaram jornais e revistas. São exemplos o *Sylogeu* e *Arrecifes*.

Passaram pelo colégio Oswaldo Cruz, do Recife, como alunos e/ou como professores nomes nacional e mesmo internacionalmente reconhecidos como cientistas, juristas, artistas ou políticos. Citaria: José Leite Lopes; Mário Schemberg; Ricardo Ferreira; Newton Maia; Moacir de Albuquerque; Cláudio Souto; Ariano Suassuna; Reinaldo Azoubel; Pelópidas Silveira; Amaro Quintas; Dácio Rabelo; Abelardo e Aderbal Jurema; Egídio Ferreira Lima; Hervásio de Carvalho; Fernando Lira; Vasconcelos Sobrinho; Odorico Tavares; Evandro Gueiros; Dorany Sampaio; Etelvino Lins; Armando Monteiro Filho; Francisco Brenand; Lucílio Varejão, pai e filho; Ricardo Palmeira; Mario Sete e seus filhos Hoel e Hilton; Valdemar Valente; Manoel Correia de Andrade; Albino Fernandes Vital e, como já citado e ele mesmo declara, o autor deste livro. Pessoas das mais diferentes vertentes ideológicas, mas todos com sólida formação e competência profissional.

O colégio Oswaldo Cruz na pessoa de seu diretor não teve medo de romper as tradições elitistas e autoritárias da sociedade brasileira. Os que por lá passaram não conheceram as discriminações de classe, raça, religião ou sexo.

[3] O curso secundário foi alvo de matéria legislativa no início do governo de Getúlio Vargas, mediante dois decretos. Um de abril de 1931 e o segundo do mesmo mês no ano

de 1932, que consolidou a organização citada em 1931 desse ramo de ensino médio, sistematizando-o.

Como na tradição histórica brasileira a legislação escolar vinha sendo feita quase que exclusivamente por atos do poder Executivo sem as necessárias iniciativas do poder Legislativo ou da sociedade civil, essa reforma do início dos anos 1930 não causou estranheza. Ainda mais que Vargas, após perder as eleições, tinha tomado o poder supremo da nação, em novembro de 1930, por meio das forças revolucionárias que negavam sobretudo a hegemonia da aristocracia cafeeira, paulista e mineira, que governava o país por quase todo o tempo republicano.

Embora tecnicamente essa reforma educacional de Vargas e de seu ministro da Educação de então, Francisco Campos, tivesse medidas inovadoras, ela, não tendo fugido à tradição, pecava no todo porque pecava politicamente pelo excesso da centralização autoritária e pelo gosto elitista da minoria mandante de nossa sociedade.

A reforma em questão vigorou até 1942, quando Vargas, que continuava no poder, mas desde 1937 em período explícito de ditadura, a substituiu por outra que acentuava ainda mais esses traços nada democráticos da primeira reforma.

Esse ramo de ensino, de perfil acadêmico, que não profissionalizava, mas era apenas uma ponte para o nível superior, contraditoriamente, dentro de um país que queria e precisava industrializar-se, foi o ramo de ensino que gozou de maior prestígio e prerrogativas da sociedade política e dos segmentos médios e altos da sociedade civil dentro dos sonhos elitistas que se perpetuavam desde quando os jesuítas o implantaram, no século XVI, com o nome de "cursos de humanidades".

O curso secundário consolidado em 1932, e ao qual Freire se reporta, estabelecia dois ciclos de ensino. O 1º Ciclo, chamado de *Fundamental*, era composto de cinco anos letivos de duração e aceitaria alunos e alunas de mais de dez anos de idade após um exame de admissão bastante rigoroso e seletivo em termos de conteúdos. O 2º Ciclo, propedêutico ao superior, era formado por dois anos letivos de duração, chamado *Complementar*, que exigia para sua matrícula a aprovação do(a) aluno(a) no 1º Ciclo.

O *Complementar* se subdividia em três seções, dependendo de qual curso do nível superior fosse o secundarista seguir após a conclusão desse 2º Ciclo.

Assim, os estabelecimentos de ensino oficiais ou os privados equiparados ao colégio Pedro II — colégio oficial modelo para *todos* os estabelecimentos do ensino secundário do país — ofereciam os cursos pré-jurídico, pré-médico e pré-engenharia.

Não existindo ainda nesse período no Brasil cursos de educação e formação de professores em grau superior, todos e todas as pessoas que se inclinavam para uma formação dentro das ciências humanas necessariamente tinham que cursar o "2º ciclo secundário pré-jurídico" e após este a própria Faculdade de Direito.

Foi esse o caso de Freire. Não tendo, quando ingressou na Faculdade de Direito do Recife, em 1943, a ideia clara de tornar-se educador, muito menos quando, em 1941, iniciou o pré-jurídico, todavia sentia e sabia que sua tendência era estar o mais próximo possível dos problemas humanos.

[4] Escrever sobre seu próprio pai não é tarefa fácil. Mas quando se sente e se sabe que ele foi um homem que aperfeiçoou por todos os quase 83 anos de sua vida as qualidades humanas da generosidade, solidariedade e da humildade sem jamais ter perdido a dignidade, falar dele é ameno, alegre e recompensador.

Aluizio, diz o diário de seu pai, o médico Antônio Miguel de Araújo, "nasceu em 29 de dezembro de 1897 (quarta-feira), às 4 horas da manhã. Batizou-se em 21 de fevereiro de 1898 com o Pe. Marçal (ilegível) e os padrinhos Urbano de Andrade Lima e sua mulher, d. Anna Clara Lyra Lima".

Aluizio Pessoa de Araújo, tendo nascido em Timbaúba, morreu no Recife em 1º de novembro de 1979.

Teve o educador pernambucano sua formação acadêmica e religiosa no secular Seminário de Olinda e após a conclusão dos "cursos maiores" desistiu, para tristeza de seus pais, de ir para Roma e de lá fazer os votos sacerdotais.

Poucos anos depois desse fato Aluizio casou-se, em 25 de junho de 1925, com Francisca de Albuquerque, conhecida como Genove, que o ajudou desde o primeiro momento no funcionamento do então Ginásio Oswaldo Cruz. Tiveram nove filhos e a alegria de comemorarem cinquenta anos de casados mesmo que sem um de seus filhos, Paulo de Tarso.

A desistência da vida sacerdotal e o casamento não o distanciaram de uma vida regrada pelas normas e princípios da Igreja Católica, antes o aproximaram da religiosidade mais autêntica e profunda. Pautou por ela sua vida privada e profissional, vivendo a sua fé e aprimorando as suas qualidades de generosidade e solidariedade. E mais que essas, a sua cumplicidade com a seriedade, a ética e o compromisso com o humanismo o levou a uma prática de educador extremamente aberta para com todos e todas que queriam, precisavam e desejavam estudar. E fazia isso com humildade.

Dos anos 1920 até mesmo princípios dos anos 1950, contando o Recife com poucas unidades educacionais públicas, portanto gratuitas, mantendo o curso secundário, Aluizio, como diretor e proprietário do COC, como era conhecido seu colégio, tornou na realidade sua instituição privada numa instituição de caráter público. Sem jamais ter se beneficiado de verbas públicas, ofereceu em seu próprio educandário ensino a tantos e tantas jovens que dele precisaram.

Sua gratuidade era total, pois jamais cobrou de seus alunos ou de suas alunas bolsistas, em qualquer das formas de cobrança que possa existir, o que tinha doado pela sua generosidade pessoal e pela sua compreensão social de que a educação era um direito de todos e de todas.

Desses princípios jamais abriu mão, pois teve sempre a convicção de que esta era a "vocação" de se estar sendo no mundo.

[5] O SESI — Serviço Social da Indústria — foi criado pelo Decreto-Lei nº 9.403 do então presidente da República Eurico Gaspar Dutra, em 25 de junho de 1946.

Atribuindo poderes à Confederação Nacional da Indústria, encarregando-a de criar, organizar e dirigir este serviço, o ato legal faz considerações, justificando a medida.

Seriam, sucintamente, estes os motivos que levaram o poder Executivo a decretar tal matéria: "as dificuldades que os encargos de após guerra têm criado na vida social e econômica do país"; que sendo dever do Estado, mas não exclusivamente "favorecer e estimular a cooperação das classes em iniciativas tendentes a promover o bem-estar dos trabalhadores e de suas famílias" e favorecer-lhes condições de "melhoria do padrão de vida"; a disponibilidade da CNI como entidade das classes produtoras de "proporcionar assistência social e melhores condições de habitação, nutrição, higiene dos trabalhadores e, bem assim, desenvolver o espírito de solidariedade entre empregados e empregadores" e de que "esse programa, incentivando o sentimento e o espírito de justiça social entre as classes, muito concorrerá para destruir, em nosso meio, os elementos propícios à germinação de influências dissolventes e prejudiciais aos interesses da coletividade".

Essa matéria é um retrato do país. É interessante analisar e apontar o que a "letra da lei" não diz, mas está presente implicitamente no decreto.

Começaria denunciando a própria forma do ato.

Ele vem de cima, do poder Executivo. Ademais por uma maneira mais autoritária do que um decreto. Veio através de um decreto-lei, isto é, por um decreto que o chefe do Executivo, no caso o presidente da República, expede com a força de lei, absorvendo, portanto, funções próprias do poder Legislativo além do seu próprio.

Dutra, como outros presidentes brasileiros, usou desse mecanismo tão ao gosto do autoritarismo centralizador brasileiro, que felizmente já foi proscrito de nosso aparato burocrático de Estado.

O documento em questão fala em dificuldades de pós-guerra, quando o Brasil poderia ter saído enriquecido do período bélico, desde que, anteriormente a ele, tinha sido um dos países fornecedores de estoques de produtos diversos essenciais de guerra.

Os outros considerandos escondem o receio do comunismo. Traduzem o medo do regime antagônico ao capitalismo, o da "caça às bruxas" ordenada pelos países do "Norte". Indicam uma camuflação para o não desvelamento, claro e consciente, da luta de classes. "Pedem" a aceitação calma e passiva das discrepantes diferenças das condições materiais entre patrões e empregados. Assistem para não enfrentar.

Freire entrou para trabalhar nesse espaço, o que parece à primeira vista contraditório; no entanto foi lá, aprendendo com trabalhadores urbanos, rurais e pescadores, mas sobretudo com as relações impostas pelo patronato ao operariado, que foi capaz de ir formulando um pensamento pedagógico com as marcas do diálogo, da criticidade e da transformação social.

[6] A Faculdade de Direito do Recife, hoje uma das unidades da Universidade Federal de Pernambuco, foi sempre um espaço de lutas políticas e de renovação de ideias no cenário brasileiro.

É que, criada logo após a Independência brasileira, em 11 de agosto de 1827, juntamente com a "do largo de São Francisco" de São Paulo, essa escola de cursos jurídicos, que inicialmente funcionou no mosteiro de São Bento de Olinda, nascia como possibilidade de formar mais do que os homens que iriam compor o aparato jurídico nacional.

São os egressos desses dois cursos que forjaram, inicialmente, o próprio aparelho de Estado brasileiro.

[7] Freire teve que pedir asilo político e sair do Brasil quando tinha apenas 43 anos de idade. Teve que viver afastado de sua pátria e de seus familiares por mais de quinze anos.

Nesse tempo perdeu sua mãe e muitos dos seus amigos. Entre esses, inúmeros militantes políticos, animadores dos "círculos de cultura" e monitores do Programa Nacional de Alfabetização, que não foram poupados pelas torturas e das perseguições dos anos da ditadura militar.

Assim devemos, contraditória e ironicamente, a saída de Freire de nosso convívio num momento em que ele agia e produzia séria, eficiente e entusiasticamente, exatamente por estas qualidades.

Seu "pecado" fora alfabetizar para a conscientização e para a participação política. Alfabetizar para que o povo emergisse da situação de dominado e explorado e que assim se politizando pelo ato de ler a palavra pudesse reler, criticamente, o mundo. Sua compreensão de educação de adultos era essa. Seu difundido "Método de Alfabetização Paulo Freire" tinha suporte nessas ideias que traduziam a realidade da sociedade injusta e discriminatória que construímos. E que precisava ser transformada.

O Programa se preparava para levar isso a grande número daqueles e daquelas a quem tinha sido negado o direito de frequentar a escola quando o Golpe militar de 1964 o extinguiu.

Os militares que tomaram o poder e seus agentes queimavam ou apreendiam, dentro do espírito do "marcarthismo" macabro da Doutrina de Segurança Nacional que se instalava no Brasil vinda do "Norte", tudo o que tomavam em suas mãos e que entendiam ser "subversivo".

Dentro dessa "nova" leitura de mundo, velha nas suas táticas de castigar, maltratar e interditar, não havia lugar para Freire.

Ele que tanto amava seu país e sua gente foi privado de *estar nele*. E estar nele *com* o seu povo.

[8] O estado de Pernambuco é uma das menores unidades da Federação. Seu território é uma estreita faixa de terra que se estende do oceano Atlântico até o limite do estado do Piauí, entre os meridianos 35° e 41° e os paralelos 7° e 10°.

Diante das condições de chuvas, umidade, vegetação e temperatura, ele se divide em três zonas. Do litoral para o interior, são elas: Zona da Mata, Zona do Agreste e Zona do Sertão.

A primeira, guardando ainda um pouco da mata Atlântica que a cobria quando da invasão portuguesa nas terras americanas, em 1500, tem índices pluviométricos altos, temperatura quente e grande umidade do ar. Ainda hoje é zona de plantação de canaviais seguindo a tradição portuguesa que fez aí sua maior fonte de riqueza no século XVI.

Foi a aventura colonialista lusa que desmatou grande parte dessa zona movendo seus engenhos e derrubando suas árvores pelo trabalho escravo e vendendo a até então especiaria — o açúcar — nos mercados europeus, iniciando assim a destruição ecológica dessa zona.

Se afastando poucos quilômetros da orla marítima, as condições climáticas vão se modificando gradativamente, para dar lugar à Zona do Agreste, na qual a vegetação e as chuvas vão se rarefazendo até chegar à Zona do Sertão.

A vegetação aí é exclusivamente a dos cactáceos, sobretudo o mandacaru e o xiquexique, caracterizando o que chamamos de caatinga. As temperaturas são muito altas durante o dia, com sol escaldante e céu azul, sem nuvens, caindo consideravelmente à noite.

Zona totalmente desmatada, evidentemente as chuvas são raras, sendo comum muitos meses ou até anos seguidos de estiagem.

As "secas", como chamamos, deixam os leitos dos rios com seus chãos à vista das populações famintas e sedentas. O chão que serviria para o plantio da "cultura de subsistência" se racha, abre-se para acolher a miséria, os animais mortos e o sinal de que se deve migrar para a região Sudeste do país se não se quer morrer.

[9] A jangada que marca tão belamente a paisagem praieira nordestina é uma pequena embarcação usada pelos pequenos pescadores para ganharem a vida na pescaria de alto-mar. Eles vendem ao pôr do sol o produto que o dia do mar generoso das águas mornas dessa região brasileira lhes ofereceu, não gratuitamente, porque os riscos são grandes e o trabalho, muito árduo.

Embarcação frágil, ela é construída de uma madeira de pequena densidade que assim boia sobre as águas. De madeira tão leve e porosa que mesmo se enchendo das águas salgadas do mar tende a estar sobre as mesmas.

A jangada é composta por cinco troncos, do "pau de jangada", de mais ou menos quatro a cinco metros de comprimento, roliços e unidos para formar o seu lastro por algumas varas de madeira resistente e dura que os perpassam no sentido da largura. Esta deve ser de mais ou menos um metro e meio a dois metros.

A jangada tem uma vela grande de tecido, tradicionalmente branca, na qual o vento "batendo" faz a jangada navegar. Poucos instrumentos a mais da rede de pescar e da vela, apenas um leme rústico de madeira, um cesto — o samburá — onde o pescador junta os pescados, uma concha de madeira com a qual ele vai molhando a vela para que ela se tornando "impermeável" ofereça maior resistência ao vento que lhe sopra. E uma âncora. Esta, tão rústica quanto tudo e todos da jangada, se compõe de uma corda de fibras de caroá que, tendo numa das extremidades uma pedra, faz a jangada parar no ponto que o jangadeiro deseja, ou melhor, no ponto que ele intuitivamente sabe que pode encontrar as riquezas do mar que lhe interessam.

[10] Os pescadores nordestinos chamam de "pescaria de ciência" a uma técnica elementar usada para pescaria em alto-mar que consiste no seguinte: eles tomam três pontos como referência, que podem ser dois deles um morro ou a torre da igreja local, ou algo que se destaque da paisagem praieira a longa distância. A terceira referência é a própria orla da praia. Três pontos são suficientes para que o pescador entre mar adentro, o mais verticalmente possível em relação à orla e a alguns quilômetros desta, a olho nu, pela observação possa medir e avaliar se ele está equidistante

dos dois pontos escolhidos previamente em terra firme. Neste lugar que ele elege, de onde tudo que vê na praia lhe parece um simples ponto, neste lugar que sua intuição e sua sensibilidade lhe dizem "é aqui!", "este lugar é bom", ele deposita sua armadilha e depois de alguns poucos dias a retira, sem erro, sem ter deixado sinal aparente para ele mesmo ou para estranhos o que seu engenho criador pôs a seu serviço.

O instrumento que medeia seu "conhecimento científico" — a ideia de um triângulo isósceles — e o ato mesmo de "medir" e de determinar o ponto certo para obter os frutos do mar, é o *covo*. Construído com cipó flexível, mas resistente, o covo é um grande cesto que submerge muito fundo com a ajuda de uma pedra. O covo fica no ponto escolhido pelo pescador o tempo necessário para que este engenho, uma espécie de armadilha, desde que os peixes, os camarões e outros "frutos" que aí entram jamais saem para a liberdade da imensidão das águas do mar, se encha e assim possa retirá-lo.

Essas técnicas tão rudimentares são entretanto o esforço do senso comum, da leitura de mundo dos populares praieiros que fazem da percepção, da observação e da experiência o caminho para um conhecimento que se aproxima do que é para nós o conhecimento científico.

Conhecimentos como esses da "pescaria de ciência" é o que o etnocientista da Unicamp, Marcio D'Olme Campos, vem estudando entre os pescadores do estado de São Paulo dentro de concepções diferentes das expostas aqui (cf. nota 36).

[11] Chamamos caiçaras no Nordeste brasileiro às palhoças construídas de palhas dos coqueiros junto ao mar, que servem para abrigar as embarcações e apetrechos dos pescadores. É também o local onde, juntos, os pescadores conversam e descansam entre as horas de trabalho.

[12] Quando o "educador", pai ou mãe, professor ou professora, toma a sua vítima obrigando-a a estender as mãos e nelas bate com força, geralmente utilizando para isso a palmatória, inflingindo nela, além do castigo moral, as marcas da dor que diz redimir, essas, quase sempre, se concretizam em enormes inchaços nas palmas das mãos. São esses inchaços que o povo chama de "bolos". Tal nome se deve ao fato de o volume das mãos ir aumentando após o "ato disciplinar", à semelhança do processo do bolo comestível que aumenta seu volume com o calor do forno.

[13] Os governos militares do Brasil foram compostos pelos seguintes mandatários: mal. Humberto de Alencar Castelo Branco, de 15/04/1964 a 15/03/1967; Gal. Arthur da Costa e Silva, de 15/03/1967 a 31/08/1969, quando impedido de governar por motivo de doença foi substituído por junta militar composta pelos Gal. Aurélio Lyra Tavares, Brigadeiro Mareio de Souza e Melo e o Almte. Augusto Rademaker Grunerwald, de 31/08/1968 a 30/10/1969; Gal. Emílio Garrastazu Médici, de 30/10/1969 a 15/03/1974; Gal. Ernesto Geisel, de 15/03/1974 a 15/03/1979, e Gal. João Batista Figueiredo, de 15/03/1979 a 15/03/1985.

[14] A atual estrutura do ensino no Brasil (setembro de 1992, é bom assinalar a data, desde que tramita nova Lei de Diretrizes e Bases da Educação Nacional no Congresso Nacional), que foi elaborada e começou a vigorar nos tempos mais duros da ditadura militar — L.D.B. da E.N. de 1971 —, é composta de três níveis de escolaridade. O 1º grau, com oito anos letivos de duração, formado pelos antigos cursos primário e ginasial; o 2º grau, de três ou quatro anos letivos de duração, dependendo do ramo que se está cursando; e o 3º grau, chamado de nível superior ou universitário, que oferece cursos de três a seis anos de duração.

Na tradição histórica brasileira, o ensino regular era composto do ensino elementar ou primário; do nível médio: secundário, comercial, normal, agrícola, industrial e náutico, desses seis ramos apenas o primeiro — o secundário — não era profissionalizante, mas apenas propedêutico ao superior; e o nível superior. Não podemos dizer universitário porque a primeira instituição desse nível de ensino entre nós reconhecida como tal é a Universidade de São Paulo — USP —, criada pelo governo estadual paulista em 1934.

As "escolas primárias" referidas eram as que, evidentemente, ofereciam o primeiro nível de ensino que oficialmente deveriam abrigar todas as crianças dos sete aos dez anos de idade.

[15] "Suleá-los": Paulo Freire usou esse termo que na realidade não consta dos dicionários da língua portuguesa, chamando a atenção dos(as) leitores(as) para a conotação ideológica dos termos nortear, norteá-lo, nortear-se, orientação, orientar-se e outras derivações.

Norte é Primeiro Mundo. Norte está em cima, na parte superior, assim Norte deixa "escorrer" o conhecimento que nós do hemisfério sul "engolimos sem conferir com o contexto local" (cf. Marcio D'Olme Campos, "A arte de sulear-se", in Teresa Scheiner, (org.), *Interação museu-comunidade pela educação ambiental, manual de apoio ao curso de extensão universitária*. Rio de Janeiro: Uni-Rio/Tacnet Cultural, 1991).

Quem primeiro alertou Freire sobre a ideologia implícita em tais vocábulos, marcando as diferenças de níveis de "civilização" e de "cultura", bem ao gosto positivista, entre o hemisfério norte e o sul, entre o "criador" e o "imitador" foi o físico supracitado — Marcio Campos —, atualmente dedicado à etnociência, à etnoastronomia e à educação ambiental.

Transcrevo palavras do próprio Campos, do mesmo texto supraindicado, que explicitam como ele percebeu e vem denunciando a pretensa superioridade intrínseca da inteligência e do poder criador dos homens e das mulheres do Norte:

> A História Universal e a Geografia, como são compreendidas pela nossa Sociedade Ocidental de tradição científica, demarcam certos espaços e tempos, períodos e épocas, a partir de referenciais internalistas e mesmo ideológicos, muito a gosto dos países centrais do Planeta.
>
> Muitos são os exemplos desse estado de coisas que imprime um caráter apenas informativo e livresco à educação nos países periféricos, ou seja, do Terceiro Mundo.

No material didático encontramos, nos globos terrestres, a Terra representada com o polo Norte para cima. Os mapas, da mesma forma, respeitam através das legendas essa convenção apropriada para o hemisfério Norte e são apresentados num plano vertical (parede) em lugar do plano horizontal (chão ou mesa). Com isso encontram-se pessoas dizendo no Rio que vão subir para Recife e quem sabe não podem estar pensando que existe um Norte em cada pico de montanha já que "norte fica em cima".

Nas questões de orientação espacial, sobretudo com relação aos pontos cardeais, também os problemas são graves. As regras práticas ensinadas aqui são práticas apenas para quem se situa no hemisfério Norte e a partir de lá se NORTEia.

A imposição dessas convenções em nosso hemisfério estabelece confusões entre os conceitos de em cima/embaixo, de Norte/Sul e especialmente de principal/secundário e superior/inferior.

Em qualquer referencial local de observação, o Sol nascente do lado do Oriente permite a ORIENTação. No hemisfério Norte, a Estrela Polar, Polaris, permite o NORTEamento. No hemisfério Sul, o Cruzeiro do Sul permite o "SULeamento".

Apesar disso, em nossas escolas, continua a ser ensinada a regra prática do Norte, ou seja, com a mão direita para o lado do nascente (Leste), tem-se à esquerda o Oeste, na frente o

Norte e atrás o Sul. Com essa pseudorregra prática dispomos de um esquema corporal que, à noite, nos deixa de costas para o Cruzeiro do Sul, a constelação fundamental para o ato de "SULear-se". Não seria melhor usarmos a mão esquerda apontada para o lado do Oriente? [Grifo meu.]

Após essa longa, mas imprescindível citação, quero chamar a atenção para umas poucas palavras do texto que, mesmo sendo poucas, dizem muito e com muita força. Não sendo palavras abstratas, implicam um comportamento, uma postura de alguém, de alguma pessoa que os tem. Se os têm é porque os adquiriram concretamente.

Assim, me alongo nas observações-denúncias do prof. Marcio Campos perguntando-nos com a intenção de provocar-nos a reflexão: "virar as costas" ou virar "de costas" ou nos deixar *de costas* para o Cruzeiro do Sul – signo da bandeira, símbolo brasileiro, ponto de referência para nós – não seria uma atitude de indiferença, de menosprezo, de desdém para com as nossas próprias possibilidades de construção local de um saber que seja nosso, para com as coisas locais e concretamente nossas? Por que isso? Como surgiram e se perpetuaram entre nós? A favor de quem? A favor de quê? Contra quê? Contra quem nessa forma de ler o mundo?

Não seria essa "pseudorregra prática" mais uma forma de alienação que atinge os nossos signos e símbolos, passando pelo saber elaborado até a produção de um conhecimento que *dá as costas para* ele mesmo e se volta de frente, de peito aberto, de boca gulosa e de cabeça oca como um vasilhame vazio para ser enchido por signos e símbolos de outro lugar, enfim para ser continente do saber elaborado pela produção de homens e de mulheres do "Norte", do "cume", do "superior", do "ponto mais alto"?

[16] O general Eurico Gaspar Dutra foi o presidente da República de 31/01/1946 a 31/01/1951, no período logo após a derrubada da ditadura de Getúlio Vargas, essa que o general, ao lado de tantos civis e de outros militares, ajudou a construir a partir de 1930, quando o político gaúcho começou sua luta para tomar o poder que se estendeu por quinze anos.

Em outubro de 1945 foi Dutra um dos depositores do ditador que imediatamente eleito iniciou, ironicamente, o período histórico que chamamos de "redemocratização" brasileira.

[17] Vasco da Gama é um bairro popular, de alta densidade populacional, localizado na então zona periférica do Recife.

[18] No Nordeste chamamos de *oitão* o espaço livre entre a casa e o muro que delimita o terreno onde a mesma foi construída, ou ainda a área que ladeia uma edificação qualquer.

Assim, quando dizemos "no oitão da igreja" nos referimos aos lados da mesma, excluindo, portanto, a sua frente e seu fundo.

Uma casa de "oitões livres" é assim aquela que tem sua construção respeitando um espaço — não muito amplo, senão seria quintal ou jardim — entre ela e o limite do terreno onde a mesma foi edificada, o muro.

[19] A "linha Arno" nos anos 1950 representava o poder de consumo da classe média nordestina que, naqueles tempos de pós-guerra, era muito baixo, sobretudo se o comparássemos com seus pares dos EUA, de muitos dos países europeus ou mesmo com o das famílias da região Sudeste ou Sul do próprio Brasil.

Essa "pobre" classe média nordestina de então tentava se mostrar como merecedora de respeito e queria se destacar como "podendo" quando possuía em sua casa uma linha de produtos eletrodomésticos de renomada marca de fabricação que se produzia no Brasil. Assim, quem podia comprar — e não o fazia em silêncio! — um liquidificador, um aspirador de pó ou uma batedeira de bolo da fábrica Arno se sentia e se julgava um membro privilegiado da modesta classe média nordestina.

[20] Jaboatão, cidade que dista apenas 18 km (hoje integrada economicamente) da capital pernambucana, era considerada distante do Recife nos anos 1930 devido às precárias condições de acesso. Esse era feito, quase que exclusivamente, pelos trens da companhia inglesa que explorava esses serviços, a Great Western.

Para lá a família Freire se mudara na esperança de dias melhores, desde que ela estava entre um grande número de famílias brasileiras que tinham sido empobrecidas pelo *crack* da Bolsa de Nova York, em 1929.

Foi de lá que, após perder seu marido, em 1934, d. Tudinha "viajava" diariamente ao Recife na esperança de conseguir uma bolsa de estudos para seu filho Paulo. A cada dia que voltava com um "não consegui", seu filho caçula sentia como mais distante a possibilidade de estudar.

Quando já na desesperança faz ela sua última tentativa, nos princípios de 1937, recebe o "sim" de Aluizio Pessoa de Araújo.

Passando, por acaso, pela rua D. Bosco vê no prédio nº 1.013 uma placa, "Ginásio Oswaldo Cruz" (só nos anos 1940 o educandário passou a denominar-se Colégio Oswaldo Cruz), e lá entra. Pede para falar com o diretor. De pronto seu pedido foi acolhido com uma única condição: "Que seu filho, meu mais novo aluno, goste de estudar."

Foi em Jaboatão que Paulo, vivendo dos onze aos vinte anos de idade, conheceu o mundo das dificuldades de se viver com parcos recursos financeiros, das dificuldades que se geravam no estado de viuvez precoce de sua mãe — quando a sociedade era muito fechada para o trabalho da mulher — e das dificuldades que ele mesmo sentia, "muito magro e anguloso", de vencer um mundo hostil para com os que pouco podiam e tinham.

Mas foi também em Jaboatão que sentiu, aprendeu e viveu a alegria no jogar futebol e no nadar pelo rio Jaboatão vendo as mulheres, de cócoras, lavando e "batendo" nas pedras a roupa que lavavam para si e sua família, e para as famílias mais abastadas. Foi lá também que aprendeu a cantar e a assobiar, coisas que até hoje tanto gosta de fazer para se aliviar do cansaço de pensar ou das tensões da vida do dia a dia; aprendeu a dialogar na "roda de amigos" e aprendeu a valorizar sexualmente, a namorar e a amar as mulheres; e por fim foi lá em Jaboatão que aprendeu a tomar para si, com paixão, os estudos da sintaxe popular e da erudita da língua portuguesa.

Assim Jaboatão foi um espaço-tempo de aprendizagem, de dificuldades e de alegrias vividas intensamente, que lhe ensinaram a harmonizar o equilíbrio entre o ter e não ter, o ser e não ser, o poder e o não poder, o querer e o não querer. Assim forjou-se Freire na disciplina da esperança.

[21] Gostaria de chamar a atenção dos leitores para o nome das ruas do Recife. São nomes pitorescos, regionais, bonitos e românticos que não passaram despercebidos pelos intelectuais, poetas e sociólogos, como por exemplo Gilberto Freyre.

Nem sempre alegres, mas quase sempre com uma preposição. Podemos ler nas placas azuis de letras brancas da secular Recife: rua das Crioulas, rua da Saudade, rua do Sol e rua da Aurora (as duas ruas que ladeiam o rio Capibaribe, no centro da cidade, respectivamente, do lado do poente e do nascente), rua das Graças, rua da Amizade, rua dos Milagres, corredor do Bispo, rua das Florentinas, praça do Chora Menino, rua dos Sete Pecados ou rua do Hospício, rua dos Martírios, beco da Facada, rua dos Afogados...

A rua da Imperatriz, tão conhecida de todos os recifenses, que começando na confluência da rua da Matriz com a rua do Hospício se estende pela ponte da Boa Vista e continua pela rua Nova, é na verdade o que poucos de nós sabemos, rua da Imperatriz Teresa Cristina, em homenagem à mulher do segundo e último imperador do Brasil, d. Pedro II.

[22] Massapé (ou massapê), segundo o *Dicionário Aurélio* da Língua Portuguesa, é um vocábulo formado muito provavelmente pela junção das palavras *massa* e *pé*, pelo

poder que tem essa argila de aderir, de agarrar-se aos pés de quem nela pisa. Própria do Nordeste brasileiro, é "formada pela decomposição de calcários cretáceos, preta quase sempre, e ótima para a cultura de cana-de-açúcar" (Aurélio Buarque de Holanda Ferreira, *Novo Dicionário da Língua Portuguesa*. Rio de Janeiro: Nova Fronteira, s/data, p. 902).

[23] Pinico ou penico é um pequeno vaso de uso doméstico que as pessoas levavam para seus quartos à noite, como urinol, quando ainda não havia dentro das residências os banheiros modernos providos de bacias sanitárias.

As camadas populares chamam "pinico do mundo", por analogia, às regiões brasileiras nas quais o índice pluviométrico é extremamente alto.

[24] Badoque ou bodoque é uma atiradeira de construção rudimentar e caseira, feita geralmente por crianças, que consiste numa forquilha de madeira, munida de elástico ou recorte de borracha que tensionado(a) lança a pequena pedra, posta no meio do comprimento dessa parte que se distende, ao encontro dos passarinhos que querem matar. Usado como brincadeira, mas sobretudo como meio de angariar alimentos entre as populações mais pobres das zonas rurais.

[25] Aqui é óbvio que a palavra arqueologia foi empregada metaforicamente, aliás bem ao gosto freireano de usar a linguagem figurada.

Assim, ela foi usada em analogia ao sentido tradicional. Freire está falando da "arqueologia" que fez de suas emoções passadas. Revivendo-as, fez uma análise de procura, de verdadeira "escavação" nas emoções que o faziam sofrer e cair em depressão.

Portanto essa "arqueologia" não se remete à compreensão que tinha do mesmo termo o filósofo francês Michel Foucault.

[26] Quem é nordestino do Brasil — Paulo Freire acrescentaria "e africano" — sabe o que é o cheiro do chão.

Em Recife, a cujo chão o educador se refere, chão de terra, que abriga o quente e úmido, exala quando a chuva o molha um cheiro forte, da umidade e do calor que se convertem como que no cheiro de corpo de mulher, ou de homem, que a sensualidade dos climas tropicais acirra.

[27] Freire se tornou amigo de Paulo de Tarso Santos desde quando este o convidou para coordenar um programa nacional de alfabetização.

A Lei de Diretrizes e Bases da Educação Nacional, de 1961, tendo descentralizado a educação, inibia de uma certa maneira as campanhas de caráter nacional. Mas estando o presidente João Goulart presente a uma "colação de grau" de um grupo que se alfabetizara na experiência de Angicos, no Rio Grande do Norte, constatando a eficiência do trabalho da equipe de Freire, pensou em romper a então nova orientação da política educacional de deixar as iniciativas da prática educativa unicamente como dever das unidades federativas.

Juntou-se a essa vontade a sensibilidade de Paulo de Tarso, que então se tornara ministro da Educação — hoje conhecido também pela expressividade e beleza de sua pintura, onde a presença simbólica de Brasília marca os rebeldes primeiros anos 1960 do Brasil —, levando-o a criar o Programa Nacional de Alfabetização.

Freire coordenou então esse programa que deveria alfabetizar 5 milhões de brasileiros em dois anos. Tudo indicava e se esperava assim mudar o equilíbrio das forças no poder, desde que o Método Paulo Freire, que foi oficialmente implantado, não queria alfabetizar mecanicamente, mas politizando os alfabetizandos.

A percepção de que a sociedade caminhava para tal desequilíbrio levou a elite conservadora, que cooptava setores das camadas médias, a ver o Método Paulo Freire como altamente subversivo. E o era, só que não na perspectiva do dominado.

Assustaram-se os dominantes com o Método, com o autor e até com o governo populista de Goulart, ignorando as reais necessidades do país que reclamavam maior seriedade com os negócios da educação.

Com o golpe militar de 1º de abril de 1964, que teve como um de seus alvos principais a proibição do povo à aquisição da linguagem escrita, porque o Método não tinha mais como característica o que as campanhas anteriores de alfabetização tinham — a alfabetização alienada e alienante —, o Programa foi extinto e seus mentores, perseguidos. Muitos deles, como Freire, precisaram, para fugir das prisões e das torturas, se exilar.

[28] "Cidade-dormitório" é um brasileirismo utilizado para classificar cidades nas quais a maioria de seus habitantes sai para trabalhar de dia, quase sempre nas cidades vizinhas de maior porte ou oferta de emprego, retornando apenas à noite para dormir.

Freire utilizou o termo como uma metáfora, obviamente, querendo dizer que Santiago naquele momento era uma cidade para a qual acorriam intelectuais de várias partes do mundo para politizarem-se mais e para discutirem a latino-americanidade e a democracia cristã do Chile.

[29] "Manha" é uma expressão que caracteriza um certo comportamento bem brasileiro no qual a pessoa, não querendo ou não podendo enfrentar outra pessoa ou uma situação embaraçosa ou difícil, tenta camuflar o fato ou situação com ardis ou artimanhas num diz que diz ou faz que faz que não assume o outro ou a coisa nem tampouco desiste deles. Ganha tempo procurando tirar proveito em benefício próprio sem explicitar seu intento, "jogando" com palavras e muitas vezes, sobretudo as pessoas das classes populares, jogando com o próprio corpo no gingado que tenta fugir do real.

Na compreensão de Freire, manha é tudo isso e mais a necessária forma de defesa que se encontra na resistência cultural e política dos oprimidos.

[30] Josue de Castro foi um importante médico pernambucano que, tendo estudado e pesquisado as formas de alimentação das populações nordestinas, inaugurou com isso o que se chamou "ciclo do caranguejo".

Tal nome se deve ao fato de ser o caranguejo o crustáceo típico da zona dos mangues e um dos mais importantes alimentos para as camadas mais pobres da população dessas áreas. Ele é encontrado em abundância junto às moradias de quem dele depende — as palafitas são construídas sobre os lamaçais onde crescem os mangues —, acrescido do fato de ter o caranguejo alto valor nutritivo. O livro mais importante, mundialmente conhecido, de Josué de Castro se chama *Geografia da fome*. Chocante pelo realismo, retrata o quadro de fome e a luta pela sobrevivência das populações proibidas de a terem do Nordeste brasileiro.

[31] Minas Gerais é uma das unidades federadas brasileiras localizada na região Sudeste (entre os paralelos 14° e 22° e meridianos 41° e 51°) e que tem esse nome porque foi na região que corresponde ao seu território onde se descobriram, nos meados do século XVIII, as grandes minas de ouro e depois as de muitos outros minerais nobres.

[32] PUC-SP é a conhecida sigla, entre nós brasileiros, da Pontifícia Universidade Católica de São Paulo.

[33] Chamamos *favela* no Brasil ao aglomerado de casas que foram construídas, inicialmente, com restos de material de construção, tábuas velhas, folhas de zinco, enfim com sucatas diversas, e que até bem poucos anos atrás era desprovido totalmente dos serviços de água, luz, esgotos, recolhimento de lixo e transportes.

As primeiras favelas foram formadas pelos contingentes de escravos libertos nos fins do século passado que, sem oferta de trabalho, sem instrumentos e sem qualificação para o mesmo, invadiram os morros das cidades grandes. Deixados nas estradas, caminharam para os núcleos urbanos na esperança da sobrevivência.

Muitas das favelas que enchem as grandes cidades brasileiras se expõem não mais somente nos morros — hoje espaços prediletos da burguesia —, dos quais anteriormente se apoderavam, mas também em áreas junto às estradas ou aos córregos, terrenos urbanos privados tomados por "invasão de terras" e embaixo de viadutos, enfim em áreas "abandonadas" na qual possam, em pequenos ou grandes grupos familiares, se instalar para viver perto do trabalho e ou da "civilização".

As maiores favelas do Brasil se encontram nos morros do Rio de Janeiro, por ter sido para lá que caminharam as multidões de escravos libertados. A da "Rocinha" tem hoje mais de 500 mil habitantes, e apesar do amontoado de suas vivendas, em quase estado de promiscuidade que traduz o abandono de seus habitantes pela sociedade, eles mesmos vêm se politizando, não raro com ajuda de "pastorais" da Igreja Católica, e com isso se aglutinando em organizações de "moradores do bairro" que reivindicam serviços públicos.

Nessa favela, como em muitas outras, se agrava um clima de violência e de hostilidade, que entendo ser a resposta da secular exclusão da vida social daqueles brasileiros que foram obrigados a apenas "contar os seus dias de vida".

Assim, como uma "força de vingança" dos oprimidos para com os seus opressores pagamos o preço, hoje, de termos nas favelas um dos maiores problemas sociais, que está a reclamar, entre outras, soluções urgentes e definitivas.

Entre essas soluções estaria a reforma agrária. O Brasil continua tão colonial quanto no século XVI, quando foi dividido nos grandes latifúndios — as capitanias hereditárias — na esperança que Portugal teve, ingênua, de fazer dessas "terras que em se plantando tudo dá" um espaço habitado e produtivo.

Os latifúndios imensos, sem produzir e sem gente, de propriedade de uma só família, vêm impedindo que se faça no país — hoje um dos poucos países capitalistas modernos e, inacreditavelmente, a oitava economia do mundo — uma divisão mais humana e mais racional, que aliás jamais se ensaiou com seriedade, dessas terras.

Na realidade, hoje, os governantes, sobretudo os(as) prefeitos(as), têm que encarar esses conjuntos "clandestinos" — ostensivamente erguidos por quase todos os grandes núcleos urbanos do Brasil — para dar condições dignas de moradia a quem lá necessita viver.

Há que haver vontade política aliada às soluções técnicas, desde que com a atual estrutura econômico-social do Brasil não é possível extinguir as milhares de favelas espalhadas pelo país.

Na cidade de São Paulo, a atual gestão tem procurado melhorar as condições das favelas — mas somente as que surgiram em terrenos capazes de suportar a fixação de grande número de casas e pessoas, desencorajando as que têm se fixado em terrenos sujeitos a desmoronamentos —, porque elas não são mais o lugar de "passagem" que migrantes usavam antes de poderem se fixar na vida econômica dessa metrópole.

Sabemos todos nós, hoje, da sociedade civil tanto quanto da sociedade política, que a favela é o único espaço possível de moradia, na cidade de São Paulo, para os trabalhadores que têm chegado nos últimos anos quando a cidade saturada e "inchada" pelo excesso de população (os censos dizem quase 10 milhões, mas a estimativa, mais real, é de mais de 12 milhões) foram obrigados a se juntar aos antigos moradores das favelas, aos destituídos e marginalizados, estes condenados há mais de um século a viverem nelas.

A população favelada da cidade de São Paulo aspira à legalização de suas construções — agora na maioria feitas com tijolos ou blocos de cimento e cobertas de telhas — e da posse dos terrenos. São inúmeras as "sociedades de amigos de bairro" que organizam escolas e grupos de alfabetização de adultos, em convênio com a Secretaria Municipal de Educação, e solicitam dos poderes municipais outros serviços públicos.

Assim reivindicam que a posse de fato se transforme na de direito de suas moradias. A população favelada sente que isso possibilitaria a urbanização das favelas, o que garantiria, consequentemente, melhores serviços públicos do que os já existentes. Em grande número de favelas de São Paulo há água e luz elétrica e, eventualmente, esgoto.

A cidade de São Paulo, que conta com o terceiro maior orçamento do país (após o da União e o do estado do qual é a capital, o estado de São Paulo), polo dinâmico da economia nacional e centro cultural da nação, tem, em 1992, contraditoriamente, uma população de quase um milhão de favelados vivendo nas 1.790 favelas cadastradas pelo órgão competente da prefeitura municipal.

[34] Os cortiços, como as favelas, não são problemas exclusivamente de moradia, mas antes sintomas de problemas sociais mais amplos e graves.

Os cortiços se formam quando várias famílias habitam uma só casa. Geralmente elas alugam do proprietário ou mais comumente subalugam de um intermediário um pequeno espaço dentro de uma moradia.

Os primeiros cortiços se instalaram em antigos casarões dos centros das cidades, que outrora abrigaram famílias abastadas. Estas, sendo "obrigadas" a ir morar em bairros nobres, afastadas dos grandes problemas do centro e áreas próximas dele, que hoje são focos de violência, deixaram suas antigas vivendas com suas inúmeras salas e quartos para serem as "casas" desses moradores de classes médias muito baixas ou baixas. Atualmente os cortiços se disseminaram por quase toda a cidade, também em casas mais modestas que esses nobres casarões.

A promiscuidade obviamente é grande, como também são grandes os riscos gerados pela falta de higiene e a má conservação dos antigos casarões aristocráticos e das construções precárias desses novos cortiços.

Dados estimados por órgão da Secretaria que cuida da habitação na cidade de São Paulo, SEHAB-HABI, indicam que em 1992 há, nessa cidade, 88.200 casas de cortiço e um total de 3 milhões de pessoas vivendo nelas.

Algumas vezes uma família não tem para si, com exclusividade, o "cômodo" alugado. Reparte-o com outras famílias, que se revezam em turnos de oito ou doze horas cada, sobretudo se ele se localiza no centro da cidade, que é o local privilegiado por essa clientela.

A cidade de São Paulo e, como quase todas as grandes cidades brasileiras, tem parte de sua população vivendo nessas condições impostas pela divisão injusta da renda nacional e das terras brasileiras.

[35] Os "jardins" assim chamados na cidade de São Paulo são os bairros da classe média alta e da classe alta, que, inicialmente subdivididos em Jardim América, Jardim Europa e Jardim Paulista, formam hoje um todo onde as ruas arborizadas com grama e jardins nas calçadas se misturam com as casas grandes, bonitas e bem construídas dentro de jardins imensos e floridos e os prédios de apartamentos onde o bom gosto, o conforto e o luxo não faltam.

Os "jardins" são o oposto antagônico das favelas e dos cortiços.

[36] Etnociência vem sendo entendida e exercida pela equipe de pesquisadores da Unicamp (Universidade de Campinas, Campinas, SP, Brasil) com diferenças adjetivas não substantivas entre eles, da qual Márcio Campos faz parte, justamente por aqueles que a vêm fazendo como uma etnografia do saber e da tecnologia (etnotecnologia) de contextos culturais diferenciados. Ela é a etnociência feita a partir da academia sobre a outra ciência, da outra cultura. Com ela têm sido estudados, por exemplo, diversos grupos

indígenas do território brasileiro, assim como os caiçaras do estado de São Paulo (aqui caiçara é o próprio habitante da zona praieira) como um corpo de conhecimento que articula a ciência e a tecnologia desses povos com a cultura que lhes é própria.

O foco de estudos desses cientistas se concentra em como esses povos que vivem da pesca, da colheita, da agricultura e da caça constroem seu conhecimento e elaboram suas técnicas de produção e extração a partir de observações, percepções e vivências que, sendo sistematizadas, entendem os referidos pesquisadores que são, portanto, criações científicas daquela ciência.

Tidas no meio dos acadêmicos mais conservadores como sendo apenas um conhecimento do tipo "senso comum" e até mesmo "pré-científico", os etnocientistas negam e refutam tal interpretação, asseverando, porque entendem como verdade, que o conhecimento desses povos é científico analogamente ao sistematizado nas universidades. Eles se diferenciam apenas pelos suportes, pelos *aprioris* e pelas metodologias utilizadas nos dois focos de produção do conhecimento. Enfim, pelas diferentes e válidas formas de leitura do mundo e dos consequentes saberes diversos que continuamente emergem do processo vivencial e que são carregados da consciência da situação histórica – não pré-histórica – de cada um e de cada povo.

Em consequência, esse grupo defende, do ponto de vista ambiental amplo, não só a manutenção da diversidade biológica do planeta, mas igualmente a manutenção da diversidade sociocultural, mantenedora da primeira que, por sua predominância geográfica, é em grande maioria composta dos "povos das florestas tropicais".

[37] Freire designa apenas *Rio*, como é, aliás, mais usual entre nós nominar a cidade do *Rio de Janeiro*. Famosa por sua beleza inigualável, construída entre o mar, as montanhas, as florestas e uma lagoa, o *Rio* é uma das cidades mais importantes do país do ponto de vista político-econômico-cultural. Foi capital do Brasil desde o período colonial, quando o polo dinâmico nordestino da produção açucareira cedeu lugar ao "ciclo da mineração" na região que hoje denominamos Sudeste até 1960, quando a sede do governo da União foi transferida para Brasília. Esta construída pela ousadia do presidente Juscelino Kubitscheck e pelos talentos de Oscar Niemeyer e Lúcio Costa.

Durante parte do governo militar a "cidade maravilhosa", como homenageamos a cidade do Rio de Janeiro, "cantando-a", nós todos os brasileiros, foi uma cidade-estado denominada *Guanabara*.

[38] Ariano Suassuna, hoje um dos membros da Academia Brasileira de Letras, que foi também um dos brilhantes alunos do colégio Oswaldo Cruz, nasceu em Taperoá, pequena cidade situada bem ao centro do estado da Paraíba, na região do sertão, junto à serra da Borborema.

Ariano, por pior que soe o seu nome e por mais clara que seja a cor de sua pele, é um desses homens nordestinos com gosto de o ser. É um desses que ama o calor, as pedras, o chão árido, a vegetação pobre, mas sobretudo a sabedoria e a astúcia do povo de sua região.

Suas obras, partindo do "inculto(a)", do analfabeto(a) ou quase analfabeto(a), do chão seco e dos homens austeros e das mulheres fortes que se forjam na agressividade da vida dura, das mãos calejadas e dos pés descalços pela pobreza e rachados pela secura de seus corpos magros e sem gordura, expostos anos e dias ao sol inclemente, expõem a manha, a malícia e o poder de enganar que têm esses homens e essas mulheres frente à opressão e ao opressor.

Essas estórias contadas nas falas ingênuas dos personagens de seus Autos com um linguajar popular, no contexto e nas situações que tão bem caracterizam o Nordeste brasileiro, romperam os muros dessa região, tomaram o Brasil e o mundo, desde quando Ariano, ainda muito jovem, escreveu a sua mais bonita e famosa obra, o *Auto da compadecida*.

[39] Essa expressão — interdição do corpo — está escrita entre aspas, por Freire, em alusão e referência à categoria que venho explorando em meus trabalhos de pesquisa da história do analfabetismo brasileiro.

Por esses estudos percebi que a ideologia da dominação jesuítica usada para docilizar o índio, o colono e o negro, no início da colonização brasileira, para favorecer o enriquecimento da Coroa Portuguesa e depois o da própria Companhia de Jesus, que para aqui tinha vindo com a missão oficial de "instruir e catequizar o índio", foi tão eficiente que a classe dominante tomou-a para si como um dos mecanismos capazes de reproduzir a sociedade dos poucos que sabem e podem e dos muitos que permanecem excluídos e proibidos de ser, saber e poder.

Foi a essa ideologia que denominei "ideologia da interdição do corpo", entendendo-a, pois, como a que "explicando" o fenômeno da não ocupação do espaço privilegiado de escola pela inferioridade intrínseca, pela incompetência de quem não os ocupa, camufla, como faz todo discurso ideológico dominante, porque é a voz da classe dominante, as verdadeiras razões das interdições. Essas, as interdições, e aquele, o discurso ideológico, na realidade, em relação dialética com o contexto político e econômico da nossa sociedade, pelo modo como ela, sociedade, vem produzindo a sua existência.

Uma organização social como a nossa, colonial mesmo após a Autonomia Política (1822) e ainda hoje guardando traços marcantes de uma sociedade colonial, que, portanto, vem se fazendo, historicamente, com valores, comportamentos, normas, hierarquias e preconceitos pautados pela discriminação, pelo autoritarismo e pelo elitismo, haverá que se fundar nas proibições e nas interdições.

Estas puderam, assim, determinar que o analfabetismo brasileiro recaísse nas camadas mais desvalorizadas socialmente, desde o início da nossa história até os dias de hoje. Atualmente, portanto, incidindo, sobretudo, sobre as negras, os negros e as mulheres brancas, todos pertencentes às camadas populares.

A leitura de mundo dos jesuítas no período que no Brasil estiveram em missão ordenada pelo Regimento de D. João III (1549-1759) superestimava o incesto, a nudez e o canibalismo — formas de estar sendo dos indígenas —, introduzindo a noção de pecado e introjetando a obediência, a subserviência, a submissão, a hierarquia, a imitação, o exemplo, a devoção cristã — valores europeus — que tencionavam negar o pecado. Essa é a origem do que venho chamando ideologia da interdição do corpo. (Cf. Ana Maria Araújo Freire, *Analfabetismo no Brasil*.)

[40] O "passado escravocrata no Brasil" tem ainda muito de presente. Nas discriminações aristocráticas das diferentes classes sociais, nas de raça e nas de sexo. Não mais nas de religião — essas até algumas décadas atrás ainda existiam entre nós.

O Brasil vem sendo considerado pela "cultura do Norte", por aquela que deixa "escorrer" seu saber goela abaixo de nós do hemisfério Sul, como um dos territórios descobertos pelo europeu branco e civilizado.

Em 1500 na verdade o Brasil foi "conquistado" por Portugal, que aqui fincou sua bandeira entre os altares e as missas dos padres católicos e os índios nus, despidos de tabus e da "arte" de oprimir e explorar.

Fez-se então nessas terras americanas uma colônia que teria, então, a função de produzir o que a divisão mundial do trabalho esteve, então, a lhe exigir.

Assim, se era inviável economicamente ir ao Oriente, buscar as especiarias, elas deveriam ser daqui extraídas (da região amazônica) ou aqui produzidas (no Nordeste).

Com a escolha do que produzir — o açúcar — nas imensas extensões de terras dadas, com a possibilidade de a Holanda construir os engenhos necessários à fabricação do produto de consumo procurado na Europa e com a experiência, pequena, mas suficiente, de Portugal de como fabricá-lo, restava apenas um problema: quem trabalharia no plantio da cana e quem a moeria nos engenhos? E quem purgaria a calda quente aquecida nas caldeiras pelas madeiras da mata Atlântica, então densa e viçosa no Nordeste brasileiro?

A solução encontrada foi a escravidão negra. Para isso os colonizadores foram buscar os cidadãos e as cidadãs da África, comprando-os — como "peças" da engrenagem dos engenhos de açúcar — dos holandeses, que por algum tempo fizeram o tráfico negreiro entre África e Brasil.

A partir de 1534 até 1888, quando se aboliu a escravatura, entraram no Brasil milhares de negros e negras numa média estimada de 5 mil almas ao ano (ironicamente nomeei "alma", quando os jesuítas que aqui chegaram, em 1549, consideraram os negros e as negras seres sem alma).

Apesar de ser do empreendimento colonizador o que mais onerava ao "senhor de engenho", nem por isso foram os escravos e as escravas tratados(as) com cuidado.

Registra-se entre nossos historiadores que a vida útil desse "carvão" que foi queimado na produção açucareira dos primeiros séculos brasileiros era, em média, de sete anos de trabalho escravo.

As mulheres, menos expostas ao trabalho pesado, eram, muitas delas, "escravas da casa", fazendo assim os serviços domésticos das "casas-grandes", isto é, da casa onde residia o "senhor" e sua família.

Foi comum, nesse tempo do modo de produção escravista no Brasil, o "acasalamento" de homens brancos com suas escravas negras, porque queriam "possuir" muitas mulheres ou até porque queriam aumentar seu patrimônio mais valioso, os escravos, através de seus próprios descendentes.

Assim, se formou no Brasil uma sociedade que de elitista e autoritária se tornou discriminatória e portanto pouco ou quase nada respeitadora nas relações pessoa a pessoa, sobretudo, reafirmo com o autor, quando essa relação se dá entre diferentes sexos, raças e classes, sobretudo quando incide entre brancos(as) ricos(as) sobre pobres negros(as).

[41] Quilombo, na acepção tomada neste texto, tem uma conotação política forte como um lugar no qual os negros escravos do Brasil se refugiavam e juntos, em solidariedade total, construíam suas cidades, praticamente autossustentadas, numa verdadeira cultura de resistência à opressão barbarizante da escravidão.

Décio Freitas, o maior estudioso da questão negra entre nós, assevera em sua obra *Palmares: a guerra dos escravos* que: "Enquanto houve escravidão no Brasil, os escravos se revoltaram e marcaram a sua revolta em protestos armados, cuja iteração não encontra paralelo na história de qualquer outro país no Novo Mundo" (p. 11).

Devo alertar que a historiografia oficial omite tal interpretação. A nega como real. Ela tem "razões" para não entender e não aceitar fato inconteste que foi o conteúdo político e revolucionário das revoltas escravas.

Isso evidencia a presença do "ranço" autoritário e discriminador de cor que os(as) negros(as) sempre "vencidos(as)" na nossa história foram obrigados(as) a aceitar no silêncio e na "mudez".

Hoje se espalham, ainda tímidos pelo país, os "movimentos negros". Esses liderados por alguns negros e algumas negras, aqueles e aquelas que da aceitação de sua negritude estão fazendo a sua valorização e assim forjando um novo tempo e um novo espaço para a raça negra no Brasil. Sem jamais deixarem de se sentir e de se saber brasileiros e brasileiras, esses homens e essas mulheres vêm acentuando, intencionalmente, as marcas culturais da herança africana. O silêncio secular finalmente está sendo substituído pela voz, com que se assumem historicamente.

Os(as) rebeldes escravos(as) do século XVI não se rebelaram apenas para preservarem suas heranças africanas, mas lutaram também e bravamente, por mais de um século, contra a escravidão como sistema econômico-social do qual eram as maiores vítimas, quer tivessem consciência clara e crítica disso ou não.

A República Negra de Palmares, o mais importante quilombo, implantada no sul da capitania de Pernambuco, foi exemplo de uma economia produtiva e de uma organização social exemplar de negros e negras sublevados contra o regime escravocrata de trabalho em que se fundava a economia colonial, ao lado do latifúndio e da monocultura açucareira.

Termina Freitas seu contundente, belo e importante estudo sobre as sedições negras que tiveram vida dos fins do século XVI aos fins do século XVII no Nordeste brasileiro, a região mais dinâmica economicamente nos tempos coloniais devido à produção açucareira, com estas palavras:

> Cada quilombo erguido na cumeeira de uma serra selvática constituiu uma pequena e obscura epopeia. Quando apreciados em conjunto e numa perspectiva histórica, os quilombos assumem a dimensão de uma *grande* epopeia.

Não tiveram êxito nas tentativas de transformar a sociedade, mas exibiram o predicado específico da epopeia — a ação heroica através da qual o homem se afirma como tal, independentemente do êxito ou do fracasso. Essas rústicas repúblicas negras desvendam o sonho de uma ordem social alicerçada na igualdade fraternal e estão por isso incorporadas à tradição revolucionária do povo brasileiro.

Palmares foi a manifestação mais eloquente do discurso antiescravista dos negros brasileiros nos quase três séculos da escravidão. A resolução tomada na serra da Barriga, de morrer antes que aceitar a escravidão, exprime a essência da mensagem que os negros palmarinos enviam do fundo da sua noite. Pois, retomando a reflexão hegeliana: "O Amo não é Amo senão pelo fato de que possui um Escravo que o reconhece como tal." (Décio Freitas, *Palmares: a guerra dos escravos*. 2ª edição, Rio de Janeiro: Graal, 1978, p. 210.)

[42] As discriminações autoritárias da sociedade brasileira vêm proclamando que o analfabeto não sabe pensar, decidir e optar, portanto não lhe deveria ser reconhecido o direito de votar. Diz-se ainda que os eleitos por estes seriam também os incultos e igualmente "nocivos" à nação.

Esquecem-se os que assim pensam de que os "analfabetos" são analfabetos de escrita e não de oralidade, e que a leitura de mundo precede a leitura da palavra, me reportando ao próprio Freire.

Nossa tradição histórica, surgida do modo de produção escravista dos tempos coloniais, vem determinando que sejamos uma sociedade autoritária, elitista e discriminatória como venho afirmando em algumas notas desta obra de Freire.

No Brasil Império votavam apenas os "homens bons", isto é, os homens que possuíam bens. A primeira constituição republicana, de 1891, por ter excluído os analfabetos (ao lado dos mendigos, mulheres e militares subalternos) de votarem, perpetuou dialeticamente a inexperiência democrática e no bojo desta a inexperiência de optar e eleger. A mulher votou e foi votada pela primeira vez entre nós no ano de 1933.

Somente nas eleições de 1985 puderam os analfabetos votar, se assim o desejassem, mas não em caráter obrigatório como vem sendo para todos(as) maiores de dezoito anos, alfabetizados(as), nascidos(as) no Brasil ou naturalizados(as).

A partir das eleições de 1989, foi facultado aos jovens de ambos os sexos, maiores de dezesseis anos de idade, votarem se, evidentemente, alfabetizados.

Com essa tradição histórica de "ranço aristocrático e elitista" se pode entender o espanto, a rejeição e o medo dos processos eletivos, em qualquer âmbito no Brasil.

[43] Luiza Erundina é a prefeita de São Paulo e a administração petista é por ela realizada para a população dessa imensa cidade de São Paulo como membro do Partido dos Trabalhadores, o PT.

O PT, partido político novo pela sua idade e pelas ideologias que o norteiam, tem uma militância aguerrida e engajada e por essas razões vem aumentando cada dia mais sua intervenção e participação na cena política nacional, e não só nos municípios onde colocou prefeitos de sua legenda.

[44] A Secretaria Municipal de São Paulo oferece, dentro dos preceitos constitucionais, prioritariamente, o ensino de 1º grau ou primário (355 escolas) de oito anos letivos de duração. Mantém também uma única escola de nível médio — 2º grau — e muitas de educação infantil ou pré-escola (324). Não mantém nenhuma de nível superior e apenas cinco de "educação especial" exclusivamente para deficientes auditivos, com níveis de 1º e 2º graus de ensino.

Há no Brasil três instâncias de poder — federal, estadual e municipal — que mantêm ensino gratuito, respectivamente, de suas competências como prioridades, de nível superior, médio e primário.

Digo prioritário porque nada impede e concretamente acontece que um estado da Federação mantenha em funcionamento escolas de 1º grau e ensino superior (o estado de São Paulo é o melhor exemplo), como também a municipalidade ofereça ensino dos três níveis: superior, médio e primário. Em caráter muito excepcional oferece hoje a União ensino que não seja de nível superior.

É importante informar que a essa rede oficial de ensino — seja do ensino regular e das diferentes modalidades de supletivo — se acrescenta a rede privada, que também oferece escolaridade para os três níveis de ensino instituídos no país.

Esses estabelecimentos particulares de ensino estão sob controle e fiscalização dos órgãos públicos ligados à educação das três esferas do poder, além de obedecerem, evidentemente, aos princípios, objetivos e finalidades impostos pela Lei de Diretrizes e Bases da Educação Nacional à educação escolarizada brasileira.

[45] A tradição autoritária e centralizadora do poder tão familiar à sociedade brasileira tem se estendido, obviamente, a todas as suas instâncias. Não se poderia esperar outro comportamento senão esse, no âmbito da educação.

Até 1961, quando tivemos a primeira lei votada pelo Congresso Nacional englobando os três níveis de ensino (todos os assuntos da educação, de 1822 a 1961, foram impostos por decretos e decretos-leis, com exceção de duas leis que instituíram no Brasil, em 1827, os "cursos jurídicos" e as "escolas de primeiras letras"), as disciplinas e o *quantum* de cada uma a estudar, seus objetivos, avaliações, mas sobretudo os conteúdos — até então mais comumente chamados programas — eram determinados por regulamentações legais de vários tipos vindas do ministro da Educação com o aval da Presidência da República.

A citada Lei de Diretrizes e Bases da Educação Nacional de 1961 foi a que possibilitou não mais só excepcionalmente e/ou unicamente na letra da lei, mas de fato, algumas deliberações dos poderes oficiais locais e dos próprios estabelecimentos de ensino.

Experiência inédita de democratização do ensino, pela sua extensão e profundidade, foi iniciada na gestão democrática da prefeita Luiza Erundina pela capacidade de direção, de autoridade e de competência profissional, pedagógica e política de Paulo Freire.

Esse trabalho árduo e difícil para ser feito sem os "ranços" autoritários e interditadores e sem cair no outro extremo, o da licenciosidade e dos espontaneísmos, preocupações constantes de Freire, foi realizado, com fortes adesões, na sua gestão, de 1º de janeiro de 1989 a 27 de maio de 1991, como secretário dessa pasta.

Assim, os conteúdos estudados pelos alunos das escolas municipais de São Paulo, que aderiram à nova experiência democrática de autogerirem-se, são aqueles que partindo das necessidades e da vivência da comunidade são explorados cognitivamente pelos(as) professores(as) das diversas áreas do conhecimento, coetaneamente.

O estudo pela multidisciplinaridade, a escolha dos temas a estudar como parte da democratização do ensino têm dado resultados excelentes quanto à aquisição do conhecimento científico em si que parte do senso comum, do que as crianças levam consigo para a escola. E mais, elas vão percebendo, o que é fundamental para a sua formação, a unidade na pluralidade das coisas, a parcialidade das interpretações dentro da totalidade do Universo.

Freire, na direção da Secretaria Municipal de Educação de São Paulo, realizando uma gestão genuinamente democrática, deu provas de que a descentralização não só é possível, mas é também desejável para fortalecer as decisões que vêm ao encontro dos desejos e necessidades das diferentes comunidades, em termos de classes sociais, no caso dessa imensa metrópole que é a cidade de São Paulo.

Tendo delegado poderes às equipes técnicas da secretaria, incentivou a formação de diversos colegiados que deliberam sobre diversos assuntos ligados ao núcleo principal do ato de educar desse órgão municipal que é a escola.

Participam desses colegiados alunos(as), professores(as), diretores(as), supervisores(as), orientadores(as), mães e pais de alunos e todo o pessoal de apoio que trabalha nas escolas; enfim, todos os interessados no processo educativo.

[46] Freire poderia ter se reportado a trabalho seu anterior a este de 1960, para expor sua preocupação com os conteúdos desde seus primeiros trabalhos escritos.

Me refiro ao relatório do Tema 3 que elaborou e foi apresentado pela Comissão de Pernambuco, a qual integrou no II Congresso Nacional de Educação de Adultos, realizado no Rio de Janeiro, de 6 a 16 de julho de 1958.

Levantei uma tese, recentemente, no Simpósio Mineiro do Pensamento Paulo Freire, realizado em Poços de Caldas, de 3 a 6 de setembro de 1992, assegurando que através desse trabalho de 1958 Freire marcou a sua entrada na história da educação brasileira pela tese revolucionária que apresentou naquele congresso sobre a educação de adultos.

Esse relatório de Freire, estou certa, foi a semente para todos os outros trabalhos seus que se sucederam, mas o relatório tinha em si um valor próprio.

Asseverei também na pequena e bela estância hidromineral de Minas Gerais que a *Pedagogia do oprimido*, quando publicada em 1970, ironicamente em inglês, nos Estados Unidos, e não na sua língua, o português, marcou, no meu entender, seu lugar na história da educação universal.

Esse livro, que vem sendo revolucionário desde quando os primeiros leitores e leitoras o leram, é revolucionário pelo modo como seu autor vem compreendendo a relação pedagógica entre os homens, as mulheres e o mundo. E abrindo a eles e a elas a possibilidade de libertarem a todos quando tomarem as suas histórias como reflexão e, "destacando" seus problemas, enfrentarem-nos. Assim, o que antes parecia inviável vai tornando-se pelo sonho o "inédito viável" quando quem sonhou o sonho — o oprimido — liberta-se libertando o seu opressor (ver nota 1).

Os temas-problemas a estudar, a refletir e a serem superados por cada sociedade seriam, obviamente, os conteúdos vivenciados por esses homens e essas mulheres que em comunhão fazem a práxis libertadora.

Agora, com a *Pedagogia da esperança*, mais amadurecidamente Freire expõe e aprofunda seus temas preferidos de análise, porque objetivamente eles precisam ser analisados como elementos do corpo de uma pedagogia crítica e libertadora, nos levando a entender melhor ainda o seu pensamento pedagógico pela seriedade crítica, pela objetividade humanística e pela subjetividade engajada, sempre aliadas, em todas as suas obras, à inovação criativa. Freire nos lega, assim, não só a *Pedagogia da esperança*, mas uma pedagogia da esperança porque "molhada" na dialogicidade, na utopia e na libertação dos homens e das mulheres.

Voltando ao relatório do Tema 3, cujo assunto proposto pelo Ministério da Educação, que organizou e convocou o evento, foi "A educação de adultos e as populações marginais: favelas, mocambos, cortiços, núcleos de estrangeiros etc.", Paulo Freire propôs, numa linguagem político-pedagógica absolutamente nova, progressista e renovadora para a época, que a educação de adultos das zonas dos mocambos (moradias feitas de sapé e barro e cobertas de palhas secas dos coqueiros) teria que fundar-se na consciência da realidade da cotidianeidade vivida dos alfabetizandos, não podendo jamais se reduzir à simples alfabetização mecânica e descompromissada. Os conteúdos, então, deveriam surgir dessa vivência e dessa realidade.

No corpo desse relatório Freire fala da importância dos "programas", como eram chamados mais comumente os conteúdos naquela época. Transcreverei aqui parte das "Conclusões e Recomendações" desde que essas, sendo a síntese de seu discurso total, condensem não só suas ideias, mas também apontem soluções.

Assim, a importância dos "conteúdos programáticos", que deveriam ser democraticamente escolhidos pelas partes interessadas no ato de alfabetizar, dentro de uma proposta mais ampla de educar, eram:

e — Que *o programa* desses cursos, sempre de acordo com a realidade local, regional e nacional, seja elaborado *com a participação dos educandos*, em alguns dos seus aspectos, pelo menos o que, flexíveis e plásticos se preocupam:

1) Com aspectos higiênicos, morais, religiosos, diversionais, econômicos da vida local.

2) Com aspectos que envolvam a vida regional e nacional, sobretudo no que tange ao desenvolvimento do país.

3) Com o desenvolvimento e a utilização da liderança democrática local.

4) Com a criação de novas atitudes frente à família, aos vizinhos, ao bairro, ao município, fundadas num espírito de solidariedade e compreensão. [Grifos meus.]

Assim, Freire, desde os anos 1950 fazia uma relação dialética entre a alfabetização, os conteúdos a estudar e o ato político de educar, este embutindo os dois primeiros elementos.

[47] Chamamos "bate-papo" no Brasil a uma conversa descompromissada, amigável, despretensiosa ou mesmo inconsequente.

[48] A *Pedagogia do oprimido* como obra de fundamental importância para as rupturas em inúmeras sociedades de nossos tempos sofreu por isso embargos e interdições em várias partes do mundo.

Foi assim nos anos 1970 em Portugal, na Espanha e na América Latina, onde mandatários extremamente autoritários e sem legitimidade popular proscreveram a *Pedagogia do oprimido* como "erva daninha".

Tenho em meus arquivos um dossiê sobre a interdição dessa obra de Freire em Portugal, país no qual as instituições ficaram sob o jugo salazarista até a Revolução dos Cravos, em 1974.

Consta nesses documentos que ora analiso que, em 21 de fevereiro de 1973, a Direção dos Serviços de Informação, órgão da Secretaria de Estado da Informação e Turismo, ordenou no Ofício nº 56-DGI/S que o diretor-geral de Segurança se dignasse "a bem da nação portuguesa" a "providenciar no sentido de ser apreendida a publicação" da *Pedagogia do oprimido* de Paulo Freire, editada por João Barrote, desde que tinha aquela direção averiguado "tratar-se de uma obra de teoria política e experiência de mentalização do povo para uma revolução social".

Mesmo entendendo que a *Pedagogia do oprimido* não era uma obra "necessariamente [...] de natureza marxista", assevera o documento que nessa obra de Freire se nota "muito a sua influência", marxista, obviamente.

Entenderam também as autoridades lusas que sendo a tiragem da obra reduzida e sua linguagem "inacessível", o perigo não era grande dentro da nação portuguesa.

Esqueceram-se de que a tiragem se multiplicava clandestinamente e a restrição da linguagem não era generalizada. Os súditos portugueses das colônias africanas são o testemunho: suas vivências e sofrimentos os levaram a entender a linguagem e as propostas de Freire.

[49] Thiago de Mello, poeta amazonense que canta e decanta com tanta beleza e criatividade o rio Amazonas — "Pátria da Água" —, vive atualmente às margens dele, distante de Manaus 24 horas de barco.

Vive *ao* lado, vive *com*, vive *do*, vive *para* esse "rio-mar" tão amado quanto a floresta amazônica, ambos cheios de surpresas.

Entre flora e fauna, pororoca (barulho estrondoso do encontro das águas do rio com as do oceano Atlântico), florestas inundadas e homens e mulheres caboclos (miscigenação do branco com o índio), dentro desse cenário extraordinário, exuberante e exótico, vive Thiago de Mello a vida nesse mundo de milhões de vidas.

Entretanto, nos anos 1960 ele era adido cultural do Brasil no Chile, quando, após uma reunião na qual recebera em sua casa brasileiros e brasileiras, quase todos exilados no país vizinho, e na qual Paulo Freire expôs como vinha alfabetizando os adultos no Brasil, ele compôs um dos seus mais emocionados poemas.

Após a reunião, agitado, sem poder dormir tamanho seu espanto diante da compreensão de educação de adultos de Freire, ele, solidário com um sem-número de sua gente, então impedida que estava de ler a palavra, compôs, nesse dia do verão de 1964, a "Canção para os poemas da alegria" (anexa à *Educação como prática da liberdade* da edição brasileira).

Compôs para que seu espanto de alegria pela criação do método, misturado com o espanto da tristeza por ter sido ele considerado subversivo, pudesse anunciar o espanto de esperança.

[30] O presidente do Brasil João Belchior Marques Goulart foi empossado como chefe supremo da nação em 7 de setembro de 1961, após peripécias para retornar da China a Brasília, capital brasileira e sede do governo da União.

Ele, como vice-presidente eleito, teve sua visita oficial interrompida para assumir o lugar do então presidente Jânio Quadros, que, inesperadamente, sete meses após sua posse, eleito com esperanças e entusiasmo pelo povo brasileiro, havia renunciado.

Goulart, mais um dos nossos governantes populistas, considerado, equivocadamente, comunista, teve sua gestão vigiada pelos militares, pela classe dominante brasileira e pelos "donos do mundo" do Norte.

Indeciso nas suas medidas das reformas de base, necessárias ao país e de interesse das camadas subalternas e portanto dos setores progressistas, deixava insatisfeitos esses de esquerda quase tanto quanto os da direita, que consideravam que o presidente Goulart tinha ido longe demais nas suas concessões a "essa gente".

Greves, inclusive de marinheiros e sargentos do Exército Nacional; organização do campesinato sobretudo nas Ligas Camponesas; movimentos de educação e cultura popular; intenção de reforma agrária nos *latifúndios improdutivos*; legislação social para os(as) trabalhadores(as) rurais; discursos incontidos e inflamados dos participantes do poder em suas várias instâncias, inclusive nos palanques públicos de rua; um Programa Nacional de Alfabetização para Adultos, que vinha ao encontro dos interesses das camadas secularmente marginalizadas da escola; o pedido de exoneração do ministro da Fazenda, Carvalho Pinto, que conseguia, de alguma forma, amainar as iras da direita, deflagraram, entre outros motivos, o golpe militar. Esse que foi feito em nome da *subversão* (?), da *inflação* (era de 100% ao ano hoje de 1.000% no mesmo período!) e da *corrupção* (!!!) sufocou a nação e o povo brasileiros de 1º de abril de 1964 a 15 de março de 1985.

[51] Sobre o Programa Nacional de Alfabetização, cf. notas 7, 27 e 49.

[52] Esta "cidade" se chama Segundo Montes, o nome de um dos jesuítas assassinados há poucos anos pelas forças do poder estabelecido em San Salvador.

Contaram-nos os residentes desse lugar que eles próprios tiveram que, por longos anos, se refugiar em Honduras, fugindo dos massacres que fazia o Exército Nacional contra mulheres, crianças e homens, nem sempre engajados na luta revolucionária. Em Perquín foi assim, foram mais de 2 mil mortos, simples camponeses, que amontoados num pequeno terreno foram assassinados a título de exemplo e como um alerta para que desistissem todos da luta. Desistissem da luta de querer SER MAIS.

Os sobreviventes caminharam amofinados, então, para o país vizinho. Com as tropas da ONU que chegaram há pouco, mansas e calmas porque chegaram em missão de paz, esses sobreviventes, dez anos mais velhos, caminharam, dias e dias, transpondo montanhas e vales, ansiosos e aflitos, voltando ao seu país para reconstruí-lo.

Voltaram para sua província — Morazón —, para perto de onde tinham saído, mas substituindo o velho lugarejo marcado de sangue por outro ponto, onde entre matas e ventos das montanhas pudessem construir um lugar de vida e não de morte. Assim surgiu Segundo Montes.

Plantam alimentos, criam animais para corte discutindo sua organização social, cantando suas músicas, alfabetizando seus adultos e educando suas crianças. São mulheres e homens que lendo o mundo com humanismo e justiça estão criando um mundo diferente tendo como referência Segundo Montes, o padre.

Esse jesuíta e outros cinco companheiros foram acordados para sofrer a angústia de se saberem perfilados para serem executados.

A ordem era não deixar testemunhas, por isso a mulher que fazia o serviço doméstico na casa dos padres, como também sua filha de quinze anos de idade, não foram poupadas.

Esse massacre, uma tática desumana, foi premeditado pelas forças no poder como forma de intimidação, como se não tivesse bastado o assassinato de D. Romeu, quando, celebrando a missa na catedral de San Salvador, tombou morto.

O governo de direita esperava com o massacre dos jesuítas conseguir a rendição de todas as guerrilhas de esquerda, mas, contraditoriamente, elas se fortificaram.

Segundo Montes, espanhol de nascimento, mártir salvadorenho, vive vivo nos *VIVAS!*, mais do que no nome da "cidade", que seu povo faz a cada poucos minutos louvando todos a quem homenageiam ou saudando em seus desejos incontidos a educação de que tanto necessitam e querem em estrondosos coros de *¡VIVA LA EDUCACIÓN POPULAR!*.

Títulos de Paulo Freire editados pela Paz e Terra

À sombra desta mangueira
Ação cultural para a liberdade – e outros escritos
A África ensinando a gente – Angola, Guiné-Bissau, São Tomé e Príncipe (Paulo Freire e Sérgio Guimarães)
Alfabetização: leitura do mundo, leitura da palavra (Paulo Freire e Donaldo Macedo)
Aprendendo com a própria história (Paulo Freire e Sérgio Guimarães)
Cartas a Cristina – reflexões sobre minha vida e minha práxis
Cartas à Guiné-Bissau – registros de uma experiência em processo
Dialogando com a própria história (Paulo Freire e Sérgio Guimarães)
Educação como prática da liberdade
Educação e mudança
Educar com a mídia – novos diálogos sobre educação (Paulo Freire e Sérgio Guimarães)
Extensão ou comunicação?
Lições de casa – últimos diálogos sobre educação (Paulo Freire e Sérgio Guimarães) (Título anterior: *Sobre educação* – Lições de casa)
Medo e ousadia – o cotidiano do professor (Paulo Freire e Ira Shor)
Nós dois (Paulo Freire e Nita Freire)
Partir da Infância – diálogos sobre educação (Paulo Freire e Sérgio Guimarães)
Pedagogia da autonomia – saberes necessários à prática educativa
Pedagogia da esperança – um reencontro com a Pedagogia do oprimido
Pedagogia da indignação – cartas pedagógicas e outros escritos
Pedagogia da libertação em Paulo Freire (Nita Freire *et al.*)
Pedagogia da solidariedade (Paulo Freire, Nita Freire e Walter Ferreira de Oliveira)
Pedagogia da tolerância
Pedagogia do compromisso – América Latina e Educação Popular
Pedagogia do oprimido
Pedagogia dos sonhos possíveis
Politica e educação
Por uma pedagogia da pergunta (Paulo Freire e Antonio Faundez)
Professora, sim; tia, não
Sobre educação vol. 2 (Paulo Freire e Sérgio Guimarães)

Este livro foi composto na tipologia Dante MT Std, em corpo 12/15,4, e impresso em papel off-white no Sistema Cameron da Divisão Gráfica da Distribuidora Record.